Oliver Niemöller

Die Logik des Unendlichen

Oliver Niemöller

Die Logik des Unendlichen

Ein gedanklicher Versuch
2020 – 23

1. Auflage August 2023
ISBN : 978-9-403-70492-0
Verlagsportal: Bookmundo Direct
Umschlaggestaltung: Oliver Niemöller
Umschlagabbildungen: GAIA/x V-alien, Oliver Niemöller
www.bernstein-music.com

Kapitelliste

Vorwort des Autors

Dieses Buch ist das Ergebnis einer nahezu lebenslangen Beschäftigung mit Zahlen und ihren Bedeutungen. Angefangen hat es im frühesten Kindheitsalter als ich die 2 verstand, indem ich sie mit beiden Zeigefingern spiegelverkehrt in die Luft malte.

Im Mathematik-Leistungskurs empfahl mir mein Mathelehrer, nachdem er sich meine „Zahlenspielereien" angesehen hatte, nicht Mathematik zu studieren mit dem Argument: „Das ist Zahlentheorie, das lernst du im Studium nicht." Dabei war ich wieder aufs Gymnasium gegangen um Mathematik und Philosophie studieren zu können. Also habe ich meine zweite Begabung, die Musik, als Komponist für zeitgenössische ernste Musik ausgelebt und die Zahlentheorie als Hobby betrieben.

Die westliche Kunstmusik seit Beginn des 20. Jahrhunderts steckt aber voller komplexer Mathematik, die, seit der Überwindung der Tonalität durch Wagners Vorspiel zu Tristan und Isolde, den klassischen tonalen Rahmen immens erweitert hat. Es entwickelten sich verschiedene Wege mit der neuen mathematischen Freiheit umzugehen. Klangmalerisches von Debussy und Ravel, aber auch Bartók entwickelten eigenständige mathematische Sinnstrukturen (Tonalität, Rhythmik, Klangfarbensprache = Obertöne), die ästhetischen Prinzipien folgen. Ebenso entwickelte u.a. Strawinsky die Polytonalität, Schönberg, Webern und Berg die 12-Tontechnik und es wurden viele weitere Ansätze verfolgt mit der neuen Freiheit umzugehen: Außereuropäische Stimmungssysteme, Mikrotonalität, Vierteltönigkeit, die Beethoven bereits vorausgesagt hatte, und vieles mehr. Überall gab es eine Zunahme an Komplexität in der Rhythmik. Die Algorithmisierung ging weiter zu allen Parametern der Musik. Fibonacci- und Luca-Reihe sind z.B. sinnvolle Parameter für Rhythmus und Formgestaltung. In der Nachkriegszeit ging es in der Kunstmusik in Deutschland um die Vermeidung von Emotion, was zur seriellen Schule führte, in der alles algorithmisiert wurde, denn die Nazis hatten die hochemotionale Kunstmusik Wagners sehr wirksam zu Propagandazwecken missbraucht. Das sollte mit einer entnazifizierten Kunstmusik nicht noch einmal geschehen können.

Als Komponist habe ich meine eigene emotionale musikalische Sprache mit mathematischen Konstruktionen für Harmonik, Melodik, Rhythmen, Formen, etc. als Rahmen entwickelt, um mich darum herum intuitiv frei bewegen zu können. Musik ist eine emotionale Sprache und sie macht keinen Sinn, wenn sie nicht wenigstens hochkomplexe Gefühle anspricht. Andernfalls ist sie eher lästiges Geräusch wie Straßenverkehr. Der ist nicht schön zu reden, im Gegensatz zu Vogelgezwitscher oder dem Meeresrauschen. Die Zunahme an Komplexität in der Mathematik hinter der Musik triggert eben andere Emotionen als die einfache Gefühlsduseligkeit einfacher Kadenzverbindungen in der Volksmusik, die durch den Schlager und die Popmusik abgelöst wurde. Aber diesem nicht-Emotions-Dogma der seriellen Schule habe ich mich nie unterworfen. Der Durdreiklang war verpönt bis ihn Stockhausen Anfang der 90er als Sextakkord mal wieder benutzte (beinahe ein Skandal). Keine einfache Zeit Ende der 70er bis in die 90er Jahre dazu zu stehen, dass neue Musik doch emotional berühren soll. Mein Spezialwissen, das ich mir über Zahlen, ihre Kombinationen und emotionalen also geistigen Wirkungen in der Musik erworben habe, gab mir die Gewissheit, dieses Thema weiter zu erforschen und zu einem der zentralen Themen dieses Buches zu machen.

Die Beschäftigung mit Zahlenkonstruktionen und ihren emotionalen und intellektuellen Wirkungen allgemein, bei mir und den Hörern meiner und der Musik anderer führte mich immer wieder zu meinem Hobby, der Zahlentheorie. Nach jahrelangem Studium quer durch alle Kulturen und Anwendungen wie dem I Ging, dem Tarot, Gematria, Kabbalistik, Numerologie, Mayakalender, aller möglicher esoterischer Literatur über Zahlen und Astrologie suchte ich nun zunehmend neue Erkenntnisse und Verständnis in den Strukturen von

Zahlen, die uns emotional berühren, in der rein mathematischen Zahlentheorie. Ich studierte das Denken der Mathematiker von den Anfängen bei den Griechen, die in der Regel Philosophen waren, weiter zu Kepler, Euler, Goldbach, Leibniz, Gauß und Riemann, um nur einige zu nennen. Nicht dass ich alle vollkommen verstanden habe, aber die geistige Haltung verinnerlicht man doch beim Studium ihrer Schriften.

Für die komplexen Zahlen habe ich dann keine sinnvolle Anwendung mehr in der Musik gefunden. 1985 habe ich aber auf meinem ersten Atari, den ich mir für Notendruck angeschafft hatte, das „Apfelmännchen" über Nacht berechnen lassen, um ihn für die erste Zoomstufe noch mal eine ganze Nacht lang rechnen lassen zu müssen. Hier war neben der Ton(Elektro)technik die sinnvolle Anwendung, an die ich mich 2011 erinnerte, als ich zu meinen Surround-Musik-Produktionen auch Surround-Video erstellen wollte. Jetzt gab es seit gut einem Jahr die Mathematik und Berechnungsgrundlagen für 3D-Fraktale und die Computer waren so schnell geworden, dass eine kleine Vorschau in 10-20 Minuten berechnet werden könnte. Mehrere Jahre habe ich mich damit beschäftigt Formeln und Parameter für Bilder und Animationen mit 3D-Fraktalen zu finden.

Moebius-Geometrie, 4D-Rotationen, Projektionen von 4D nach 3D und 3D nach 2D wurden neben Python-Programmierung neues Handwerk und forderten mich auf darüber nachzudenken, was ich da eigentlich tue – in einem philosophischen Sinne. Was bedeutet es unendliche Zoomstufen zu haben? Schon in 2D, der Mandelbrot- und Julia-Menge, brachten sie immer neue Formen hervor und die Ausgangsfiguren tauchten verkleinert selbstähnlich wieder auf; alles chaotisch, scheinbar unberechenbar, aber faszinierend. Bald wurde mein Interesse an den Grenzen der Mathematik immer größer und Quelle für Kunstwerke, die sich von den 3D-Fraktalen, mit denen ich die Bildende Kunst betreten hatte, immer weiter entfernten. Ein Thema hatte sich jedoch festgefressen: Das Unendliche. Cantors

Untersuchungen und Entdeckungen waren faszinierend, aber auch widersprüchlich.

Neben der Beschäftigung mit der Chaostheorie und der fraktalen Geometrie, blieb aber meine Faszination für die Primzahlen, deren Studium ich immer mehr Zeit widmete. Wege zu finden die RSA-Verschlüsselung zu knacken, war mein neuer Denksport.

2017 gewann ich dann den „Math Creations" Wettbewerb, bei dem es darum ging, künstlerisch einen von 6 Vorträgen von mathematischen Sonderforschungsbereichen an Universitäten in Deutschland künstlerisch aufzugreifen. Der Vortrag über Membranforschung triggerte mein musikalisches Wissen, vor allem das über Stimmungssysteme. Hier gab es jetzt die Möglichkeit Visuelles und Akustisches ästhetisch mathematisch in einer interaktiven Installation über die Symmetrien der primen Restklassen modulo 60 entlang einer unendlichen Helix zusammenzubringen.

Mein Interesse an Kosmologie und Quantenphysik und ihrer Interpretation war schon in den 70er und 80er Jahren durch meine Leidenschaft für Science Fiction Literatur geweckt worden und hat tiefe Spuren in meinem Weltbild hinterlassen. In der Philosophie suchte ich nach Büchern, die sich dem stellen. Meistens waren es aber Physiker, die sich der Herausforderung, die neuen Erkenntnisse einzuordnen, stellten. Und auch hier tauchten immer wieder unendliche Summen auf, insbesondere die der natürlichen Zahlen mit $-\frac{1}{12}$ als Ergebnis. Eine wirkliche Herausforderung des logischen Denkens – aber nachvollziehbar -, wie die Summe von positiven Ganzen ein negativer Bruch werden kann. Der Manipulationsmöglichkeiten des Riemannschen Umformungssatzes faszinierten mich ebenso wie die Zetafunktion, eine unendliche Summe von Brüchen mit komplexem Exponenten. Letztere stellt einen Zusammenhang von Primzahlen, komplexen Zahlen und dem Unendlichen her.

Die Pandemie hat mir dann viel Zeit gegeben nachzudenken, neue Ideen für Kunstwerke zu entwickeln und die vielen Widersprüchlichkeiten von Mathematik, Physik und unserer analogen Wirklichkeit unseres Bewusstseins zu durchdenken. Dabei spielte das Unendliche eine immer größere Rolle. Dieses Buch ist das Ergebnis dieser Überlegungen und Recherchen. Es entwickelte sich eine Vorstellung von dem, was das Unendliche ist, wie es wirkt und wie es alles vereint. Dies habe ich zunächst in den Axiomen des Unendlichen so abstrakt wie möglich formuliert. Im Anschluss kommt die daraus folgende Aufgliederung in das Denken, das in unserem Kulturkreis vorherrscht, um dann kritisch unser zweiwertiges logisches Denken zu hinterfragen. Diese Hinterfragung führt dann zu einer anderen Betrachtung von Zahlen und ihren Verknüpfungen durch die grundlegenden Rechenoperationen ohne all die zweiwertigen Erkenntnisse zu ignorieren, sondern sie im Angesicht des Unendlichen integrierend zu ordnen. Es ist ein erster Versuch einer mehrwertigen Logik auch in der Mathematik, der das die Mathematik schaffende Bewusstsein selbstkritisch mit einbezieht. Es ist ein gedanklicher Versuch das Unendliche als Grundlage zu denken, der neue Sichtweisen ermöglicht das Bewusstsein und was das Bewusstsein hervorbringt mit den Mitteln der Zahlen zu erforschen.

Nun aber viel Vergnügen und Anregung beim Lesen. Springen wir mitten hinein in diese Gedankenwelt mit den Axiomen.

Axiome einer ∞-wertigen Logik

1 Alles entsteht aus und vergeht im Unendlichen (∞).
oder
Alles entspringt dem Unendlichen (∞) und fällt in es zurück.

2 Das Unendliche (∞) bezieht sich nur auf sich selbst.
- Das Unendliche (∞) birgt das Unendliche (∞), ebenso das Nichts, das selber unendlich ist.
- Das Unendliche (∞) erstreckt sich auf alles.
- Es gibt nur das Unendliche (∞), ohne Einheit, ohne Bezug auf ein Anderes als sich selbst.

.

3 Die unendliche Bewegung durchdringt das Unendliche (∞) in allen möglichen Arten.
Alles ist (permanent) in allen möglichen Arten in Bewegung.
Nichts im Unendlichen (∞) bewegt sich nicht.

Veränderung ist die einzige Ausdrucksform des Unendlichen (∞).

∞ ist hier im Sinne des Ω von Georg Cantor gemeint.

Mit 1 ist die Zeit implementiert.
Mit 3: Wenn alle Zeiten zugleich sind, herrscht Bewegung im Stillstand der Zeit. Die unendliche Zeit beinhaltet alle Zeiten.

Symbol

„Allein dadurch, dass man uns zu sprechen lehrt, werden wir in das Universum des Symbols eingeführt." J. Lacan
„Die symbolische Ordnung ist Logosphäre. In ihr zirkulieren eine Unzahl an lesbarer Zeichen, rätselhafter Chiffren, semitransparenter Wörter und Begriffe." M.Steinweg

Das Symbol ist gegen eine sprachliche Deutung, die selbst symbolisch ist, austauschbar. Mehr noch ist das Symbol die abstrakte Zusammenfassung aller sprachlichen Logoi in bildhafter Form auf höchstem intuitiv erreichbarem Niveau.

Das Bildhafte ist in der Lage die zeitliche Ausdehnung der Sprache in einen als Zeitpunkt empfundenen Moment zu reduzieren, in dem in voller Klarheit die sprachliche Zerlegung mit allen Bezügen und Rückbezügen, Widersprüchen, Lücken im System und anderen Unschärfen vor einem liegt. Die Intuition arbeitet bildhaft.

Ein Symbol neu zu denken heißt, es an seinen Rändern der Unschärfe und seinen Aporien mit Kenntnis seiner scheinbaren Gewissheiten – den geltenden Axiomen - nicht ohne die Möglichkeit des Scheiterns zu hinterfragen. Dennoch lassen Zahlensymbole und verwandte Zeichen, die durch den Rahmen der Zweiwertigkeit eingekerkert sind, Hinterfragungen zu, um den Rahmen zu erweitern und seinen Absolutheitsanspruch in Frage zu stellen. *

0, 1, ∞
Die drei Symbole, die aus sich selbst heraus auffordern, den zweiwertigen Rahmen zu sprengen, da sie nicht endlich sind.
0 = das Nichts, das das Nichts im Nichts unendlich birgt, inklusive des Nichts, dass nicht einmal die Grenzen des Nichts hat.
1 = das Sein, die Ontologie in seiner unendlichen Mannigfaltigkeit $= 1^n$
und

∞ = das sich selbst bergende grenzenlose Allesumfassende inklusive des Nichts und des Seins, dem Möglichen und Unmöglichen, dem unerwarteten Neuem, dem nicht Denkbaren ...

Das Symbol für alle Symbole und ihr Vermögen und unendlich darüber hinaus, das Symbol für das grenzenlose Alles, ist das Unendlichzeichen ∞.
Es beinhaltet alle bekannten und unbekannten und nicht einmal denkbaren Logoi, Sprachen, Klänge, …

Zu welcher Axiomatik führt es, wenn man mit dem ∞ Zeichen Operationen ausführen will? In welcher Logik? Dies ist die Frage, die sich sofort aufdrängt. Die Zweiwertigkeit kann das sich selbst Bergende, gleichzeitige Innen und Außen, Sein und Nichtsein nicht beherbergen, da sie ein Denken des Endlichen ist. Nur deswegen kann sie auch zwischen -∞ und +∞ unterscheiden, statt hinzunehmen, dass es kein Ende gibt im ∞, folglich auch kein Ende der Polarität, da alles durch alles durchwoben in permanenter Bewegung und Potentialität ist.

Dass alles in Bewegung ist, ist sogar in klassischer Logik einsichtig. Da Bewegung und Nichtbewegung im unendlichen Potential gleichzeitig existieren, existiert Bewegung im Grenzenlosen, das nichts ausschließt. Die einfache Affirmation reicht im Allumfassenden zum Sein. Selbstverständlich auch dessen Negation. Außerdem ermöglicht die sich selbst durchdringende Bewegung beliebige Grenzen von Teilen des Ganzen. Es ist also nichts suspendiert, weder das Endliche noch das Unendliche und noch nicht einmal das Nichts, da es selbst unendlich in sich geborgen ist. Es gibt aber auch die Möglichkeit Grenzen des Endlichen mit einer mehr- bis ∞-wertigen Logik auf neue Art zu sehen. Die Grenzen des Denkens in Zweiwertigkeit ist in den letzten Jahrtausenden perfektioniert an die Grenzen seiner Selbst und seiner Selbstauflösung getrieben worden. Sich dem ∞ zu öffnen ist das, was die Zweiwertigkeit heute fordert.

Der Versuch das Symbol der Unendlichkeit, ∞ , zu untersuchen, kann niemals eine endgültige Gültigkeit und/ oder Vollständigkeit als Ergebnis in Anspruch nehmen, ja nicht einmal anstreben, sondern nur ein Schritt sein in eine unendliche ungewisse Zukunft der Bewegung des Geistes, hin zu einer Komplexität, die uns übersteigt, deren Attraktor wir aber hilflos ausgeliefert sind, wenn wir denken.

Als erstes muss die Unschärfe der Grenzenlosigkeit akzeptiert werden. An jedem Horizont, den ich erreiche, bleibt die Unschärfe am Horizont, die bei genauerer Betrachtung der eigentliche Zugang zum Unendlichen ist. Man kann darauf vertrauen, dass es im Unendlichen kein Ende gibt. Man kann nicht wissen wo man ist, wann man ist, was oder wer man ist, denn alle Lokalisierungen – räumlich, zeitlich, geistig - brauchen einen endlichen Bezugsrahmen, den das Unendliche nicht hat. Es stellt unendlich viele solcher endlicher Bezugsrahmen zur Verfügung, hat selbst aber keinen.
Man kann das eine unendliche Ganze nur teilen, aber niemals durch die Summierung seiner Einzelteile zusammensetzen. Diese unendlich vielen Unendlichkeiten, die man bei unendlichen Summen erzeugen kann, sind nur ein Teil des Ganzen.
Man kann es aber zu sich selbst hinzufügen, mit allem multiplizieren und potenzieren, einschließlich dem Nichts, von dem es sowieso durchzogen ist, und seiner selbst, es bleibt sich selbst. Selbst wenn man es von sich selbst subtrahiert bleibt ein unendliches Nichts, durch das es wieder entsteht, wie Phönix aus der Asche.

Das Unendliche ist also stabil und auf seine Art sehr verlässlich.

Von mehr-wertiger zu zwei-wertiger zu ∞-wertiger Logik

Warum ∞-wertige Logik? Mit der zweiwertigen Logik haben wir keinen Zugang zum Organischen, sondern nur zum Systemischen. Unsere jetzigen Maschinen unterliegen dem Denken der zweiwertigen Logik, sind geschlossene Systeme. Die Möglichkeit des Nichts und des Allem im Sein ist organisch, nicht systemhaft. Das Sein durchzieht das Unendliche und das Nichts, der unendliche Quantenkosmos, der zum Wellenkollaps führen kann oder nicht. Und wann er zu welchem führt, lässt sich zweiwertig nur mit Wahrscheinlichkeitsrechnung beschreiben. Dies führt zwangsläufig zu Paradoxien wie: „Die Katze ist halb tot, halb lebendig". Erst wenn ich nachsehe, weiß ich es. Und wenn ich Pech habe, erwische ich sie gerade beim Sterben. Dann habe ich ein „terium datur", mit dem ich überhaupt nichts anfangen kann in zweiwertiger Logik.

Dieses Systemische funktioniert also nicht, wenn es darum geht, dem Organischen auf die Spur zu kommen. Und schließlich ist der Geist, der die Zweiwertigkeit hervorgebracht hat, aus dem Organischen entstanden.
Interessanterweise war die Entwicklung der Klassischen Logik das Ergebnis der Fehler in den ersten philosophischen Weltbildern, die die Weltbilder der Religion abgelöst haben. Das Substitut für Gott war das Apeiron, das Unendliche, aus dem alles entsteht und in das alles auch wieder vergeht.
Konsequenterweise hätten die ersten Philosophen jetzt das Endliche in n-wertiger Logik denken können. Haben sie aber nicht, sondern haben sich von ihren begrenzten Sinnen täuschen lassen. Es war auch eine Herkulesaufgabe all die Götter und Naturerscheinungen logisch erklären zu können. Da war die mehrfache Polarität der Elemente schon ein guter Ansatz, der sich ja auch lange gehalten hat. Heute wissen wir, wie weit uns dieses ursprünglich noch organische Denken in der Reduktion auf pure Zweiwertigkeit getragen hat. Leider ist dabei das intuitive Denken, aus dem die Elemente hervorgegangen sind, als Selbstverständlichkeit fast verloren gegangen. Auch lässt sich die

Polarität nicht leugnen, sie existiert, aber sie schafft ein Drittes, ein Medium.

Auch dies wurde schon gedacht, aber als etwas Losgelöstes, dass nach denselben zweiwertigen Regeln wie die Materie und unsere Sinne funktionieren sollte, statt es in das Apeiron, das Unendliche zu integrieren.
Klassisch ist das Positive das ausstrahlende Prinzip, die männliche Kraft, Rajas, das Negative, das Aufnehmende, das weibliche Prinzip, Tamas, das der männlich ausstrahlenden Kraft Widerstand leistet und ihm damit Form verleiht. Schon hier gibt es ein Gefälle. Denn denkt man es andersherum, dass das Weibliche die ziehende Kraft ist, also Implosion statt Explosion, haben wir es mit einer ganz anderen Kraft zu tun, die auch ganz andere Formen erzeugt. Das Gezogensein der männlichen Kraft leistet als Trägheit Widerstand und beeinflusst so die Form. Die Wahrheit ist, dass es beides gibt. Und beide Kräfte schaffen Formen. Beide Kräfte durchdringen sich. Alles ist in kontinuierlicher Bewegung in allen möglichen Richtungen mit allen möglichen Tempi, Accelerandi und Descelerandi, Rythmen und Nicht-Rythmen, - und das alles durchwebt durch das unendliche Nichts als Kontingenz für alles. Alle Kräfte zusammen erzeugen Strukturen, die sich ab einer gewissen Komplexität verfestigen und anfangen ein Eigenleben, Sattwa, auf dem Wogen der Polaritäten zu führen. Es sind Körper, mehr oder weniger geschlossene Räume, in denen sich Bewusstsein entwickelt. „In jedem Körper wohnt ein Geist", sagte Don Juan zu Carlos Castaneda.

Diese verfestigten Strukturen sind aber nicht starr, ohne Bewegung, sie wiederholen sich, aber immer mit Veränderungen. So ist auch unser Denken, das mit dem chaotischen Quantenmeer des Polaritäts- und Nichtsgerangels verbunden ist, nichts anderes als ein Teil des Bewusstseins einer komplexen sich wandelnden Form, die wir Mensch nennen. Die Gedanken entstehen aus den dynamischen (Raum) Strukturen, die wir sind. Wir resonieren auf die uns umgebenden Strukturen, da wir mit ihnen nicht nur verbunden sind, sondern von ihnen durchdrungen. Mit jedem Atemzug holen wir das Außen in uns hinein und Atmen das Innen wieder aus. Nicht nur die Lunge ist ein Außen im Innen, auch unser gesamter Ess- und Verdauungsschlauch ist eigentlich ein Außen, den wir an beiden Enden notdürftig schließen können. Eigentlich ist der Mensch ein speziell verformter Torus oder Donut, dessen Inneres ständig vom Außen durchdrungen wird und sich zur deformierten Sphäre schließen kann. So auch das Denken. Die Gedanken plappern die ganze Zeit unser nicht endendes Selbstgespräch, wenn wir nicht versuchen, das Denken auf intuitive Geschwindigkeit zu beschleunigen, um uns über Form und Struktur, Sinn und Unsinn, Erkenntnis und Leere treiben zu lassen, ein in Resonanz gehen mit dem unendlich Bewegten. Diese Form des Denkens, die sich dem Unendlichen und dem Nichts öffnet, hat Zugang zum Organischen.

Unendlich Denken vs. Endlich Denken
Die 2 als Symbol

Die 2 als Symbol für 2-wertige Logik und damit für diese Art von logischem Denken, das u.a. zur Mathematik geführt hat, ist per se eine Begrenzung, da es sich um Affirmation und Negation von Begrenztem, also durch Negation des Unendlichen Entstandenes, handelt.

Im Gegensatz zur 2 mit der Begrenztheit*[1] (4) besitzt das Unendliche keine Grenze, hat keinen Körper. Erst die Begrenztheit bringt abgeschlossene Körper hervor. Mathematische Funktionen sind Begrenzungen im Unendlichen.

Selbst die Summe aller mathematischen Funktionen kann das Unendliche nicht beschreiben, da das Unbegrenzte, das außerhalb des Begrenzten liegt, durch das Begrenzte nicht beschrieben werden kann. Nur die Form der Negation des Begrenzten, also dem Identitätsverlust in der Zweiwertigkeit, kann das Unbegrenzte aus der Sicht des Begrenzten beschreiben. Da es dadurch aber seine Identität verliert, kann es über die Unbegrenztheit nichts aussagen, als die Negation des Begrenzten zu sein. Welch klägliches Ergebnis.

Stellt sich das durch Begrenzung entstandene Bewusstsein in den Zusammenhang der Unbegrenztheit und nicht den der Begrenztheit, so ergibt die Vereinigung aus Innen und Außen das Unendliche ohne seine Identität zu verlieren. Sie ändert sich aber.

Das Außen ist per se Unendlich und hat kein Außen. Es gibt nur ein Es ist, Sein. Und natürlich Nichtsein ...

Betrachtet man das Innen aus der Perspektive des Außen, so ist es unendlich verzweigt.
Es ist Teil der unendlichen Verzweigung des unendlichen Außen, muss also in sich die unendliche Verzweigung haben, da es sonst nicht Teil des Unendlichen sein könnte.

Nur die Perspektive vom begrenzten Innen gibt dem Innen eine Endlichkeit und dem Außen ein eingebettet sein in ein anderes Außen. Dies ist zwar ad infinitum fortführbar, ist aber immer noch vom Geist des Begrenzten beseelt und kann über das Außen im besten Fall immer nur Teilaussagen treffen, das Unendliche aber niemals erfahren.
Unser analytisches Denken in 2-wertiger Logik ist diese Art von Begrenztheit.

Das Sein ist zunächst nur ein Potential, es hat keine Gerichtetheit oder alle Richtungen gleichzeitig, kein Ziel, da es auch keine Zeitlichkeit gibt. Auch die Zeit ist eine Begrenzung, die im Unendlichen nicht vorkommt. Das Sein ist also zeitlos.

Unser Sein hat scheinbar durch die Begrenztheit unsere Identität hervorgebracht. Wenn wir uns nun aufmachen diese Seinsform in den Zusammenhang des Unendlichen zu stellen, gehören viele Aspekte des Denkens auf den Prüfstein.

Definieren wir unsere Raum-Zeit-Erscheinung als endlich oder unendlich? Dies ist schon eine religiöse / philosophisch ethische Frage.
Wir messen Zeit und wir empfinden und erleben Zeit.
Nähern wir uns dem Phänomen Zeit von der Mathematik, der Begrenztheit, dem Messen.
Ohne beobachtbare Aktion, etwas das sich in der Wiederholung verändert oder auch nicht, haben wir nichts, das wir messen/zählen können. Das entscheidende ist, dass sich etwas bewegt. Diese Bewegung findet im Raum statt. Da ist schon ein Problem: Wie definiere ich den Raum als endlich oder unendlich? Die Zeit ist genauso unendlich wie der Raum.
Kognitiv erleben wir uns als zeitlich begrenzt zwischen Geburt und Tod, einem super winzigen Aspekt der unendlichen Zeit. Diese Zeit teilen wir in sich wiederholende Rhythmen. Da wir Tempo und Unterteilung frei aus unendlichen Möglichkeiten wählen können, wählen wir freiwillig Begrenztheit.*[2]

Dennoch ist das Studium der Zyklen und ihrer Überlagerungen in der Zeit nicht auf die daraus gefundenen Naturgesetze beschränkt, sondern hat auch die Möglichkeit, den Einfluss auf unser Dasein zu beschreiben. Die älteste Wissenschaft, die Astrologie, sucht nach diesen Zusammenhängen. Grundsätzlich ist sie offen für alle neuen Erkenntnisse, da sie eine geistige Disziplin im Umgang mit Symbolen und deren sprachlicher Umsetzung ist. Die intuitive Verknüpfung der Symbole mit der ständigen Bereitschaft ihre Bedeutung in der niemals gleichen, jedoch häufig ähnlichen Konstellation in einem geistigen Rahmen, der sich auf das Menschsein bezieht, zu übersetzen, ist das Wesen dieser nie endenden Forschung.

Das Nichts im Unendlichen

Das Nichts ist ein Potential für alles. (Auch für sich selbst, das Nichtsein des Nichts)
Das Unendliche ist durchzogen vom Nichts.
Das Nichts ist geborgen im unendlichen Nichts des unendlichen Nichts ... - unendlich,
geborgen im Unendlichen.
Weil das Nichts unendlich ist, ist es Teil des Unendlichen.
Deshalb hat das Nichts veränderliche Struktur, es ist von Attraktoren durchzogen.

Das Nichts ist immer das Zentrum dessen, worauf sich das Seiende bezieht.
Deswegen ist der Tod, das Nichtsein die höchste spirituelle Frage.
Wenn das Nichts ein Potential für alles ist, eben auch dem Nichtleben, dem Tod, dann geht das Bewusstsein des ehemals Lebenden in das Nichts ein und vergrößert damit das Bewusstseinspotential des Nichts.
Der Mensch, der sich mit seinem Nichtsein beschäftigt, ist ein spirituelles Wesen.

Zweiwertig vs. Mehrwertig
Im Koordinatensystem ist das Nichts der Nullpunkt aller Achsen. Verbildlicht wird im Koordinatensystem – egal wieviel achsig – ein (der) Nullpunkt beliebig gesetzt, damit es zu einem System wird. Das System ist eine Krücke des Denkens. Mit der Einführung des Systems wird im Bewusstsein die kontinuierliche Bewegung des Nullpunktes im Unendlichen gestoppt. Daraus resultiert die Einschränkung nur Vergangenes bis zur Fixierung des Nullpunktes darstellen zu können. Wann, wo und wie sich ein Nullpunkt im Unendlichen realisiert ist nur probalistisch punktuell ohne Gewissheit vermutbar. Statistische Durchschnittswerte beschreiben nur im Ausnahmefall genau das Ereignis.

Im Unendlichen ist der Nullpunkt immer überall. Im Jetzt realisiert er sich wahrnehmbar an den verschiedensten Punkten des vom Bewusstsein betrachteten begrenzten Raumes, den das System für den Moment in den verschiedensten Arten und Zusammenhängen beschreiben kann.

Im Organischen ist alles immer in Bewegung. Das Unendliche ist organisch. Das Unendliche hat Bewusstsein. Unser Bewusstsein ist nur ein kleiner Teil des Bewusstseins des Unendlichen.
Die verschiedenen Arten, wie sich das Nichts manifestiert, sind unendlich mannigfaltig. Ein Etwas entsteht aus dem Potential des Nichts (Das Nichts negiert sich selbst, da das Nichts Bewusstsein sein hat, weil es Teil des Unendlichen ist) oder Etwas verschwindet im Nichts, wird vom Seienden zum Nichtseienden.

Dieses Nichts als Nichtsein existiert aber nur für die Seienden, da es ihr Bewusstsein ist, dass das Seiende vom Nichtseienden trennt und somit dieses Nichts erschafft. In diesem Zusammenhang ist das Nichts also die Negation des Seienden. Wenn das Nichts negiert wird, wird das negierte Nichtsein zum Seienden. Eine sehr beschränkte Art die Existenz zu beschreiben, die das Potential des Nichtseienden nicht miteinbezieht.
Dass sich im Nichts, dem mit unserem Bewusstsein nicht Erfassbaren, unbemerkt auch ein Wechsel von Sein und Nichtsein vollziehen kann, wird bei der einfachen Negation des Seienden nicht erfasst. Das systemische Denken verhindert die Erkenntnis, dass im Unendlichen alles enthalten und in Bewegung ist, auch das Nichts und das Nichtsein. In diesem Zusammenhang ist das Nichts ein Etwas, ein Potential mit eigener Dynamik.

Verfolgt man den endlosen Gedankenstrom des inneren Monologs, wird das Wechselspiel von Sein und Nichtsein sofort offensichtlich. Ein Gedanke taucht auf, wird assoziativ mit anderen verknüpft und bringt einen neuen Gedanken hervor, der wieder assoziativ verknüpft einen Neuen gebiert und so weiter. Dabei vergessen wir die allermeisten dieser Gedanken in dieser Kette sofort wieder, da wir sie nicht für lebenswichtig relevant halten. Sie verschwinden im Nichts, dem vom Bewusstsein Ausgeschlossenen. Dieser Prozess läuft normalerweise unbewusst ab, prägt aber unser Sein und unser Denken. Nur wenn wir diesen Prozess beobachten und das assoziative Verknüpfen willentlich (gerichtet*) geschehen lassen und dabei die Dynamik beschleunigen, können wir von aktivem Denken reden. Dabei verändern sich die Gedanken und bestenfalls Gedankenmuster.

Sich dem Nichts im Unendlichen zu öffnen heißt, sich seiner eigenen Muster und Strukturen bewusst werden. Die erfahrene Resonanz des mitschwingenden Bewusstseins zeigt die Muster und Strukturen des Bewusstseins auf.

Das Denken schafft Gedankenräume, die vom Nichts durchzogen sind, genauso wie der Raum eigentlich nichts anderes ist als Nichts mit Struktur im Wandel. So ist auch der Gedankenraum nichts anderes als strukturiertes Nichts. Das Denkbare ist vom Ungedachten und dem Undenkbaren durchzogen.

Je kleiner der gedankliche Raum, desto wahrscheinlicher ist das Erscheinen des Nichts als Irrationalismus im scheinbar gesicherten auf Vergangenes bezogene System, denn in Wahrheit gibt es nur kontinuierlichen Anfang und vom Anfang Abgeleitetes, der und das sich kontinuierlich verändert, als Wirkung des Nichts und der immerwährenden Bewegung und Durchdringung des Unendlichen durch sich selbst, das den kleinen gedanklichen Raum beinhaltet und sogar geschaffen hat. Die Zukunft des gedanklichen Raumes entscheidet sich durch das Bewusstsein, das ihn erschaffen hat. Auch das Bewusstsein unterliegt der Tatsache, dass es nur Anfang und vom Anfang Abgeleitetes gibt. Es ist also auch immer im Veränderungsprozess.

Diesen Veränderungsprozess des Bewusstseins zuzulassen oder gar zu beschleunigen ist die größte Herausforderung und Aufgabe der Menschheit. Den Bewusstseinsraum über sich selbst

hinaus dem Unendlichen zu öffnen, sich davon eingehüllt und durchdrungen als Teil des Unendlichen zu erleben und verstehen ist die vordringliche Aufgabe des Denkens, um die anstehenden Herausforderungen unserer Existenz bewältigen zu können. Abgrenzende Selbsterhöhung ist als Bewusstseinsmodell nicht mehr adäquat.
Wir müssen den Mut finden, dem Organischen zu vertrauen. Denken über Denken und Bewusstsein auf breiter Basis ist von Nöten. Solange sich die Menschheit aber mit Existenzsorgen wie Hunger und Krieg plagen, haben sie nicht die Freiheit sich dem Unendlichen vertrauensvoll zu öffnen. Der allgemeine geistige Raum ist dadurch zu eng. Kriegerisches Denken und Handeln führt zu kriegerischem Denken und Handeln.
Der eigentliche Reichtum ist das Bewusstsein der Menschheit, nicht das des Einzelnen, der es nach seinen Fähigkeiten zu seinem Vorteil nutzt. Ihn zu vergrößern heißt das Bewusstsein allgemein zu erweitern. Jeder wird mit seinen Fähigkeiten zum allgemeinen Reichtum beitragen, da alle am Reichtum partizipieren. Die unendliche Vielfalt in ihrer Veränderlichkeit zu erleben und zu gestalten ist das Privileg, das dem menschlichen Bewusstsein, das ein Bewusstsein von sich selbst hat und formulieren kann, offensteht.

Das Endliche im Unendlichen

Es entsteht durch Selbstdurchdringung / Selbstbeschleunigung. Implosion in Implosion führt ebenso wie die Begegnung verschiedener Explosionen oder die Begegnung von Implosion und Explosion zur Durchdringung, Verwirbelung, von Raumstrukturen, die zu abgeschlossenen Räumen im Unendlichen führen können. Möbiusband und vor allem Klein'sche Flasche sind einfache Beispiele solcher in sich selbst zurückkehrender Raumstrukturen, die weder ein eindeutiges Innen oder Außen haben. Schon die einfache Durchdringung seiner selbst überführt eine dreidimensionale Figur in einen 4-dimensionalen Raum. Ähnlich, als rolle man einen 2 dimensionalen quadratischen Rahmen in seinen Achsen zunächst zu einem dreidimensionalen Gebilde auf (eine Art offener Zylinder), das mit der zweiten Achse sich schon selbst umschlingt / durchdringt und schon 4-dimensional ist (eine Art offener Kugel). Es entsteht strukturierter leerer Raum, eine Struktur im Nichts, die, wenn die Bewegung auf eine Eigenresonanz beschleunigt ist, selbsterhaltend wirkt.

Durchzieht oder umschlingt sich das Durchzogene weiter, entstehen höherdimensionale Räume, die, in der Dreidimensionalität betrachtet und erlebt, zunehmend an Stabilität und Dichte gewinnen, insbesondere dann, wenn die Durchdringungsschleifen wie ein Möbiusband oder ein Torkado mit Verlangsamung und Beschleunigung in der Bewegung in sich selbst zurückführen. Die Leere, das Nichts des Raumes, nimmt lediglich an Komplexität zu. Die internen Attraktoren übersteigen die Kraft der äußeren, sodass vorübergehend scheinbare Stabilität entsteht, die aber ein Durchwobensein des Unendlichen mit sich selbst in Bewegung ist. Die Verdichtung führt in einen um einen ausgeglichenen schwankenden Zustand von Innen und Außen, den wir Leben nennen.

Dreidimensionale physikalische Größen spielen dabei keine Rolle. Selbst unterhalb des Planckschen Wirkungsquantums existiert die Raumverwirbelung. Die entstehende Reibung an den Stellen der Durchdringung erzeugt Energie in Form von Wärme/Kälte oder Magnetismus/Elektrizität. Scheinbar stabile Formen wie das Atom sind solche komplexe Verwirbelungen in sich selbst mit dem Elektron als äußerste sichtbare Erscheinung der Raumverwirbelung. Man kann Spin oder Ort des Elektrons bestimmen, nicht aber beides gleichzeitig in einem dreidimensionalen Bezugsrahmen, da es höherdimensionale Bewegung von Raumstruktur ist, die sich in der Erscheinung des Elektrons manifestiert. Im Inneren implodieren Positron und Neutron im Verhältnis zum Elektron und bringen es so auf den scheinbar sphärischen Kurs, der aber eigentlich eine sich selbst durchdringende Struktur ist. Die Sichtbarkeit des Elektrons an den unterschiedlichen Stellen der Elektronensphäre mit „wiederkehrenden" Zyklen (betrachtet man Hälften oder Achtel) zeugt von diesen Bewegungen der Raumstrukturen. Positron und Neutron sind eigene Verwirbelungen in anderem Maßstab. Auch auf subatomarer Ebene herrscht das gleiche Prinzip.

Innerhalb der Raumstrukturen ist das grenzenlose Nichts des unendlichen leeren Raumes. Die lokale Verdichtung durch Selbstüberschneidung/Selbstumfassung führt von den für uns relativ großen Strukturen, die ebenso wie die relativ kleinen in permanenter Bewegung sind, zu zeitlich relativ stabilen Strukturen. Angesichts einer unendlichen Zeit ist die Existenz eines Organismus wie unserem Sonnensystem mit seiner abschließenden Heliosphäre auch nur von der Länge eines kosmischen Wimpernschlages, bevor die endgültige Implosion der Sonne die scheinbar stabilen Verhältnisse auflöst und in eine neue Raumstruktur überführt.

Solange aber Bewegungsmuster und damit Strukturen sich mit fraktaler (Un)genauigkeit wiederholen, herrscht für so komplexe Binnenstrukturen der Heliosphäre, wie der Mensch sie darstellt, scheinbare Stabilität und Entwicklung von Ähnlichem im Außen zugleich.

Ab einer nicht näher bestimmbaren Komplexität von eingelagerten Selbstüberschneidungen von Raumstrukturen in eine Umgebende entsteht Bewusstsein, das sich mit dem ihm umgebenden Wandel verändert, hin zu mehr Komplexität, die sich ins Unendliche entwickelt. So entwickelt sich das Bewusstsein der Erde, die mit ihrem durch Umstülpung und Drehung entstehenden Magnetfeld und ihrer Atmosphäre eine durchlässige Haut zum Raum innerhalb der Heliosphäre hat, unter dem Einfluss der anderen Beteiligten innerhalb der Heliosphäre quasi überwiegend von außen und unter dem Einfluss vom Bewusstsein innerhalb der Atmosphäre quasi von innen weiter. Alle leben miteinander in Symbiose, da alles nur bis ins Unendliche verwickelte Raumstruktur ist.

Der Mensch ist wie die Erde auch komplex verwickelte Raumstruktur mit Bewusstsein, das von Bewusstsein bewohnt wird, mit dem es in Symbiose ist. Ohne unsere Darmflora könnten wir gar nicht existieren und auch nicht ohne all die Pilze und Mikroben etc. auf unserer Haut, die auch nur verwirbelte Raumstrukturen sind. Die Luft, die wir atmen, entstand durch die Pflanzen, die offensichtlich auch schon Bewusstsein haben, denn sie kommunizieren miteinander und reagieren auf Reize. Mit der gesamten Nahrung, die wir zur Selbsterhaltung aufnehmen, ist da eine permanente Durchdringung, Außen ist Innen und Innen ist Außen, so wie der Mensch selbst eine 4-dimensionale Körperlichkeit hat in Form eines speziell geformten Torus, dessen Loch in der Mitte vom Mund zum After geht und der sich permanent innerlich umstülpt. Er schließt sich zur verformten Sphäre und öffnet sich dem Torus.

Bewegungen

Rund oder gerade

Im gesamten Universum gibt es nur runde Bewegung.
Ist das, was wir an runder Bewegung sehen, wahrnehmen, messen möglicherweise nur die Projektion einer geraden Bewegung aus der 4. Raumdimension?
So wir wir Kreise auf der Kugel in 2D zu Geraden abrollen, wird die gerade Linie aus der 4. Dimension eine Kreisbewegung in der 3. Dimension.
Alle Versuche 4D Körper in 3D darzustellen sind entweder Kreiskonstruktionen (stereographische Projektion) oder selbstüberschneidende Linien, die der 3D Räumlichkeit veränderliche Paradoxien entlockt. Runde 4D-Bewegungen sind Verwirbelungen in 3D. In stereographischer Projektion, etwas das wir visuell begreifen können, führt die Hopf Fibration der 3-Sphäre z.B. zu einer verschränkten Wirbelstruktur. *

Es gibt also nur runde Bewegung.
Lediglich die Geschwindigkeit kann variieren. Und die Wahrnehmung davon ist abhängig vom Entfernungsverhältnis. Große Geschwindigkeit mit noch größerem Radius erscheint als langsame Bewegung, relativ langsame Bewegung mit engstem Radius erscheint ungeheuer schnell. Es geht also immer um einen endlichen Bezugsrahmen mit Anfang und Ende - Strecke pro Zeit – und einem Größenbezugsrahmen, um eine Geschwindigkteit zu beschreiben.

Die Lichtgeschwindigkeit ist scheinbar eine Grenze unserer physikalischen Wahrnehmung. Wir wissen, dass sie - unsere Wahrnehmung – selbst mit den besten Werkzeugen endlich ist, maßen uns aber an, die Unendlichkeit des Universums damit vermessen zu wollen, ja zu können. Wir können mit unserer endlich denkenden Vorstellungskraft kaum denken, - eigentlich wahrhaben wollen -, dass es einen Raum gibt, in dem höhere Geschwindigkeiten möglich sind. Er ist eben nicht mehr materiell. Einsteins Raumzeitgefüge gilt nur für einen begrenzten Ausschnitt der Wirklichkeit.
Die scheinbare Nichtbewegung, die relative Geschwindigkeit Null, ist die andere Grenze. Dabei gibt es im Unendlichen nichts, das sich nicht bewegt. Stillstand ist also ein lokaler Trugschluss, eine Illusion. Mehr noch ist die Herausforderung an dieses Denken, das scheinbar Unmögliche der negativen Geschwindigkeiten zuzulassen. Zeit die rückwärts läuft?! Wir verstehen ja kaum etwas von dem Vorwärtsfließen in all den überlagerten Zyklen und Tempi und Nichtzyklen.

Zeit ist in der Relativitätstheorie an Raum gekoppelt und relativ zur Geschwindigkeit der Masse. Energie mit Lichtgeschwindigkeit bewegt sich in Wellen, runde Bewegungen, die eigentlich mindestens Girlanden im Raum sind, die auch nicht schnurstracks geradeaus marschieren, sondern sich auf gekrümmten Bahnen befinden, deren Radii außerhalb unserer Wahrnehmung liegen. Unsere Galaxie dreht sich. Die Massen, die sich da bewegen, können nicht keinen Einfluss auf Lichtenergie

In allen Formen haben. Die Krümmung eines scheinbar geraden Lichtstrahls mag noch so gering sein, sie ist da. Der Raum ist gekrümmt, in mannigfaltigster überlagerter Form. Lokale Dominanzen überdecken lediglich die feinsten Auswirkungen größerer Strukturen für unsere grobe Wahrnehmung. Die fotographisch gemessene Krümmung bei einer Sonnenfinsternis ist ein sehr grober Einfluss. Der Radius unserer Sonne ist groß und klein, je nach Vergleichsobjekt. Nehme ich die menschliche Körperlichkeit ist sie groß, vergleiche ich ihn mit der dem Durchmesser der Galaxie ist er klein. Und es gibt kein Größtes im Unendlichen.

Also gibt es auch keinen Ort, der nicht von allen anderen beeinflusst / durchdrungen wird. Ort ist eine lokale Abgrenzung, das Einführen einer statischen Grenze zu einem Außerhalb, dass keinen Einfluss haben darf auf eben diesen Ort, da sonst seine Positionierung gar nicht möglich wäre. Ohne Positionierung gibt es aber keinen Ort. Ein Ort braucht Grenzen. Sind sie veränderlich, verändert sich der Ort und ist er nicht mehr der, der er war, da er sich ja verändert hat, ist die Grenze nicht mehr die gleiche.

Im Unendlichen ist die Positionierung immer überall, da es keine Grenzen gibt. Der lokale Nullpunkt ist immer ein willkürlich gesetzter, wie weit ich die Grenzen meines Außerhalb auch verschieben mag. Solange ich ein Außerhalb postuliere, solange werde ich nicht zu der Freiheit gelangen, da zu sein, wo ich bin, grenzen- und positionslos im Unendlichen, meiner eitlen ängstlichen Willkür unterworfen, mir selbst ein Gefängnis aus Relationen und Bezugspunkten eines Außerhalb bauend.

Überlichtgeschwindigkeit ist im 3-dimensionalen Raum, den Einstein beschreibt, nicht möglich. Um die Bewegung in der Zeit zu beschreiben, benötigt er aber mathematisch den 4-dimensionalen Raumtensor von Riemann. Warum nicht gedanklich konsequent den nächsten Schritt gehen und den 3-dimensionalen Raum einbetten in einen 4-dimensionalen und so immer schön weiter, ebenso wie wir den 2-dimensionalen in den 3-dimensionalen einbetten. Schon sehr bald wird die Grenze der Lichtgeschwindigkeit fallen.

Runde Bewegungen sind vom Kreis, der idealen runden Bewegung in der Ebene (2D), abgeleitete Bewegungsformen. Die Kugel ist es in höheren Dimensionen.
Die perfekte Kreisbewegung ist aber der Ausnahmefall. Alle Spiralen, Wirbel, Präzessionen, Attraktoren etc. erzeugen immer ungenaue Kreisbewegungen. Durch die Gleichzeitigkeit verschiedener runder Bewegungen, die sich gegenseitig beeinflussen, entstehen aus ursprünglich idealer Kreisbewegung Abweichungen vom Ideal in allen möglichen Ausformungen.
Im 3-dimensionalen überlagern sich Wellenbewegungen zu kugelförmigen Gebilden, deren Mittelpunkte unsere geometrischen Raumstrukturen bilden. Sie bestehen aus dichtesten Kugelpackungen und den entstehenden Leerräumen, die quasi die Negativkörper sind.

Der kleinste so entstehende Körper mit 4 (Mittel) Punkten ist der Tetraeder, der den Oktaeder bei Verdopplung der Frequenz in sich birgt, in Wirklichkeit haben aber beide gekrümmte Kanten.

R. Buckminster Fuller hat mit der Jitterbug Transformation des Vector Equilibriums oder Kuboktaeder in den Ikosaeder, den Oktaeder und den Tetraeder gezeigt, wie sich Raumstrukturen zu immer stabileren Körpern durch Drehung in sich selbst falten und dabei Stück für Stück an Stabilität gewinnen.

Bewusstsein

Ab einer gewissen Komplexität der Raumstruktur entsteht Bewusstsein.
Selbsterhaltende Wirbelstrukturen (z.B. Torkado*) sind wahrscheinlich die einfachste Form, da sie (mindestens) eine eigene Frequenz haben. Überlagerungen und Einbettungen von Wirbelstrukturen in Wirbelstrukturen, wie beispielsweise bei fraktalen Spiralen, erhöhen nicht nur die Komplexität, sondern fügen andere Frequenzen hinzu.
Chakren sind Energiewirbel in unterschiedlichen Frequenzen mit unterschiedlichen Ober- / Unterschwingungen. Sie resonieren und verstärken sich in allen Teilfrequenzen auf harmonische Schwingungen. Durch unharmonische Schwingungen wird die Eigenresonanz gemindert, die Kraft und damit Stabilität des Wirbels nimmt ab.

Energiewirbel sind Raumstrukturen in Bewegung, bei denen das Außen zum Innen wird und das Innen wieder zum Außen, ähnlich wie beim Möbiusband, jedoch in Spiralform, die in sich selbst verwirbelt / verdreht ist.
Die Eiform birgt die Möglichkeit zur Verwirbelung mit Selbsterhaltung und kann sich dabei selbst fraktal beinhalten (Wirbel in der Wirbellaufbahn). *

Der Raum strukturiert sich pulsierend selbst in einer Komplexität und Dichte, die zu Eigenresonanz führt. Diese Eigenresonanz des leeren Raumes in (diesen) Strukturen ist was wir Bewusstsein nennen, als Bewusstsein erleben.
Es ist das Sattwa, das Nutzen der Resultanten der polaren Energien, das die eigene Qualität Bewusstsein hat.

Dieses Individuelle, das scheinbar in sich abgeschlossene Schwingen / Pulsieren ist wiederum eingebettet - und damit davon durchzogen - in größere Schwingungsräume gleicher oder höherer Komplexitäten und hat natürlich auch eine Affinität zu weniger Komplexem, bei dem vorhandene Oberschwingungen nicht angeregt werden.

Denken ist ein sich Bewegen des Bewusstseins in solchen Schwingungsräumen. Der Zugang entsteht durch das bewusste Wahrnehmen solcher umgebenden / durchziehenden Schwingungsräume, ein sich Öffnen für die Durchzogenheit durch die Leere.
Die Gedanken resonieren auf Frequenzen von Gedankenräumen, die den eigenen Strukturen (Überlagerung von Frequenzen) ähnlich sind, wie z.B. die Obertöne der harmonischen Reihe, wobei die Primzahlen je eigene Charaktereigenschaften in der Resonanz zeigen. (Astrologie)

Denken ist ohne Bewusstsein, ja Selbstbewusstsein, nicht möglich. Das Denken ist also immer auf das denkende Subjekt bezogen, da das Denken sich aus den ersten Formen von Bewusstsein entwickelt hat, die überhaupt erst zur Subjekt Wahrnehmung des Subjektes geführt hat, dem Bewusstsein. Das Bewusstsein scheidet einen endlichen Raum vom Umgebenden ab. Wie komplex das Bewusstsein auch werden mag, es bleibt immer ein vom Umgebenden abgeschiedener Ort, eine Art Kapsel im Umgebenden. Die Kapsel ist außer den sie bedingenden/erschaffenden Strukturen leer, wie die Umgebung der Kapsel leer ist. Selbst wenn ich über den leeren Raum im Unendlichen und mich nachdenke, bin ich es, der in seiner Abgeschiedenheit, über seine Durchdrungenheit von der Leere als Teil des Unendlichen darüber nachdenkt. Bewusstsein ist Abgeschiedenheit.

Worauf Bewustsein resoniert, ist eine Frage der Komplexität und der Ausgestaltung der Komplexität.
Durch das Resonieren verändert sich die Struktur des Resonierenden. Das Bewusstsein verändert sich. Unabänderlich. Alles ist in Bewegung.

Aus den veränderlichen internen Strukturen des Bewusstseins wird die Absicht im Sein durch das Denken gerichtet. Dies ist die Chance zur Erkenntnis.

Seele

„nennen wir die Leere, die an die Stelle des metaphysischen Nebels tritt, um gespenstische Effekte zu generieren. Die Seelenleere stellt einen unüberwindbaren Widerstand gegen ihre metaphysische Verklärung dar. Zugleich ist sie nicht auf den Körper reduzierbar. Sie ersetzt ihn dermaßen vollkommen, dass man, um von ihr zu sprechen, eine Metaphysik der Leere notwendig macht: Metaphysik der Metaphysik ... „ M. Steinweg Quantenphilosophie S. 171

Die n-fache Durchdringung des leeren Raumes in n Dimensionen durch sich selbst - mit unterschiedlichsten Geschwindigkeiten und Ausdehnungen relativ zueinander - bilden eine scheinbar abgeschlossene hochenergetische dynamische 3-dimensionale Raumstruktur, die sich seiner selbst bewusst ist und mit anderen kommuniziert. Je höher dieses n ist, desto komplexer wird das Bewusstsein, vom einfachen aufs Jetzt bezogenen Selbsterhaltungstrieb hin zu einem Gefühlsleben und auf der uns bisher bekannten höchsten Stufe, dem intuitiven Denken, das eigentlich immer Denken über sich selbst im Kontext des Unendlichen ist.

Die Leere des Raumes sich selbst durchdringender Raumstrukturen erzeugt also in der Reduktion auf die 3-Dimensionaliät Bewusstsein, Selbstbewusstsein, die Entwicklung eines Egos bis hin zur Fähigkeit des intuitiven Denkens.

Das Ego ist die Vorstufe zum Denken, die Bewusstheit über die relative Abgeschlossenheit einer komplexen Raumstruktur. Es ist immer gepaart mit der Angst vor dem Verlust der Struktur, dabei ist diese Struktur nicht fix, sondern nur durch permanente Bewegung sich selbst erhaltend. Selbst mit höchster Präzision der Bewegung entsteht durch die Verbindung zum Unendlichen und/oder dem Nichts so etwas wie Präzession, eine fraktale Veränderung, die aber so langsam geschieht, dass das Ego sie zu ignorieren in der Lage ist. Diese selbsterhaltende Bewegung, die wir Ego nennen, ist also - wie alles - in jedem Moment ein

Anfang. Erst das Cogito versetzt sich in die Lage im über sich selbst hinaus Denken die narzisstische egozentrierte Angst zu überwinden und mit Wahrheit zu substituieren. Nicht, dass das Cogito sich vom Ego und seinen Gefühlen lösen könnte. Es beinhaltet ja schließlich alle weniger komplexen Strukturen in seiner Komplexität. Es ist lediglich die höchste uns bisher denkbar zugängliche Form von Komplexität und Energie.

Denken ist eine selbst referenzierende vieldimensionale - sich dem Unendlichdimensionalen nähernde - Durchdringung von Raumstrukturen, die sich deswegen seiner selbst in immer größeren Zusammenhängen bewusst werden kann, weil es in seiner scheinbaren Abgeschlossenheit doch Teil des Unendlichen ist - es vom Unendlichen durchzogen ist. Bewusst denkend wird dem scheinbaren Selbst oder Subjekt die Leere des Raumes, die allen Dimensionen angehört, als das, was wir Seele nennen. Die scheinbare Abgeschlossenheit der verwickelten Raumstrukturen referenziert auf sich selbst. In dieser Rückkopplung entsteht die Resonanz auf das, was in der Quantenphysik Quantenfluktuation heißt – der sich als der unendliche Strom des inneren Monologs zeigt, der auch in unseren Träumen nicht aufhört, sich jedoch dort der einengenden 3-Dimensionalität des Wachbewusstseins der Sinne in einen höherdimensionalen Raum entzieht.

Intuitives Denken ist der Ausdruck höchster uns bekannter Komplexität von Seelenaktivität, eine Form von Verbundenheit mit der unendlichen Bewegung des Unendlichen. Eine Beschleunigung des Denkens auf Geschwindigkeiten, die die 3-Dimensionalität nicht erlaubt, in höheren Dimensionen aber möglich ist. Deswegen auch instantane Erfassung von Zusammenhängen, die in der Überführung ins 3-dimensionale – z.B. Sprache - soviel Zeit braucht.

Teil 2

Einleitung zu 0, 1, 2, 3

Die Erforschung des Unendlichen beginnt für uns mit dem Endlichen, da wir scheinbar erst mal endliche Wesen sind - von der Geburt bis zum Tod. Da das Endliche aus einer Selbstdurchdringung des Unendlichen entsteht und damit das Unendliche in sich birgt, können wir also getrost das Endliche auf Unendlichkeiten untersuchen, um einen Teil der Unendlichkeit Ω zu erblicken.
Prinzipiell ist das Unendliche nicht materiell. Die Materie ist zwar Bestandteil der Unendlichkeit, aber nur ein ganz kleiner. Zum Nichtmateriellen haben wir nur über unseren Geist, unser Denkvermögen, verstehenden Zugang. Emotionen sind zwar nichtmateriell, haben aber außer der Merkfähigkeit, dem emotionalen Gedächtnis, keine Erkenntnisfähigkeit, die über sie hinaus geht. Erst der Geist, das akkumulierte Denken, kann über die Emotionen denken, sie abstrahieren und darüber hinaus unabhängig von unseren Emotionen denken.
Hier stellen sich gleich die Fragen, warum denken wir, worüber denken wir und wie denken wir. Mit der Merkfähigkeit der Emotionen begann in unserer Entwicklung von Bewusstsein der Schritt hin zur Form. Formverständnis entwickelte sich aus der Speicherung von Wiederholungen emotionaler Eindrücke, die für unser Leben förderlich waren oder nicht. Das Denken wurde die Überlebensstrategie.

Zunächst ging es aber nur um das Ordnen von emotionalen Erfahrungen. Sehen wir uns einer Übermacht von Gegnern gegenüber, regt sich körperlich sofort der Fluchtinstinkt in uns. Daran sieht man, wie eng die symbolisch gespeicherte Emotion mit dem Physischen verbunden ist. Das gespeicherte Bild des Übermächtigen, der gespeicherte Klang, der gespeicherte Geruch, Geschmack, Temperatur, die gespeicherte Luftfeuchtigkeit, der Druck, ... aus einer überlebten Situation, werden zusammen als ein Symbol, als ein Bild gespeichert. Diese Erfahrungen werden kommuniziert und damit im geistigen Pool als Teil des für dieses

Thema bereits vorhandenen Symbols gespeichert. So werden gute und schlechte Erfahrungen von allen in diesen Pool eingebracht. Die Symbole wurden immer komplexer. Damit entwickelte sich auch die Sprache in ihrer Differenziertheit. Das Symbol für Gefahr wurde vielfach mit Erfahrungen aufgeladen und unser emotionales Gedächtnis hat Zugang zu diesem Pool. Wir haben überlebt, weil wir Symbole entwickelt haben. Abstraktionen der Vielfalt der Erlebnisse, die zusammen getragen wurden, haben uns intelligent fliehen lassen. Selbstverständlich sind wiederholte ähnliche Bilder in der Wirkung stärker als nur vereinzelte oder nur selten wiederkehrende Ähnlichkeiten. Deswegen haben Symbole unscharfe Ränder. Die gesamte Evolution der Menschheit ist in diesen geistigen Räumen, den Symbolen, gespeichert, auch wenn vieles wieder vergessen oder durch Neues ersetzt wird.

Die Abstraktion der Abstraktion begann und die Bilderwelt der Mythologie wurde durch andere Symbole ersetzt: in der Sprache, Mathematik und Wissenschaft. Bis dahin waren Zahlen rein numerische Zählergebnisse, die beim Überleben geholfen haben. Religion war Glauben statt Wissen und die Unfähigkeit zu akzeptieren, dass wir immer Unwissende sein werden. Die Forschungsreise der Menschheit versucht das Nichtwissen durch Wissen zu ersetzen, denn Wissen hat uns überleben lassen. Dies bleibt unsere Überlebensstrategie.

Worüber wir nachdenken und wie wir denken sind in der Entwicklung des menschlichen Bewusstseins relativ neue Themen.
Historisch gesehen war die Geometrie der Schlüssel der Erkenntnisse, mit denen wir heute leben. Geometrie ist das Untersuchen und Verstehen der Form. Aus dem Verständnis der Form und der Abstraktion der Gesetzmäßigkeiten der Form in die Symbole der Zahlen und ihren Verknüpfungen entstand die Zahlentheorie: das Denken über Zahlen, das Aufspüren von Gesetzmäßigkeiten, so wie die Philosophie und Wissenschaft über das Auffinden der Naturgesetze die Götterbilder ersetzen

konnte. Die verstandenen Zusammenhänge eröffneten jeweils bedeutende Schritte der Menschheit. Die Entdeckung der komplexen Zahlen ermöglicht uns bspw. die Regelung des elektrischen Stroms, die Steuerung von Robotern, ... oder das Verständnis für die fraktalen Muster, die uns überall umgeben.

Die Logik in der Philosophie, also der Sprache und den Sprachbildern, ist die gleiche wie die der Mathematik. Die Aristotelische Logik ist ist ein 2-wertiges System, von Wahr und Falsch. In der Syntax kommt aber zu Subjekt und Prädikat, den zwei Grundbausteinen des Satzes, noch das Objekt, ein drittes.

All diese geistigen Erkenntnisse basieren aber auf dem emotionalen Überlebenwollen. Wir haben uns Symbole geschaffen, die diese existentiellen emotionalen Erkenntnisse beinhalten. In unseren Sprachschöpfungen, den Worten und syntaktischen Regeln, haben wir dieses Wissen hochabstrakt kodiert. Das Wort Einheit z.B. enthält als Symbol eine Vielzahl von Bedeutungen und ist ein stark aufgeladener Begriff. Die Zahl Eins ist enthalten. Und eine „heit", eine Wesenheit, ein höherer Zusammenhang, der mit einer Art Ehrfurcht einhergeht. Diese Demut ist eine gute Haltung, um das Wesen der Einheit und der Symbole generell weiter zu erforschen. Denn wir haben entdeckt, dass es dieses Symbol 1 – Einheit - gibt und für unser Überleben ein entscheidendes Symbol ist. Wenn wir über unser Denken denken, können wir nur feststellen, dass wir uns bereits Vorhandenem öffnen können und daraus Erkenntnisse gewinnen. Die 1 und die Einheit gab es vor dem Menschen. Wir haben sie entdeckt und gestalten sie für uns selektiv mit. Sie war aber schon da. Und wir sollten nicht der Hybris erliegen, zu meinen, bereits alles zu wissen. Das Symbol hat eine Verbindung zum Unendlichen; deswegen können wir aus jedem Symbol noch Neues lernen.

$1 \cdot 1 \cdot 1 \cdot 1 \cdot 1 \cdot 1 \cdot 1 \cdot 1 \cdot 1 \cdot 1 \cdot 1 \cdot 1 \cdot 1 \cdot 1 \cdot \; \dots \; = 1$

Die Einheit von unendlich Vielem, das miteinander verknüpft ist.

In 2-wertiger Logik ist die 1 das neutrale Element der Multiplikation. Durch die Multiplikation mit 1 ändert sich nichts. Auch nichts an der Unendlichkeit der möglichen Multiplikationen.

Zahlen als Symbole mit anderen als numerischen Inhalten zu konnotieren ist nicht neu und in der Mathematik und Wissenschaft auch nicht en vogue. Dennoch lässt sich die logische Verknüpfung der Sprachsymbole mit den Zahlen nicht leugnen. Und es lohnt sich, darüber nachzudenken. Denn Zahlen sind Symbole und nicht nur in ihrem numerischen Wert. Sie sind geistige Felder, die sich von Anbeginn des Bewusstsein aufgeladen haben. Deswegen sind sie lebendige geistige Wesenheiten, die weit mehr als nur ihren numerischen Wert verkörpern.

These: Die Symbole, die wir haben, sind alle aus 0, 1, 2 und 3 entstanden.

Deswegen werden die ersten drei Ziffern hier besonders genau untersucht.

Beim Tod wird aus einem Endlichen (1) ein unendliches Nichts, eine 0. Dies geschieht durch die Multiplikation egal welcher Zahl mit der 0. Die sogenannten natürlichen Zahlen beschreiben also Seiendes.

Die Einheit ist das angestrebte Ziel. Mit sich (und allem) Einssein, in Frieden, in Harmonie sein, mit dem was man ist, ein aktives unvollkommenes Wesen, das seine Abtrennung vom Unendlichen verstehen muss, um zu überleben, die Urform des Bewusstseins. Einheit ist Teil des Unendlichen sein, ist eins sein mit dem Unendlichen als eine von unendlichen vielen Einheiten, die Unendlichkeiten sind.

Das Abgetrenntsein eröffnet sofort die Perspektive: Ich und das Andere, eine Polarität, die 2 oder Zweiheit. Das Andere ist potentiell lebensbedrohend, birgt aber auch die Möglichkeit des Überlebens. Die Zweiheit strebt zur Einheit, sie will das Leid des Abgespaltenseins überwinden. Die Zweiheit ist die Bewusstheit, das sich entwickelnde und differenzierende Bewusstsein, das über die Dreiheit zur Einheit gelangen kann.

Dies geschieht aber nur in der Symbiose mit dem Anderen, sodass das Abgespaltene das Andere spaltet. Jetzt gibt es das abgespaltene „Ich“ und das fürs Überleben gute und das schlechte Andere. Die Anpassung an das Andere und die Formung der Aktivität führt in der Symbiose zum Überleben in einem stabilen dynamischen Zustand. Das Symbol hierfür ist die 3, die Dreiheit; Das Ich im Zentrum einer umgebenden Polarität, der entscheidende Beobachter.
Die Dreiheit ist als Einheit stabil. Es existiert kein Streben. Die Dreiheit ist das Selbstbewusstsein, das eingebettete Sein der Polarität in eine Polarität als Zeuge der Polarität und damit sich selbst.
Gibt es eine Zweiheit von Dreiheiten, strebt die Dreiheit zur Vervollkommnung in der Dreiheit der Dreiheit, damit die Einheit hergestellt ist.

Dies bewirkt eine qualitativ neue Stufe des Bewusstseins der Zweiheit. Ein tertium datur, das umgeben ist von einer Polarität, einer Zweiheit. Ist die Zweiheit selbst das tertium datur, das Zentrum, ist eine neue Bewusstseinsstufe erreicht, das Selbstbewusstsein in seiner ersten Form.

So funktioniert unser ganzes Leben, hauptsächlich gesteuert durch Emotionen.
Ich werde im folgenden Text die mathematischen Symbole und Symboloperationen mit den Mitteln der Philosophie, also der sprachlichen Bedeutung, der Geometrie und der Zahlentheorie untersuchen, gelegentlich auch in verschiedene Kunstbereiche Ausflüge unternehmen und zeigen, dass meine obige These eine gewisse Schlüssigkeit aufweist.
Doch zunächst noch ein:

Lob der Mathematik

Mathematik zu betreiben ist eine Beschäftigung, die zum Glück beiträgt!

Der Wert dieser Beschäftigung liegt in der Aktivität selbst. Es ist die Aktivität des intellektuellen Denkens. Wie jede Art des intellektuellen Denkens ist dieser Prozess idealerweise eine mit Gelassenheit ausgeführte Energieaufwendung, die zwar ein Ziel hat, die Erreichung des Ziels – Verständnis, Erkenntnis – aber nicht relevant ist für die insgesamt positive energetische Stimmung des Prozesses. Energie einsetzen zu können – nicht müssen – empfinden wir als positives Lebensgefühl, als einen Teil unseres relativen Wohlbefindens, das wir mit Glücklichsein bezeichnen. Es vertreibt die Traurigkeit.
Es gibt das relative Glück und das absolute. Das absolute Glücksempfinden ist Teil unserer Persönlichkeit, das relative ist Ergebnis unseres Handelns (dem Interagieren mit dem Seienden). Die wiederholte Schaffung des Wertes des aktiven intellektuellen Denkens erzeugt relatives Glück und verändert damit den Glücklichkeitsfaktor der Persönlichkeit.

Der egoistisch auf sein Glück bedachte Mathematiker braucht sich für sein Verhalten aber nicht zu schämen. Trägt er doch dazu bei, den Erkenntnispool der Menschheit zu erweitern, wenn das Verstandene auch erst später Wirkung für alle zeigt. Ohne die lange Reihe der Mathematiker hätten wir heutzutage keine Quantenphysik mit ihren technischen Errungenschaften, die wir schon als selbstverständlich dem Menschsein zurechnen, obwohl die meisten Menschen die Zusammenhänge nicht verstehen. Das komplexe Wissen verbreitet sich eben langsam. Je mehr jeder einzelne aber versteht, desto besser wird es der Menschheit gehen. Und neues Wissen wird es nur auf Basis des alten geben. Je weiter dies verbreitet ist, desto besser ist der geistige Nährboden für neues. Die Beschäftigung mit Ziffern, Quersummen (QS), Kehrwerten, Zahlensystemen, ... ist altes Wissen, aber es kann noch einiges Neues gefunden werden.

Deswegen ist es wichtig sich mit den Symbolen zu beschäftigen.

0,1,∞

Die drei Ursymbole sind miteinander verbunden. Das Unendliche ist in der Polarität von Sein und Nichtsein enthalten. Sowohl das Sein als auch das Nichtsein sind unendlich. Die Polarität ist selbst Teil des Unendlichen.

Die Quantenphysik beschäftigt sich mit dem Kleinsten uns zugänglichen. Dort beschreiben wir Einheiten wie das Elektron, das unserer Kenntnis nach unteilbar ist und deswegen mit dem Symbol der 1 korrespondiert.

Das Nichtsein, das Nichts, erhielt von indischen Mathematikern im Zusammenhang mit der Entwicklung des Stellenwertsystems unserer heutigen Zahlen seine erste Gestalt in Form eines Kreises. Dieses Symbol wurde mit dem Wort/Begriff der Leere verbunden. Leere ist die Negation von Fülle, die Abwesenheit von Etwas. Fülle kann quantitativ unterschiedlich sein, in der Abstraktion ist die Fülle aber unendlich. Nichts anderes hat mehr Platz. So ist in der Negation, der Leere, der Platz für alles. Quantitativ gibt es dann „Löcher“ oder Leerheiten, die der quantitativen Fülle entsprechen.

Die Verknüpfung der Polarität 0 und 1, Nichtsein und Sein, findet in der Idee des Dirac-Sees* ein schönes Bild. Für jedes Elektron, egal in welchem Energiezustand, gibt es ein Positron, das quasi die Leere, die das Elektron als Füllung darstellt, beinhaltet/darstellt. Damit hat das Nichts, die Leere, eine unendlich mannigfaltige mögliche Struktur von Löchern.
Fällt das Sein in das Nichts, also das Elektron in das „Loch“ des Positrons, wird im Vorgang der Annihilation mindestens 1 Photon abgegeben, meist sogar 2. Es entsteht etwas Drittes, Lichtenergie.

Die Null hat keine eindeutige Geometrie, aber alle geometrischen Formen als Potential. Da Geometrie aber Eindeutigkeit voraussetzt, hat 0 keine Geometrie. Die Leere hat keine Form.

∞ beinhaltet alle geometrischen Formen. Auch die Summe aller geometrischen Möglichkeiten hat keine Form, da sie gleichzeitig alle ist.

Die Eins (1) ist der Punkt. Ein Kreis oder eine Kugel mit dem Radius 0. In vielen Schriften wird der Punkt als Zahlzeichen 1 benutzt. Er hat weder Fläche, noch Volumen, noch Lokalität. Letztere entsteht erst durch einen Bezugsrahmen, der nur zum Nichts gegeben ist, definitiv einer Nichtlokalität. Ist er zu einer oder mehreren anderen Einsen/Punkten gegeben, ist es keine 1 mehr sondern bereits eine Einheit, eine Zusammengehörigkeit, die eine Vielheit beschreibt. Hierfür gibt es dann jeweils eigene Symbole, die aber durch die Verknüpfung der Multiplikation mit der 1 zu einer „-heit" werden. Einer Einheit von Vielheiten: Zweiheit, Dreiheit, ... Unendlichheit. Innerhalb einer Vielheit können wir wieder Einzelnes betrachten, wie es im Zusammenhang mit dem anderen steht.
Die bewegte Menge von unendlich vielen Punkten bezeichnen wir als weißes Rauschen.

Ein erster Blick hinter die Kulissen

Mathematik zu betreiben ist die Bereitschaft sich über Zusammenhänge zu wundern und sich dem Verstehen dieser Wunder zu öffnen. Dazu bedarf es einer geistigen Offenheit, die auch in die Irre gehen kann. Meist wird sie aber mit dem Erkennen von Schönheit belohnt. Wie sich eine Unendlichkeit entwickelt birgt Schönheit.

Nach so viel Einleitung und Lob der Mathematik soll sie mal zeigen was sie kann.
Also medias res in die Verknüpfung des Endlichen mit dem Unendlichen.
7 ist eine endliche Anzahl. Ihr Kehrwert $\frac{1}{7}$ ist der siebte Teil von einem Ganzen. Also auch etwas Endliches. Kehrwerte als Dezimalbruch geschrieben können eine Periode, eine sich unendlich wiederholende Zahlenfolge, entwickeln. Bei den Primzahlen ist das immer so. Jeder Kehrwert einer Primzahl hat also eine Periode. Liest man diese Periode nun von rechts nach links, statt wie gewohnt von links nach rechts, ist sie eine unendliche Summe. Die Summanden werden um je eine Stelle nach links gerückt. Die Summanden sind die Potenzen einer bestimmten Zahl – auch, aber nicht immer, mit einem konstanten Faktor.
Wir beginnen am Unendlichen Ende der Periode, dort wo der Exponent 0 ist, aus dem Nichts das Sein wird. Denn jede Zahl hoch 0 ist 1. Die wachsende Zahl schiebt sich scheinbar unendlich nach links oder, schauen wir nur auf die neu entstehenden Zahlen, verschiebt sich das Ende unendlich nach rechts. In Wahrheit ist es akut unendlich in beide Richtungen. Wir erkennen so aber das Entstehungsmuster.

Beispiel:
Der Kehrwert der Primzahl 7 ist: $\frac{1}{7} = 0,\overline{142857}$

Für die 7 wird diese unendliche Summe gebildet mit der Summe aus $5^n \cdot 7$

	7	$5^0 \cdot 7 = 1 \cdot 7 = 7$
+	35	$5^1 \cdot 7 = 5 \cdot 7 = 35$
+	175	$5^2 \cdot 7 = 25 \cdot 7 = 175$
+	875	$5^3 \cdot 7 = 125 \cdot 7 = 875$
+	4375	$5^4 \cdot 7 = 625 \cdot 7 = 4375$
+	21875	$5^5 \cdot 7 = 3125 \cdot 7 = 21875$
+	....	...
	... 142857	

So geht es immer weiter und es ergibt sich immer wieder die Periode. Die Überträge werden zwar immer länger, aber die vorkommenden Zahlen sind offensichtlich so organisiert, dass sie bis ins Unendliche diese Ziffernfolge kreieren.

Als Summenformel geschrieben:

$$\frac{1}{7}=\sum_{n=0}^{\infty} 5^n \cdot 7 \cdot 10^{-n}$$

Dabei ist 10^{-n} das Rücken um eine Stelle.

Primzahlen, die keine Ziffern unseres Dezimalsystems sind, können nur die Endziffern 1, 3, 7 und 9 haben.

Für jede Endziffer gibt es ein eigenes Bildungsgesetz, das das obige Muster der 7 beschreibt. Aus diesem Bildungsgesetz ergibt sich die Zahl, deren Potenzfolge addiert wird, sowie der Faktor mit dem multipliziert wird. * (Anhang Formeln)

Auf diese Art erfährt man etwas darüber, wie Zahlen miteinander verbunden sind und die Bedeutung eines Zahlensymbols erhält neue inhaltliche Zusammenhänge.
29 hat z.B. eine 28-stellige Periode, die nur aus der Summe der 3er Potenzen gebildet wird.

$$\frac{1}{29}=\sum_{n=0}^{\infty} 3^n \cdot 10^{-n}$$

Auf die Bedeutung der einzelnen Zahlen werde ich später genauer eingehen, wenn die methodischen Grundlagen weiter erklärt sind. Nur vorab schon mal hat die 3 mit Selbstbewusstsein zu tun. Da wir es hier mit der unendlichen Summe der unendlichen Potenzfolge der 3 zu tun haben, muss für die Bedeutung der 29 das Selbstbewusstsein eine Bedeutung haben, was in den Assoziationen zur 29 auch offenbar wird:

Stolz anders zu sein. Sich bewusst sein, dass man separiert ist und einzigartig.
Anders als andere: andere Fähigkeiten, andere Wünsche, andere Bedürfnisse
Negativ: Keiner versteht mich, Einsamkeit.
Kompromisslosigkeit (in der Andersheit), in der Individualität schwelgen.

Die herausragende Stellung der 2 und der 3

In unserem Leben tauchen die 2 und die 3 immer wieder auf. So ist es auch nicht verwunderlich, dass sie in der Mathematik, insbesondere in den Grundlagen, eine exponierte Stellung haben. Hat sich doch das Bewusstsein aus diesen beiden Zahlen überhaupt erst entwickelt. Die Formenwelt in der Natur ist beredtes Zeugnis. Nicht nur in der Pflanzenwelt mit den Blüten und Blattformen, sondern auch in der Tierwelt, z.B. bei den Vögeln und Echsen, deren Beine paarweise in 3 Krallen enden. Beim Menschen ist dieses Greifenkönnen noch im Radialnerv erhalten, der Daumen, Zeige- und Mittelfinger durchläuft. So finden wir die beiden Zahlen auch in den 3 Rechenarten und als konstituierende Zahlen/Symbole unserer 9 Ziffern, aus denen wir mit der 0 zusammen unser Stellenwertsystem der Zahlen bilden. Beides werde ich im Folgenden ausführlich erläutern.

Die 3 Rechenarten

Wir haben Zahlen, die sich aus Ziffern in einem Stellenwertsystem ergeben, und Operatoren zwischen den Zahlen, unsere Rechenarten. Dies sind genau 3 Grundrechenarten und 2 Umkehrungen, ihre Negation und Inversion. Mit diesen Zahlen und Operatoren erzeugen wir neue Zahlen als Ergebnisse. Mit dem Gleichheitszeichen, = , symbolisieren wir den Vergleich der Operation mit dem Ergebnis. Jede dieser 3 Zahlen hat eine eigene Bedeutung. Es lohnt sich, die Rechenarten genauer zu betrachten.

Die Addition

war die erste Rechenart, die über das Zählen entstand. Ihre Negation ist die Subtraktion. Ihre Inversion ist das Vergleichen. Zu einer Grundzahl (Anzahl, Größe), dem Augend - der Zahl, die vermehrt wird - wird eine weitere Grundzahl, der Addend, hinzugefügt oder weggenommen (Subtrahend) und erzeugt eine neue Grundzahl (Anzahl/Größe), die Summe bzw. Differenz.

3 + 4 = 7 Augend + Addend = Summe
7 - 4 = 3 Minuend – Subtrahend = Differenz
7 | 3 = 4

Im ersten Fall ist die 3 die passive, „erleidende" Zahl, der Augend. Der Augend ist der, dem hinzugefügt wird.
Die 4 ist der Addend, die aktiv hinzufügende Zahl. Die Art der Verknüpfung, die Rechenart, - hier die Addition - gehört immer zur aktiven Zahl. 3 + alleine macht keinen Sinn. 3 schon. Also gehört das + zur 4, die etwas mit der 3 macht.
Die 7 ist das Ergebnis aus beidem, etwas Neues, Eigenes, aber Passives, da es in keiner Verknüpfung steht; die Summe aus Augend und Addend, eine größere passive Anzahl, die eine Bedeutung hat; z.B. in der Anzahl der Feinde, deren erste wahrgenommene 3er Gruppe plötzlich um 4 weitere Feinde wächst und damit wesentlich bedrohlicher wird. (Gilt natürlich auch umgekehrt für die Anzahl der Freunde und Freude.) Wir betrachten also, was eine aktive Zahl mit einer passiven Zahl macht.

Im zweiten Fall, der Negation der Addition, der Subtraktion, wird der Addend 4 negiert. D.h. seine aktive gerichtete Kraft wird in der Richtung umgekehrt. Die Kraft der Zahl bleibt die gleiche. Es wird der Operator, die Verknüpfung, negiert. Aus + wird -. Die 4 bleibt die 4. In der Verbindung der 4 mit dem Operator (–) wird aus dem Addend ein Subtrahend des Minuenden, dem Ergebnis 7 der ursprünglichen Rechnung. Er wird vom Ergebnis weggenommen und es entsteht wieder unsere passive Grundzahl 3.

Im dritten Fall vergleichen wir das passive Ergebnis 7 mit der passiven Zahl 3 und kommen zu dem Unterschied 4. Jetzt betrachten wir, was die beiden passiven Zahlen mit einander verbindet und nicht was die aktive Zahl mit einer der beiden passiven Zahlen macht. Deswegen ist in der Symbolschreibweise das Minus senkrecht gestellt. Der Unterschied ist gleichzeitig eine Gemeinsamkeit, da von beiden passiven Zahlen aus gesehen

der Abstand 4 ist. Es benötigt Aktivität mit einer bestimmten Energie, um den Abstand zu überbrücken. Der Abstand ist das Ergebnis des unterscheidenden Vergleichens.
Ernst Bindel schlägt vor für das Vergleichen ein eigenes Zeichen zu nutzen, da es etwas anderes ist als das Subtrahieren. Aus dem – Zeichen wird beim Vergleichen ein vertikaler Strich |. Nun stehen die beiden passiven Zahlen gleichberechtigt nebeneinander. Dies verdeutlicht auch die zwei möglichen Arten der Umkehrung des Pluszeichens +, die Zerlegung in die beiden Striche – und |.

Die Vertauschbarkeit von Augend und Addend führen zum gleichen Ergebnis. Das hat mit dem Wesen der Polarität zu tun. Polarität ist ein Hin- und Herschwingen, ein ständiger Wechsel zwischen Plus und Minus. Ein Wollen: das Minus will zum Plus. Dort angekommen fühlt sich das Plus als Minus und will wieder zum Plus, was aber das Minus ist. Hier angekommen will das Minus wieder zum Plus. So schwingt die Polarität in sich hin und her, ohne jemals zur Ruhe zu kommen.

Man könnte sich fragen, warum will das Minus zum Plus oder das Plus zum Minus? Wahrscheinlich – einfach, weil es ein Plus und ein Minus, die Möglichkeit, gibt. Im Unendlichen muss nicht alles eine Polarität haben. Aber ein Teil des Unendlichen kann eine Polarität haben. Weil sie möglich ist, existiert sie. Die Möglichkeit der Polarität ist die Basis der uns erscheinenden Welt, die sich ordnet. Aus der unendlichen Möglichkeit und Nichtmöglichkeit des permanent in Bewegung seienden Unendlichen erscheint die Polarität und verschwindet wieder. Ein Quark und ein Antiquark bilden sich und vergehen wieder.

Beide Zahlen sind zunächst passive Grundzahlen und erst durch die Verknüpfung mit der Polarität unterscheiden sie sich. Das Pluszeichen + zeigt durch die beiden Striche die Polarität von vertikal und horizontal sehr schön an. Durch den Tausch der Position in der Polarität ändert sich die Polarität selbst, das Ergebnis, nicht. Das Ergebnis ist das Dritte, das außerhalb der

Polarität steht. Deswegen gibt es für die beiden Pole auch einen gemeinsamen Ausdruck: Summand.

Wenn wir Zahlen betrachten, müssen wir uns darüber im Klaren sein, was diese Zahl ist.
Eine Zahl alleine ist passiv. Als passive Zahl kann sie eine Grundzahl sein, eine Anzahl, eine Größe, die noch keiner Aktivität ausgesetzt war. Sie kann aber ebenso gut das passive Ergebnis einer mathematischen Operation sein. Wir können Zahlen also immer auf drei Arten betrachten: in ihrer Grundform ohne hinzugefügte Aktivität, oder als das Ergebnis einer Operation, die durch Negation rückgängig gemacht werden kann und zur passiven Grundzahl zurückführt. Eine Zahl kann aber auch eine aktive Zahl sein, deren Operationsmodus und ihre zugehörigen passiven Zahlen es zu ermitteln gilt.
Immer bleibt sie aber Symbol für abstrakte Zusammenhänge, ein geistiges Feld, aufgeladen mit Energie, das veränderlich ist. Die Verknüpfungen dieser Symbole, ausgedrückt mit den mathematischen Operationen, zeigen die Dynamik des Seienden.

So entwickeln sich unsere gesamten Ziffern aus 0 und 1 durch Operationen. (s. Kapitel Die Entwicklung der Ziffern aus 0, 1 und die Rechenarten) In unserem Dezimalsystem sind in den Ziffern die drei Rechenarten kodiert. Sie sind historisch gewachsen. Sie entsprechen damit einer Entwicklung des Bewusstseins, das wir darstellen, von der Addition über die Multiplikation zur Potenzrechnung. Letztere wurde bei den alten Griechen nicht weiter als bis zur dritten Potenz getrieben. Heute sind wir bei der selbstverständlichen Anwendung von komplexen Exponenten von transitiven Zahlen mit transitivem Faktor im Exponenten.

$$e^{i \cdot \pi} = -1$$

Ohne die komplexen Zahlen wäre eine Wissenschaft der Wahrscheinlichkeiten wie die Quantenphysik nicht denkbar. Es ist aber keine neue Grundrechenart hinzugekommen. Lediglich die Anzahl der Verknüpfungen hat sich erhöht. Es gibt nach wie vor nur Addition, Multiplikation und Potenzrechnung und ihre Umkehrungen, jedoch mannigfaltig kombiniert. Die Einbeziehung des Unendlichen war ein wesentlicher Erkenntnisschritt.

Das Erkenntnismittel war immer die Negation, obwohl der Vergleich unser natürlicher Zugang ist, den wir unbewusst anwenden.

Die Höherentwicklung basiert generell auf der Polarität und Steigerung. Das Passive und das Aktive ist die Polarität. Sind die passive und die aktive Zahl von gleicher Größe oder Stärke, entsteht ein Gleichgewicht in der Polarität. Es besteht die Möglichkeit zur Steigerung.

Die Multiplikation
entwickelte sich aus wiederholter Addition von gleichen Zahlen mit ihrer Negation der Division. Ihre Inversion ist das messende Vergleichen.

3 + 3 + 3 + 3 = 12

4 · 3 = 12 Multiplikator · Multiplikant = Produkt
12 : 4 = 3 Dividend : Divisor
12 ·· 3 = 4

Eine Anzahl, der Multiplikator 4, vervielfacht eine Grundzahl, den Multiplikant 3, und erzeugt als Ergebnis 12, eine neue Grundzahl, das Produkt. Mehr noch als in der Addition ist die Vertauschbarkeit der polaren Zahlen eher hindernd den Sinn der Operation zu erkennen.
Der Multiplikator 4 sagt wie oft man die Addition des Multiplikanten 3 ausführen soll. Das Gefälle zwischen den Zahlen ist größer als bei der Addition. Die 3 wird vervielfacht und durch die Wiederholung bestätigt, während die 4 nur anzeigt wie oft dies geschieht. Nur der Multiplikant kann genauer bezeichnet werden, bspw. mit €.
4 € · 3 € macht keinen Sinn,
4 · 3 € jedoch schon.

Die Vertauschbarkeit ist nur möglich, wenn beide Zahlen unbenannt sind.
Dass 4 + 4 + 4 = 3 + 3 + 3 + 3 oder 3 · 4 = 4 · 3 ist, hat etwas mit Symmetrie in den Zahlen bzw. den logischen Verknüpfungen zu tun.

In der Negation der Multiplikation, der Division, wird das Ergebnis der Multiplikation 12 zum Dividend und durch eine Anzahl, dem Divisor 4, geteilt. Der sich ergebende Teil 3 ist eine passive Grundzahl, das Ergebnis der Division.

Weil Teilen und Bruchrechnung zwei Schreibweisen des gleichen Vorganges sind, hat sich dafür auch das kombinierte Symbol aus Doppelpunkt und Bruchstrich entwickelt: 12÷4
Teilen und Vergleichen entstanden unabhängig nacheinander. Die Ägypter entwickelten das Teilen und die damit zusammenhängende Bruchrechnung und die Griechen das Vergleichen mit einer ausgefeilten Proportionenlehre.

Beim Vergleichen geht es um Proportion. Eine Analogie ist der Vergleich zweier Vergleiche.

12 ·· 3 = 20 ·· 5

Die 12 verhält sich ebenso zur 3 wie die 20 zur 5.
Auch hier macht es Sinn ein eigenes Symbol für das Vergleichen zu benutzen, das mit dem Symbol für die Teilung verwandt ist.
Die Teilung ist die Spaltung. Der Punkt spaltet sich auf in 2 Punkte, dem Geteiltzeichen :
Wie bei der Subtraktion wird das Zeichen um 90° gedreht zu ··

Ein Vergleich hieß im alten Griechenland Logos, der Vergleich zweier Vergleiche eine Analogie. Der hier vorliegende Logos von 12 zu 3 und 20 zu 5 ist das Verhältnis 4:1.

Hier finden sich starke Begriffe aus der Philosophie wieder. Logos wird hier vornehmlich als eine die Welt durchwirkende Gesetzmäßigkeit genutzt. Daraus entwickelte sich die Bedeutung: geistiges Vermögen und Sinn, der Begriff Logik und alle Begriffskombinationen mit -logie. (Biologie, Kosmologie, Radiologie, ...)

Die Analogie ist eine Form der Übereinstimmung hinsichtlich gewisser Merkmale. Die griechische Vorsilbe ana (*ἀνά*) bedeutet hier: wieder oder gemäß.
Beide Begriffe wurden ursprünglich nur für die mathematische Proportion geprägt, erlangten aber im weiteren Verlauf der Philosophie eine Aufladung mit neuen Inhalten; eine typische

Entwicklung von Symbolen, hier sprachlichen Symbolen. Es lohnt sich zu den Anfängen zurückzukehren und den ursprünglichen Sinn wieder aufzunehmen, um zum Kern eines Symbols zu kommen.

„Im eigentlichen Sinne wurde der Begriff erst von Platon in die Philosophie eingeführt. Hier dient die Analogie v. a. als Mittel zur Erkenntnis der intelligiblen Welt. Da nach Platon die Welt des Sichtbaren Abbild der Welt der Ideen ist, kann die Ideenwelt auf dem Wege der Analogie erkannt werden. Das berühmteste Beispiel hierfür ist das Höhlengleichnis„.(Wikipedia)

„Aristoteles teilte die Lebewesen auf Grund analoger Funktionen in Klassen ein. In der Ethik definiert er die distributive Gerechtigkeit als die Analogie derjenigen Verhältnisse, in denen jedem Beteiligten das Seine zukomme (Nikomachische Ethik). In der Metaphysik stellt er fest, dass das „Sein“ in „vielfacher Weise“ ausgesagt werde, aber immer „auf eines hin“, die Substanz, der das Sein zunächst zukomme, während die Akzidentien ihr Sein nur in Bezug auf die Substanz haben."(Wikipedia)

Diese Aufladung mit Inhalten des mit Analogie beschriebenen ursprünglich univoken Beziehungsverhältnisses, also etwas in unterschiedlichen Zusammenhängen mit identischer Bedeutung, entwickelte sich zu einem Werkzeug geistige Haltungen gegenüber dem Dasein zu manifestieren. In der Sichtweise der Neuplatoniker, dass alle Kategorien der sichtbaren Welt für die geistige nur analog gelten, zeigt sich die Haltung der Dominanz des Seins gegenüber dem Nichtsein. Dies wurde zu Machtzwecken im weiteren Verlauf missbraucht. Die Einteilung der Menschen in Kategorien, das göttliche Prinzip, das im Wesen sein Analogon hat, aber mit Wertung, also auch Geringschätzung und Verachtung und der Selbsterhöhung der Kirchenvertreter ... Die Analogie verkam zur Metapher. All dies ist durch die Aufweichung des ursprünglich univoken Begriffs Analogie entstanden, der einen geistigen Erkenntnisprozess beschreibt, der Ordnung im Unendlichen erkannt hat. Und zwar nur mit der

Absicht die Schönheit (der Ordnung) zu finden, zu Erkennen. In Platons Welt der Ideen ist für den Menschen eigentlich gar kein Platz, da er unvollkommen ist gegenüber der Idee. Dabei ist es der Mensch, der die Analogie im vergleichenden Betrachten erkennt und sich andere Erkenntnismethoden erarbeitet hat. Die Doxa der Bedeutung einzelner Symbole ist nicht unbedingt die Wahrheit. Zum Glück ist die Doxa veränderlich. Symbole sind es, bis auf ihren Kern, auch. Diesen harten Kern zu ergründen, hilft sich erfolgreich gegen die Verirrungen der Doxa zu stellen.

Auch die Multiplikation ist Ausdruck der Polarität. Polarität braucht ja 2 Pole. Eine Operation der Polarität braucht natürlich auch die polare Operation. So ist das Verhältnis von Addition und Multiplikation wie das Passive Minus - zum aktiven Plus +. Polarität entsteht aus Negation; aus Negation des Unendlichen und aus Negation des Endlichen. Die unendliche Multiplikation des Nichts mit sich selbst 0 · 0 · 0 · 0 · 0· 0 · 0 ·... ist eine Unendlichkeit des Nichts. Die polare Operation mit der 0 überführt in der Symbolik der Multiplikation alles Endliche, alles Seiende ins Nichtsein, ins unendliche Nichts. Die Addition der 0, des Nichts, verändert die Summe hingegen nicht. Hierin zeigt sich die Stärke der Operation Multiplikation gegenüber der Operation Addition.

Weil die Multiplikation auch ein Ausdruck der Polarität ist, wie die Addition, gilt auch hier das Vertauschungsgesetz und für die beiden Pole gibt es wieder einen gemeinsamen Namen: Faktor.

Es gibt eine zweite Art von Vergleich, der aus der Division mit Rest resultiert und ganz eigene Gesetzmäßigkeiten hervorbringt: die Modulararithmetik. Die sogenannte Kongruenz zweier Zahlen besagt, dass die Reste bei der Division gleich sind. 7 : 4 = 1 Rest 3, 11 : 4 = 2 Rest 3. Im Vergleich der beiden Zahlen 7 und 11 stellt man bei der Division durch 4, dem sogenannten Modul, die Zahl, durch die beide Zahlen geteilt werden, fest, dass sie den gleichen Rest lassen. Diese Art des Vergleichs sucht wie die Proportion nach Übereinstimmung. Sie spielt in der Kryptographie, deren

wichtigste Anwendung z.Z. die Sicherheit im Internet ist, eine ganz entscheidende Rolle. Ursprünglich kommt der Begriff der Kongruenz aus der Geometrie, hat sich aber in die verschiedensten Bereiche der Mathematik „ausgebreitet". Auch in der Sprache ist die Kongruenz ein wichtiges Mittel. Sie ist die regelhafte Übereinstimmung von Wörtern oder Satzteilen in den grammatischen Merkmalen, wie Kasus, Numerus und Genus für Substantiv, Adjektiv und Verb.
Kongruenz ist ein Spezialfall unter all den möglichen Fällen. Die Inkongruenz ist das Normale, obwohl wir zur Einheit streben, dem Gefühl von Kongruenz. Diese ist aber nur dann gegeben, wenn wir uns ins Verhältnis zum Unendlichen und dem unendlichen Nichts setzen. Dann wird die Inkongruenz zu einem ebenso unendlichen kleinen Bestandteil des Unendlichen wie die Kongruenz. Die Möglichkeit der Bezugslosigkeit gehört nämlich auch zum Unendlichen.

Das Potenzieren

ist die dritte Stufe der Entwicklung, mit der Negation Wurzelziehen und der Inversion, dem Vergleich in der Logarithmen-Rechnung. Wieder wird die Polarität, diesmal die der Multiplikation, dadurch überwunden, dass Anzahl und Grundzahl gleich sind. Die Anzahl der Wiederholungen der Multiplikation wird durch die Hochzahl oder den Exponenten angegeben. $3 \cdot 3 \cdot 3 \cdot 3 = 3^4$

Die 3, die sogenannte Basis, eine Grundzahl oder Größe, ist wieder die passive Zahl und die 4 als Exponent die aktive Zahl. So wie beim Pflanzenwachstum das Unterste die Wurzel ist, lateinisch Radix, wird die Basis der Potenzrechnung auch als Wurzelzahl oder Radix bezeichnet. Der Exponent, die aktive Zahl, hat während der Entwicklung der Potenzrechnung verschiedene Namen bekommen: Apex (Kepler), numerus exponens (Euler) und Logarithmus (Lord Neper). Exponent und Logarithmus haben sich bis heute erhalten. Exponent bedeutet herausgestellt. Dies deutet auch die verkleinerte Hochstellung an und die Stärke gegenüber den anderen aktiven Zahlen. Das Wort Logarithmus ist zusammengesetzt aus Logos und Arithmos = Logoszahl. Die Stärke dieser neuen aktiven Zahl durch die Operation des Potenzierens ist auch der Grund, warum hier das Vertauschungsgesetz von Addition und Multiplikation nicht mehr gilt:

3^2 ist nicht das gleiche wie 2^3. 9 ist nicht 8.

Das Potenzieren beschreibt einen Wachstumsprozess. Dabei ist entscheidend “was” wächst, welche Basis. Die Hochzahl beschreibt das “wie” des Wachstums.

$$3^4 = 81$$
$$\sqrt[4]{81} = 3$$
$$\log_3 81 = 4$$

Das im Wurzelziehen oder Radizieren benutzte Zeichen √ leitet sich von dem Buchstaben r ab, kurz für radizieren. Das gesuchte Ergebnis ist die Radixzahl oder die Basis.
Dass das Wurzelziehen die Negation der Rechenart Potenzieren ist, zeigt sich auch in der Schreibweise

$$81^{\frac{1}{4}},$$

was das Gleiche ist wie

$$\sqrt[4]{81}=3 .$$

Die 4 wird zum vierten Teil, durch die Negation der Multiplikation, das Teilen. Das in 4 Teile Geteilte macht etwas mit der passiven Zahl 81. Gesucht ist, was 4 mal mit sich selbst multipliziert 81 ergibt. Eine Art 4-Teilung der 81. Eine Teilung in 4 gleiche Faktoren. Das Rückgängigmachen des Wachstums.

Dies deutet schon an, dass in den Exponenten mit den beiden anderen (unteren) Rechenarten operiert werden kann. Dies wird auch als Potenzrechnung bezeichnet. Es gelten aus der Polarität abgeleitete Regeln.

$3^2 \cdot 3^4 = 3^{2+4} = 3^6$ $(3^2)^4 = 3^2 \cdot 3^2 \cdot 3^2 \cdot 3^2 = 3^{2 \cdot 4} = 3^8$

Sind gleiche Basen miteinander verknüpft, ist die Übertragung in die Potenzrechnung die Rechenart eine Steigerungsstufe tiefer. Die Multiplikation wird zur Addition, das Potenzieren zur Multiplikation. Ebenso in den Negationen der Rechenarten:

$3^6 : 3^4 = 3^{6-4} = 3^2$ $\sqrt[4]{3^8}=3^{\frac{8}{4}}=3^{8:4}=3^2$

Das Teilen wird zur Subtraktion, das Wurzelziehen zur Division.

Über das Was gibt uns die Basis Auskunft. Über das wie etwas (die Basis) wächst die Hochzahl, der Exponent. Die Basis ist als ganze (natürliche) Zahl entweder selbst eine Primzahl oder ein Primzahlprodukt. Basis und Exponent können natürlich auch andere Zahlenarten sein, für ihr grundlegendes Verständnis sind die natürlichen Zahlen und ihre Bausteine, die Primzahlen, aber völlig ausreichend.

In der dritten Rechenart ist die Polarität integriert. Die Zweiheit wirkt in der Dreiheit veränderlich, kann aber die Polarität zu ihrer Veränderlichkeit, die Stabilität der Dreiheit, durch ihre Aktivität nicht ändern. So ist die Kombination der Quarks und Gluonen in einem Hadron (Neutron oder Proton) ein perfektes Bild davon, wie eine Dreiheit von veränderlichen Quarks zweier Arten (up und down) durch die Zweiheit von Gluonen stets in sich veränderlich stabil bleibt. Die Gluonen tauschen Farbigkeit und Ladung der Quarks. Da es immer gleichzeitig zwei aktive Gluonen sind, bleibt das dritte Quark stabil in Farbe und Ladung. Die Dreiheit von Farben und die Teilung der 3 in 1 + 2 bleibt erhalten, obwohl sich stets alles verändert.

Logarithmus

Das weitaus Interessanteste an der Rechenart des Potenzierens ist aber der Vergleich, die zweite Rückführung, der Logarithmus. Sie spielt in unserer Wahrnehmung eine überwältigende Rolle. Wir vergleichen eine passive Zahl mit der passiven Basis und erhalten die Hochzahl, das Wachstum, oder eine Intensität. Diese Hochzahl kann selbst eine mathematische Operation sein und es gelten ähnliche Regeln wie beim Potenzieren, nur umgekehrt. Auf die überragende Bedeutung der Logarithmen für das Leben in seinen vielfältigen Formen werde ich in weiteren Kapiteln immer wieder zu sprechen kommen. Deswegen ist eine ausführliche Beschreibung der hier waltenden Gesetzmäßigkeiten nötig, damit die späteren Anwendungen dieser Erklärungen nicht mehr bedürfen.

$\log_3 81 = 4$ wird gelesen als: Logarithmus zur Basis 3 von 81 ist 4 (da $3^4 = 81$).

Die Logarithmengesetze

Bei der Summe von Logarithmen (mit gleicher Basis) werden Hochzahlen addiert. Dies entspricht in der Umkehrung der Multiplikation von Potenzen mit gleicher Basis.

$\log_3 9 + \log_3 27 = \log_3 (9 \cdot 27) = 5$
$\log_3 9 = 2,\ \log_3 27 = 3,\ \ 2 + 3 = 5,\quad 9 \cdot 27 = 243 = 3^5$,
$\log_3 243 = 5$

Allgemein gilt:

$$\log_a (x_1 \cdot x_2 \cdots x_n) = \log_a x_1 + \log_a x_2 + \ldots + \log_a x_n$$

bzw.

$$\log_a \prod_{i=1}^{n} x_i = \sum_{i=1}^{n} \log_a x_i$$

Trifft also Gleiches aufeinander, d.h. die Basis ist gleich, entsteht Resonanz. Im Positiven ist es eine Verstärkung, die sich in der Addition der Hochzahlen ausdrückt, einer Steigerung der Intensität der Basis.

Bei der Differenz zweier Logarithmen werden die Hochzahlen voneinander subtrahiert. Dies entspricht der Umkehrung des Teilens, bei dem Potenzausdrücke durcheinander geteilt werden. Es entsteht Entspannung durch das Wegnehmen.

$\log_3 243 - \log_3 27 = \log_3 (243 : 27) = \log_3 9 = 2$

$$\frac{3^5}{3^3} = 3^{5-3} = 3^2$$

Allgemein:

$$\log_a \frac{x}{y} = \log_a x - \log_a y$$

Der Logarithmus eines Quotienten ist der Logarithmus des Zählers x minus den Logarithmus des Nenners y.

Der Kehrwert

Da der Logarithmus von 1 gleich 0 ist, denn alles hoch 0 ist 1, ergibt sich:

$$\log_a \frac{1}{y} = -\log_a y$$

Der Kehrwert einer Zahl entspricht also als Exponent der Negation der 1. $\frac{1}{x} = x^{-1}$

Der Bruchstrich wird quasi zum Minuszeichen -.

Der Kehrwert, also eine Negation einer Zahl, ist wie die Negation im Allgemeinen ein gutes Erkenntnismittel. Etwas auf Wahrheit zu untersuchen, geschieht in der Regel dadurch, dass man das Gegenteil behauptet und überprüft, ob das Gegenteil falsch ist. Ist dies der Fall, gilt die ursprüngliche Aussage als wahr.

Nun geht es aber um den Vergleich. Je näher etwas an der 0 ist, desto weiter entfernt von der 0 ist der Kehrwert. Schauen wir also von der 1 nach innen, hin zur 0, und bilden den Kehrwert dessen, was wir erblicken, desto weiter entfernt er sich von der 1 und führt uns Richtung Unendlichkeit. Die 1, deren Kehrwert ebenfalls 1 ist, ist wie ein Vergrößerungsspiegel des Innen für das Außen. Ebenso können wir von außen nach innen sehen, wenn wir den Kehrwert einer Zahl bilden, die größer ist als 1, und erhalten einen Blick ins Innen.

Die Potenzen von Potenzen werden im Logarithmus zur Multiplikation des Logarithmus.

$$\log_a b^x = x \cdot \log_a b$$

Der Faktor des Exponenten ist selbst Exponent, da $\log_a b$ selbst ein Exponent (von a) ist. Im Vergleich der Multiplikation, der Proportion, ist das x nun die aktive Zahl und $\log_a b$ die passive. Analog verhält es sich bei den Wurzeln oder gebrochenen Hochzahlen. Die Intensität der Interaktion ist erhöht, schneller, direkter.

$$\log_a \sqrt[x]{b} = \log_a b^{\frac{1}{x}} = \frac{1}{x} \log_a b$$

Hier wird der Kehrwert zur aktiven Zahl.

Es bleibt noch das Verhältnis von Logarithmen mit verschiedenen Basen, bzw. die Umrechnung von einer Basis in eine andere. Dies ist ein konstanter Faktor:

$$\log_b x = \frac{\log_a x}{\log_a b}$$

anders ausgedrückt:

$$\log_b x \cdot \log_a b = \log_a x$$

Nun kann man beliebig Basen durch eine andere ersetzen, ohne am Ergebnis etwas zu ändern. Logarithmen von komplexen Zahlen werden im Zusammenhang mit der Zahl e genauer beschrieben. Auf die Basis e, der Eulerschen Zahl, des natürlichen Logarithmus werde ich noch gesondert zu sprechen kommen, insbesondere da sie zwischen 2 und 3 liegt.

Über das Was des Wachstums gibt uns also die Basis Auskunft. Über das Wie die Hochzahl, der Exponent, der Logarithmus.

Die Basis ist als ganze (natürliche) Zahl entweder selbst eine Primzahl oder ein Primzahlprodukt.
Um unserer natürlichen Verbindung auf die Spur zu kommen, aus der sich alles, was wir heute sind, entwickelt hat, sind die natürlichen Zahlen bestens geeignet. Und es ist ja nicht so, dass diese Wurzeln nicht mehr existieren. Ganz im Gegenteil, unsere Emotionen zeugen von diesen Ursprüngen unseres Bewusstseins, wenn sehr vieles auch un(ter)bewusst geregelt wird.

Das Wechseln der Basis zeigt die Verbindung verschiedenster Inhalte (Sinneseindrücke/Emotionen ...) an. Dies belegt das Weber-Fechner-Gesetz der Psychophysik.

Weber-Fechner-Gesetz der Psychophysik

Die überragende Bedeutung der Logarithmen wurde im Weber-Fechner-Gesetz der Psychophysik formuliert. Ernst Heinrich Weber hat es erstmals 1834 formuliert und Gustav Theodor Fechner 1859 verallgemeinert. Es lautet in Kurzform:

Die Größe der Empfindung steht im Verhältnis nicht zu der absoluten Größe des Reizes, sondern zu dem Logarithmus der Größe des Reizes, wenn dieser auf seinen Schwellwert, d.i. diejenige Größe als Einheit bezogen wird, bei welcher die Empfindung entsteht oder verschwindet, oder kurz, sie ist proportional dem Logarithmus des fundamentalen Reizwertes.

Dies gilt eigentlich für alle Sinneseindrücke, wie Lautstärke (Schalldruck), Tonhöhen im Skalenzusammenhang oder Akkorden, Helligkeitsempfinden, Druck, Temperatur, ...
Und die Sinneseindrücke lösen bei uns Emotionen aus, ursprünglich als Werkzeug des Überlebens.
Das Buch “Die Logik der Gefühle” von Aaron Ben Zve’ev verdeutlicht sehr schön, wie die einzelnen Emotionen, Intensitäten, Bezüglichkeiten miteinander in Verbindung stehen. Ich komme später darauf zurück.

Am relevantesten für das Bewusstsein über das Organische, das Lebendige, und damit auch dem Menschsein und seine Entwicklung zu seiner heutigen Daseinsform, sind die Vergleiche der 3 Rechenarten, die Inversionen. Die Negationen sind die Polarität, die Vergleiche sind das dynamisch stabile Dritte.

Erste grundlegende unendliche Summen

Wir können unendlich viele Summanden in einer Addition aneinanderreihen. Fangen wir damit beim Anfang an: dem Nichts und dem Sein, 0 und 1, das ewige Entstehen und Vergehen, ein Ausdruck der Polarität, der Zweiwertigkeit. Das Nichts negiert das Sein und das Sein negiert das Nichts. Für die Negation haben wir das Zeichen -.

Die 1, das Sein wird negiert. In der ersten Rechenart, der Addition, ist die Negation die Subtraktion.
Es entsteht der Ausdruck 1 – 1 = 0

Die Negation der Negation ist Affirmation.
Das Sein wird aus der Negation des Nichts gebildet. $0^0 = 1$

Die Negation der Affirmation ist wieder die Negation. Wir haben ja nur die beiden Pole. Dies in die Unendlichkeit fortgesetzt, entsteht eine unendliche Reihe:

1 – 1 + 1 – 1 + 1 – 1+ 1 – 1 + 1 – 1 + 1 – 1 + ...

Wenn wir uns nun fragen, was bei dieser alternierenden Reihe von Addition und Subtraktion des ewig Gleichen im Unendlichen als Summe herauskommt, also im Unendlichen ein Gleichheitszeichen machen, bietet es sich an, dies als unendliche Summe zu schreiben:

$$\sum_{n=0}^{\infty} (-1)^n = ?$$

Gelesen wird dieser Ausdruck als: Die Summe (Σ) von n gleich 0 bis Unendlich für – 1 hoch n.

$(-1)^0 + (-1)^1 + (-1)^2 + (-1)^3 + \ldots$

Dass dies die obige Rechenaufgabe darstellt wird klar, wenn n die natürlichen Zahlen durchläuft.
Alles hoch 0 ist 1, also ist auch $(-1)^0 = 1$.
Alles hoch 1 bleibt unverändert, also ist $(-1)^1 = -1$.
Die Affirmation der Negation des Seins (-1) bleibt die Negation des Seins.

Die Negation der Negation ist Affirmation. Minus mal Minus ist Plus.
Also $(-1) \cdot (-1) = (-1)^2 = +1$

Die Negation der Affirmation ist wieder die Negation. Die Affirmation war aber gerade die Negation der Negation. Also haben wir es hier mit der Negation der Negation der Negation zu tun.
$(-1) \cdot (-1) \cdot (-1) = (-1)^3 = -1$

Dieses Hin und Her in der unendlichen Negation teilt die natürlichen Zahlen in gerade und ungerade Zahlen.
Die geraden Zahlen, also die doppelte Negation ist hier die Affirmation, die + 1, die ungeraden Zahlen sind die Negation der Affirmation, die – 1.

Jetzt dürfen wir nicht den Fehler begehen und endlich denken, d.h. die Reihe an irgendeiner Stelle abbrechen und das Ergebnis festhalten wollen. Dann haben wir entweder 1 oder 0. Die Betrachtung des unendlichen Vorgangs zeigt etwas anderes. Es ist wie ein hin und her schwingen im Kreis mit dem Radius 1, von der + 1 eine halbe Umdrehung nach links zur – 1 und wieder eine halbe Umdrehung zurück, egal in welcher Richtung. Was haben beide Bewegungen gemeinsam? Was ist der Abstand, egal ob von Plus zu Minus oder von Minus zu Plus? Es ist die halbe Umdrehung. Deswegen ist die Lösung dieser Aufgabe:

$$\sum_{n=0}^{\infty} (-1)^n = \frac{1}{2}$$

Mathematisch gilt die allgemeine Formel:

$$\sum_{n=0}^{\infty} (p)^n = \frac{1}{1-p}$$ für p = -1 ergibt sich:

$$\frac{1}{1-(-1)} = \frac{1}{1+1} = \frac{1}{2}$$

Die unendliche Summe von 1^n

$$\sum_{n=0}^{\infty} 1^n = 1+1+1+1+1+1+\ldots = \infty$$

ist das Zählen entlang der natürlichen Zahlen und führt in die Unendlichkeit.

Die Negation ist also das Erkenntnismittel im Zusammenspiel mit dem Vergleich.
Aber was bedeutet nun die Lösung $\frac{1}{2}$ der unendlichen Summe?
$\frac{1}{2}$ ist der Kehrwert von 2, 2^{-1} .Wir sehen mit der 1 als Vergrößerungsglas von Innen nach Außen zur 2.

Es ist die erste Form von Bewusstsein, das Wissen um das Sein und das Vergehen ins Nichts. Nach Außen (2) ist es das Ich und das Andere, die Polarität von endlichem Sein und unendlichem Nichts. Nach Innen ist es die Abgetrenntheit vom unendlichen Sein. Es ist das Symbol für die Urform von Bewusstsein, das durch Negation entsteht. Die erste ursprüngliche Information über die unendlichen Möglichkeiten des Seins.

Der Punkt, die 1, ist nichtlokal. Er ist überall im Unendlichen. Das hin und her Schwingen, die Rotation, ist das $\frac{1}{2}$ des Punktes und ist ebenfalls nichtlokal, da es ja der Punkt ohne Ausdehnung ist. Selbst die Negation, die 2, ist in dem Bild vom Kreis mit Radius 1 nichtlokal, da dieser Kreis in keiner Richtung Orientierung hat. Das Alternieren der 2 schafft 2 Punkte und die Strecken dazwischen: + 1 – 2 = -1, -1 + 2 = + 1

Der Kreis des $\frac{1}{2}$ hat keinen Radius und beschreibt die Drehung des Punktes.

Der Spin des Elektrons, der kleinsten unteilbaren Einheit, die uns bekannt ist, ist $\frac{1}{2}$.

Dieser Spin ist eine Rotation des Punktes, der 1.

Es ist der eine Baustein, der in der Kombination mit dem zweiten Baustein, dem Proton, zur Materie führt. Wasserstoff hat diese Konstellation und ist nicht umsonst das erste Element in unserem Periodensystem. 2 Fermionen, den Bausteinen der Materie, konstituieren die erste Materie.

Helium hat 2 Elektronen und 2 Hadronen (1 Proton, 1 Neutron). Die Verdopplung auf 4 Bausteine und das Ende der Ausdehnung der 2. Aktiver Wasserstoff und träges Helium sind die Polarität.

Aus diesen beiden Elementen ist alles andere entstanden, inklusive dem Menschen mit seinem Bewusstsein. Wir haben also diese Ur-Information in uns. Und sie ist Teil der gesamten Gestaltung und taucht immer wieder in der gesamten Entwicklung von Form und Bewusstsein auf, wie ich im Folgenden immer wieder zeigen werde.

Affirmation, Negation, Reflexion und die 2

Affirmation und Negation sind entgegengesetzte Elemente der (2-wertigen) Logik.
Sie sind die Basis der Dialektik. Die Dialektik ist eine philosophische Methode, die die Position, von der sie ausgeht, eine Affirmation, durch gegensätzliche Behauptungen in Frage stellt und in der Synthese beider Positionen eine Erkenntnis höherer Art zu gewinnen sucht. Sie sucht also durch die Negation eine Steigerung zu erzielen, hin zu einer anderen Art Affirmation, einem Dritten. Dieser Prozess ist die Reflexion.

Affirmation ist Bejahung, Versicherung, Bestärkung und ist mit dem Positiven verknüpft, mathematisch +.
Mathematische Operatoren sind: Addition +, Multiplikation ·, Potenzieren a^n.

Die Negation ist die Verneinung (Ablehnung, Aufhebung) und ist mit dem Negativen verknüpft, mathematisch -.
Mathematische Operatoren sind: Subtraktion -, Division : oder Kehrwertmultiplikation $\cdot \frac{1}{n}$, Radizieren (Wurzelziehen) $\sqrt[n]{a}$ oder $a^{\frac{1}{n}}$.

Die Grundrechenarten entsprechen den einfachen Kombinationsmöglichkeiten der beiden Polaritäten Affirmation und Negation. Dies sind Addition und Multiplikation, sowie deren Negation Subtraktion und Division. Dies ist die natürliche Ausbreitung der 2 in ihr Maximum, die 4:
die 2 mit sich selbst kombiniert: $2 + 2 = 2 \cdot 2 = 4$
Auch $2^2 = 4$, ist aber schon eine dritte Kombination.

Die Affirmation ist Addition.
Die Negation ist Subtraktion.

Die Affirmation der Affirmation (Addition) ist Affirmation. (Multiplikation)
Die Affirmation der Negation(Subtraktion) ist Negation. (Division)
Die Negation der Negation (Subtraktion) ist Affirmation. (Addition)
Die Negation der Affirmation (Addition) ist Negation. (Subtraktion)

Erst die zweifache Steigerung, die reflektierte Reflexion, bringt die neue Rechenart Potenzieren und ihre Negation, das Radizieren. Dies ist aber eigentlich schon außerhalb der Zweiwertigkeit, denn Affirmation und Negation werden dreimal miteinander kombiniert. Die Zweiheit birgt das Potential zur Dreiheit. Hier entsteht aber die Multiplikation des Negativen mit sich selbst in der Negation der affirmierten Negation, die zur Falsifizierung dient.

Die Affirmation der affirmierten Affirmation (Multiplikation) ist Affirmation. (Potenzieren)
Die Affirmation der affirmierten Negation (Division) ist Negation. (Wurzelziehen)
Die Affirmation der negierten Negation (Addition) ist Affirmation. (Multiplikation)
Die Affirmation der negierten Affirmation (Subtraktion) ist Negation. (Division)

Die Negation der affirmierten Affirmation (Multiplikation) ist Negation. (Division)
Die Negation der affirmierten Negation (Division) ist Affirmation. (Multiplikation)
Die Negation der negierten Negation (Addition) ist Negation. (Subtraktion)
Die Negation der affirmierten Negation (Division) ist Affirmation. (Multiplikation)

In der Reflexion wird zunächst eine These aufgestellt:
ein Akt der Affirmation.
Die negierte These als falsch entlarvt führt zur Addition von Stärke der aufgestellten These.
Beispiel:
These: Das Sein ist. *Negiert* (*Antithese*): Das Sein ist nicht.
Da das Sein offensichtlich existiert, ist die These durch die Falsifizierung der Negation gestärkt. Diese Negation entspricht der Multiplikation, in der - · - = + ist, der Negation der affirmierten Negation.

Die Zweiteilung in + und –, in Gegensätze, Polaritäten, und die Anwendung auf sich selbst ist also mit dem Symbol 2 und seiner Negation $\frac{1}{2}$ verknüpft. Gleichheit wird verglichen und festgestellt oder nicht. Sprachlich finden wir sie in den Worten: Verdopplung (mit 2 multiplizieren), Halbierung (durch 2 teilen), Quadrat (zweite Potenz einer Zahl) oder ein Rechteck mit 4 gleich langen Seiten (2 · 2), quadrieren (mit sich selbst multiplizieren, viereckig machen), Dialektik (auf zwei Arten Sprechen), …
Dieser Sprachgebrauch der Nutzungsarten der 2 weist auf die Verknüpfung der Symbole von Sprache und philosophischem Denken mit den Symbolen der Mathematik hin. Es ist das Denken in 2-wertiger Logik.
Die 2 bedeutet also Spaltung, Verzweigung durch Negation, insbesondere in ihrer Negation, dem Kehrwert $\frac{1}{2}$.
Die Verzweigungen des Gespaltenen können sich endlos wieder in 2 spalten. (Bifurkation)
Hieraus können z.B. alle Ganzen Zahlen und Brüche entwickelt werden. *

Der nächste Schritt der Reflexion ist das Negative als positiv, als Affirmation, zu setzen.
Die reflektierte Reflexion.

Angewandt auf das Wurzelziehen führt dies zur $\sqrt{-1}$,
der Definition von i.

Es entstehen die komplexen Zahlen, die 2-dimensional sind, mit einem Realteil und einem Imaginärteil.

Die Verzweigtheit der 2

Mathematisch wird zuerst 1 zu -1 durch die Gleichung $x^2=1$
Zwei Lösungen: (-1) · (-1) = 1 und (+1) · (+1) = 1

Die -1 verzweigt sich in der Gleichung $x^2=-1$

in die beiden Lösungen $\sqrt{-1}$ und $-\sqrt{-1}$, + i und - i.

$\sqrt{-1}\cdot\sqrt{-1}=-1$, $(-\sqrt{-1})\cdot(-\sqrt{-1})=-1$

Als 2-dimensionale (komplexe) Zahl kann die Zahl 2 als Produkt der komplexen Primelemente 1 + i und 1 - i geschrieben werden. Die 2 ist also *verzweigt,* wie es mathematisch heißt:

$(1+i)\cdot(1-i)=2$

Entsprechend ist $\frac{1}{2}=\frac{1}{(1+i)\cdot(1-i)}$ in komplexer Schreibweise.

Weil $\frac{1}{2}$ als Exponent ja die zweite Wurzel bedeutet, kann i oder

$\sqrt{-1}$ auch als $-1^{\frac{1}{2}}$ geschrieben werden.

Für die komplexe Schreibweise der 2 ergibt sich daraus:

$2=(1+(-1)^{\frac{1}{2}})\cdot(1-(-1)^{\frac{1}{2}})$

Nun kann der Exponent $\frac{1}{2}$ wieder in der obigen komplexen

Schreibweise eingesetzt werden und es ergibt sich:

$$2=\left(1+(-1)^{\frac{1}{(1+i)\cdot(1-i)}}\right)\cdot\left(1-(-1)^{\frac{1}{(1+i)\cdot(1-i)}}\right)$$

Nun kann i in der obigen Gleichung jeweils wieder durch $-1^{\frac{1}{2}}$ ersetzt werden und der Exponent wieder in seiner komplexen Schreibweise. Dieses Prinzip kann man endlos wiederholen und die unendliche Verzweigtheit der 2 wird anschaulich. Hier beispielhaft ·in 3 Iterationen ausgeführt:

$$2=\left(1+(-1)^{\frac{1}{\left(1+(-1)^{\frac{1}{\left(1+(-1)^{\frac{1}{(1+i)\cdot(1-i)}}\right)\cdot\left(1-(-1)^{\frac{1}{(1+i)\cdot(1-i)}}\right)}}\right)\cdot\left(1-(-1)^{\frac{1}{\left(1+(-1)^{\frac{1}{(1+i)\cdot(1-i)}}\right)\cdot\left(1-(-1)^{\frac{1}{(1+i)\cdot(1-i)}}\right)}}\right)}}\right)\cdot$$

$$\left(1-(-1)^{\frac{1}{\left(1+(-1)^{\frac{1}{\left(1+(-1)^{\frac{1}{(1+i)\cdot(1-i)}}\right)\cdot\left(1-(-1)^{\frac{1}{(1+i)\cdot(1-i)}}\right)}}\right)\cdot\left(1-(-1)^{\frac{1}{\left(1+(-1)^{\frac{1}{(1+i)\cdot(1-i)}}\right)\cdot\left(1-(-1)^{\frac{1}{(1+i)\cdot(1-i)}}\right)}}\right)}}\right)$$

Man kann die Spaltung der beiden Brüche, das Teilen in 2 Hälften, und das Teilen der Hälften in 2 Hälften, ... endlos fortführen. In der Anzahl ergeben sich dann die 2er Potenzen.

Nimmt man nun umgekehrt die unendliche Summe aller Potenzen von $\frac{1}{2}$, also $\left(\frac{1}{2}\right)^n=\frac{1}{2^n}$:

$$\sum_{n=0}^{\infty}\frac{1}{2^n}=\left(\frac{1}{2^0}\right)+\left(\frac{1}{2^1}\right)+\left(\frac{1}{2^2}\right)+\left(\frac{1}{2^3}\right)+\ldots=2\,,$$

so ist das Ergebnis der Kehrwert des Kehrwertes $\frac{1}{2}$, die 2.

Dies begründet auch warum die Summenformel,

$$\sum_{n=0}^{\infty} (p)^n = \frac{1}{1-p}$$

die eigentlich nur für Zahlen kleiner als 1 gilt, nicht nur auf die -1 durch Euler ausgeweitet werden konnte, sondern auch noch für 2 Sinn macht. Dann ist:

$$\sum_{n=0}^{\infty} (2)^n = \frac{1}{1-2} = -1$$

Das Ergebnis -1 führt wieder zurück zum Anfang von 1 – 1 + 1 – 1 + ..., der unendlichen Negation des Einen, der uns zur ½ und 2 führte.

Es ist der erste Rhythmus, der 2er Takt: Sein, Nichtsein, Sein, Nichtsein, ... , die erste Unterteilung eines Pulses ohne Struktur. Puls, Nichtpuls in regelmäßigem Abstand. Die unendliche Summe des Zählens 1 + 1 + 1 + ... ist dieser Puls. Aus der Lücke zwischen den Pulsschlägen, dem Nichts, erwacht das Bewusstsein und macht aus der Halbierung des Pulses in Puls und Lücke die Verdopplung, die Gruppierung von 2 Pulsschlägen:
(1 + 1) + (1 + 1) + (1 + 1) + ...

Für das Denken in 2-wertiger Logik, der Dialektik, bedeutet dies, dass erst die unendliche Reflexion zur Wahrheit führt. Warum also nicht gleich in die Unendlichkeit reflektieren, Unendlichkeit als gegeben hinnehmen, aktual, wirksam, mit ihren eigenen Gesetzmäßigkeiten und Nichtgesetzmäßigkeiten.

Die Dreiheit

Die Zweiheit fordert ihre Polarität. Der Gegensatz zum stetigen Hin und Her, dem Kampf ums Überleben, dem Vermeiden von Schmerz, ist die Suche nach Stabilität, Ausgeglichenheit, Ruhe, Vergnügen.
Geometrisch ist es das gleichseitige Dreieck: 3 Punkte verbunden mit 3 gleichlangen Linien; im Kreis sind auch die 3 Kreisbögen gleich lang.
Es ist eine grundsätzlich Freude machende Figur, voller Frieden, Harmonie und Stabilität.

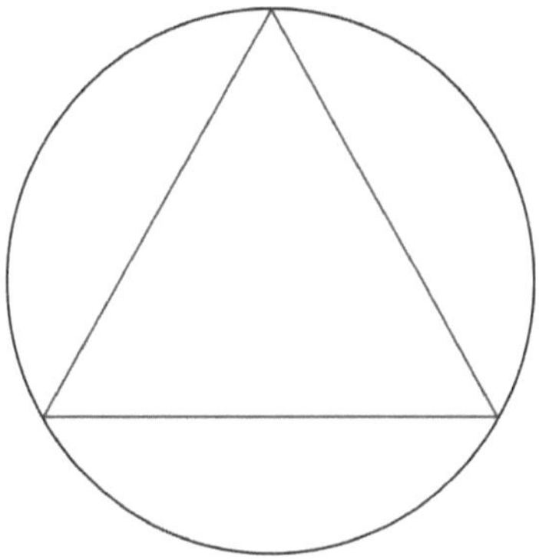

Die 2 als Spiegelbild des rotierenden Punktes ½ an der 1 ist bestenfalls ein Strich zwischen 2 Punkten. Mit dem Dreieck hat sich der Punkt in 3 Punkte geteilt, in 3 Richtungen gleichmäßig ausgedehnt. Es gibt keine Opposition, kein Gegenüber, keine Spannung der Polarität.
Für die alten Griechen war die betrachtende Erforschung des Dreiecks ein Erkenntnisweg, der aus der Geometrie zur Algebra führte. Das Dreieck ist die erste geschlossene geometrische Figur. Es ist innen aber leer. Es ist die einfachste mögliche 2-dimensionale Figur: 3 Punkte durch 3 Linien verbunden. In allen anderen Figuren entsteht durch die Diagonalen eine Binnenstruktur. Nicht so beim Dreieck. Die Seite ist gleichzeitig die Diagonale.

Das Symbol Dreieck im Kreis ist ein sehr altes Symbol, benutzt von Hexen um Zauber zu wirken und findet sich auch schon auf dem alten keltischen Kreuz als Repräsentation der Trinität. Es symbolisiert Macht, Eindämmung und Beständigkeit.

Die Stabilität lässt sich gut verstehen, wenn man sich 2 Seiten als einen Hebel denkt, der von der dritten Seite blockiert wird. Rotiert man das Dreieck, rastet es an den Punkten des Hebels jeweils ein. Jeder der 3 Punkte kann alles in dieser Konstruktion sein: Zentrum des Hebels oder einer der Endpunkte der blockierenden Linie. Das Dreieck ist die stabilste Figur. Dies merkt man insbesondere dann, wenn man es zur Konstruktion im Raum benutzt. Die kleinste mögliche räumliche Struktur besteht aus 4 gleichseitigen Dreiecken und ist gleichzeitig die stabilste räumliche Figur: der Tetraeder.

Wie weit der von den alten Griechen begonnene Erkenntnisprozess gediehen ist, beweist die Quantenphysik, in deren Standardmodel ständig Dreiheiten und Zweiheiten von Dreiheiten auftauchen.
Dies zeigt wie elementar die Zahlen 2 und 3 sind.

Im Model des Protons und Neutrons gibt es insgesamt 3 Quarks mit $+\frac{2}{3}e$ und $-\frac{1}{3}e$ elektrischer Ladung e.

Die beiden Kombinationsmöglichkeiten

mit zweimal $+\frac{2}{3}e$ und einmal $-\frac{1}{3}e$,

bzw. zweimal $-\frac{1}{3}e$ und einmal $+\frac{2}{3}e$

führen zur elektrischen Gesamtladung 1 des Protons oder 0 des Neutrons.

Insgesamt gibt es eine Dreiheit von Quarks mit

$+\frac{2}{3}e$: Up, Charm und Top,

sowie eine Dreiheit von Quarks mit

$-\frac{1}{3}e$: Down, Strange und Bottom.

Die Teilung der Dreiheit in 1 + 2,
1/3 und 2/3 unter Berücksichtigung der Polarität.

Jedes die Materie konstituierende Quark hat noch die Eigenschaft des Isospins, die 2er Komponente des rotierenden Punktes mit

$+\frac{1}{2}$ für das Up-Quark und $-\frac{1}{2}$ für das Down-Quark,

denn das Quark ist eine punktförmige Entität.

Die Dreiheit der Quarks hat auch noch eine Dreiheit von Farbladung (Blau, Rot, Grün), mit der die starke Wechselwirkung beschrieben wird. In Proton und Neutron sind immer alle 3 Farben vorhanden. Auch diese Dreiheit ist stabil, sie ist in der Summe immer weiß, selbst wenn die Aktivität der 2 Gluonen ständig zufällige Änderung der Farbladung von 2 Quarks bewirken. Die Dreiheit der Farbladung bleibt als weiß erhalten. Bei den Antiquarks und Antibarionen ist auch die Farbladung negiert in Anti-Blau, Anti-Rot und Anti-Grün. Auch diese 3 ergeben zusammen weiß. Farbe und Anti-Farbe, wie Quark und Anti-Quark, ergeben ebenfalls als direkte Negation zusammen weiß.

Passend zu der Zweiheit von Dreiheiten der Quarks gibt es eine Zweiheit von Dreiheiten der Fermionen: Elektron, Muon und Tauon mit der elektrischen Ladung -1e und Elektron Neutrino, Muon-Neutrino und Tau-Neutrino mit der elektrischen Ladung 0e, analog zum Neutron. Die ersten 3 bilden die Polarität zu den

Protonen mit der positiven Ladung, die sie im Atommodell umkreisen.

Die Figur des gleichseitigen Dreiecks erzeugt keinen Mittelpunkt. Um ihn zu konstruieren, bedarf es der 2 mit der dritten Rechenart, dem Wurzelziehen.

Wenn der Radius des Kreises 1 ist, ist die Seitenlänge: $\sqrt{3}=3^{\frac{1}{2}}$

Wenn die Seitenlänge 1 ist, ist der Radius :

$$\frac{\sqrt{3}}{3}=\frac{3^{\frac{1}{2}}}{3}=\frac{1}{\sqrt{3}}=\frac{1}{3^{\frac{1}{2}}}=3^{-\frac{1}{2}}$$

Im gleichseitigen Dreieck sind Winkelhalbierende und Seitenhalbierende gleich und stehen senkrecht auf der Seite. Der rechte Winkel (90°) ist eine Eigenschaft der 2 bzw. 4 und teilt das gleichseitige Dreieck in 2 kongruente rechtwinkelige Dreiecke.

Die Länge dieser Strecken ist: $\frac{\sqrt{3}}{2}$

Dies zeigt sehr schön, wie das spaltende Wesen der 2 sich auf die 3 auswirkt und in ihr manifestiert. Die Seite wird in 2 Hälften geteilt, der Winkel ebenso und es entsteht eine Opposition zu jedem Dreieckspunkt.
Der Schnittpunkt der 3 Winkel- bzw. Seitenhalbierenden ist der Mittelpunkt des Dreiecks. Die Strecke zwischen Seitenmittelpunkt und gegenüberliegendem Punkt wird in 3 Teile geteilt und zwar in der Proportion 1 zu 2.

Die irrationale Zahl $\sqrt{3}$ = 1,7320508075688772935274463415059... ist unendlich lang und hat keine Periode, ebenso wie der Kehrwert $\frac{1}{\sqrt{3}}$ = 0,57735026918962576450914878050196...

Der Abstand dieser beiden Zahlen zur 1 ist aber nicht gleich. Erst in den Logarithmen wird der Abstand zum Logarithmus 0 – 1 gleich, denn :

$\log_3 \sqrt{3} = \frac{1}{2}$ und $\log_3 \frac{1}{\sqrt{3}} = -\frac{1}{2}$ sind gleich weit von der 0 entfernt.

Die Dreiheit - nicht nur in Form des Dreiecks - ist also mit der dritten Rechenart Potenzieren inniglich verbunden.
Die Stabilität in der Unendlichkeit zeigt sich beim Kehrwert der 3, der 3^{-1}. Er ist die unendliche Folge der 3: $0{,}33333333333333333333\ldots = 0{,}\overline{3}$.
In ihrer Negation reproduziert sich die 3 unendlich selbst. Wenn das nicht Stabilität ist.

Im 3er Rhythmus, der Gruppierung des Pulses in 3er Gruppen, (1 + 1 + 1) + (1 + 1 + 1) + (1 + 1 + 1) + ... zeigt sich die Spaltung der 3 in 1 + 2 sehr schön: Ein betonter Schlag und zwei unbetonte. Dabei ist die Intensität (Lautheit) kontinuierlich abnehmend, jedoch nicht linear. Von schwer zu mittelschwer oder mittel leicht zu leicht: 3, 2, 1.
Vom ersten Schlag 1 zu 2/3 des zweiten Schlages zu 1/3 des dritten Schlages. Oder man betrachtet den ganzen 3er Takt als 1, als Einheit, dann geht die Entwicklung von $1/3$ zu $-1/3 \cdot 2 = 1/6$ zu $-1/9 = -1/3^2 = -3^{-1/2}$.
Der Unterschied zwischen dem ersten Schlag und dem zweiten Schlag ist die Halbierung der Negation, das doppelte Wirken der 2: Negation und Halbierung. Das Verhältnis zwischen dem zweiten und dem dritten Schlag ist der Übergang von Teilung zum Logarithmus, von der 2 zur 3.

$1/3 : 1/9 = 0{,}018518518518518518518518518 5\ldots$

Die entstehende Periode $185 = 37 \cdot 5$ ist ein erster Hinweis auf die Zahl 37, die im Zusammenhang der 3 mit dem Dezimalsystem eine herausragende Bedeutung hat.

Der Unterschied zwischen dem dritten Schlag und dem ersten Schlag ist also der Logarithmus oder die Hochzahl 2 der Negation: Die Leichtigkeit des Auftaktes, die in die Schwere der betonten Eins sackt. Beim Walzer tanzen empfinden wir die zunehmende Leichtigkeit und das Fallen in die Schwere als etwas ganz Eigenes, den Schwung, der in der Wiederholung zu einer Art fliegendem Gefühl werden kann, das zu einer Art Suchtgefühl werden kann, der Sehnsucht nach der Verbundenheit mit dem Unendlichen.

Dreieckszahlen

Die alten Griechen untersuchten Zahlen nicht nur auf ihre Vollkommenheit, die Gleichheit der Summe der Teiler mit dem Produkt der Teiler, sondern vor allem auch auf die Dreieckszahlen Δ.[*-1] Sie entstehen durch die Summe der natürlichen Zahlen bis zur gewünschten Zahl n und geben Auskunft darüber, wie viele Kugeln benötigt werden, um ein Dreieck mit der Seitenlänge n (Kugeln) zu bilden.

$\Delta_1 = 1$
$\Delta_2 = 1 + 2 = 3$
$\Delta_3 = 1 + 2 + 3 = 6$
$\Delta_4 = 1 + 2 + 3 + 4 = 10$
$\Delta_5 = 1 + 2 + 3 + 4 + 5 = 15$

etc.
$\Delta_\infty = \infty$

Das Unendliche kann also eine Dreiecksform haben mit unendlich vielen Unterteilungen der Dreiecksseite. :-)

Leonhard Euler fand eine Formel zur Berechnung der Dreieckszahlen:

$$\Delta_n = \sum_{n=1}^{\infty} n = \frac{n \cdot (n+1)}{2}$$

Den Kehrwert dieser unendlichen Summe hat Gottfried Wilhelm Leibniz gefunden*-2:

$$\frac{1}{\Delta_n}=\sum_{n=1}^{\infty}\frac{1}{\Delta_n}=\frac{2}{n\cdot(n+1)}=\frac{2}{1\cdot 2}+\frac{2}{2\cdot 3}+\frac{2}{3\cdot 4}+\frac{2}{4\cdot 5}+\ldots=\frac{1}{1}+\frac{1}{3}+\frac{1}{6}+\frac{1}{10}+\ldots=2$$

Die Summe der Kehrwerte der Dreieckszahlen ist das Symbol für das Bewusstsein, nun auch das Bewusstsein über den Raum: 2.

Schichtet man die wachsenden Dreiecke Δ_1 bis Δ_n aus Kugeln übereinander, erhält man einen Tetraeder*-3 und mit der Summe der Dreieckszahlen die Tetraederzahlen:

1, 4, 10, 20, 35, 56, 84, ...

$$\sum_{n=0}^{\infty}\Delta_n=T_n$$

D.h. man blickt mit der Kehrwertsumme von der 1 Richtung 0 und sieht einen Tetraeder von der Spitze her. Er breitet sich ins Unendliche aus, ebenso wie in die andere Richtung, denn die Negation des Tetraeders, also sein Umstülpung ergibt wieder den Tetraeder. Insgesamt 2 Tetraeder, die mit der Spitze aufeinander stehen und um $\frac{\pi}{2\cdot 3}=\frac{\pi}{6}=30°$ zu einander verdreht sind. So gehen die Kanten in der Spitze ineinander reibungslos über.

Die räumliche Dimension des Sirpinski-Tetraeders die 3-dimensionale Version des Sierpinski-Dreiecks als 3D-Fraktal, hat ebenfalls die Dimensionszahl 2.
Hierbei wird jeweils der im Tetraeder liegende Oktaeder, der aus allen 6 Seitenmittelpunkten des Tetraeders entsteht, herausgeschnitten.
Es entstehen 4 Tetraeder, von denen der vierte mit seinem Basisdreieck auf den Spitzen der drei anderen steht.
Aus jedem dieser 4 Tetraeder wird wieder der Oktaeder herausgeschnitten, usw., bis ins Unendliche.

Übrig bleiben nur unendlich viele Punkte an den Kanten, die aus den Kehrwerten der 2er Potenzen entstanden sind. Der Punkt ist 1-dimensional, die Linie ist 2-dimensional, auch wenn sie räumlich verläuft.

Buckminster Fuller fand einen Zusammenhang mit dem Quadrieren:
Teilt man die Seiten des Dreiecks in n Teile und verbindet alle entstehenden Punkte miteinander, entstehen innerhalb des Dreiecks n^2 Dreiecke.

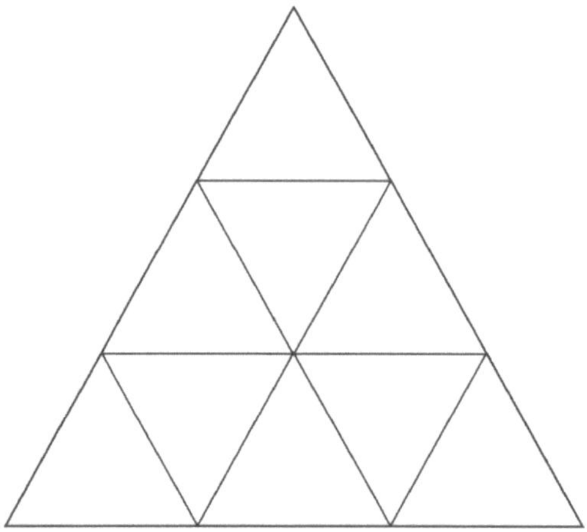

Hier die Teilung der Seite in n=3 Teile ergibt $3^2 = 9$ Dreiecke.
Auf Fuller und den Tetraeder werde ich noch zurück kommen.

Es gibt noch ungeheuer viel mehr Wissen über das Dreieck und daraus Abgeleitetes wie z.B die Winkelfunktionen Sinus und Cosinus, das ich hier nicht weiter auflisten will.

Die Kombination der 3 mit der integrierten 2 ist auch ein gutes Bild für die Symbiose. In der Symbiose ist die positive und negative Energie der 2 gefragt. Ein Punkt des Dreiecks bleibt stabil, während die beiden anderen die Polarität ändern. Im nächsten Schritt des ewig andauernden Prozesses kann der stabile Punkt zu einem der Polarität werden. Symbiose ist also dynamisch, ein ständiges sich änderndes System, das trotzdem Stabilität hat. Unser Hunger wird in erster Linie von unseren Darmbakterien ausgelöst. Ist er durch Essen befriedigt, verschwindet diese Polarität, dieses Defizit, und die Darmbakterien signalisieren ein Genug, bis es sich wieder umkehrt. Wir können die Darmbakterien aber auch „erziehen", wie z.B. beim Fasten, und damit die Polarität innerhalb der Symbiose verlagern.

Die Dreiheit taucht immer wieder auf: 3 Rechenarten, eine „positive" Richtung und 2 Umkehrungen jeder Rechenart sind zusammen 3 Möglichkeiten jeder Rechenart;
3 Zahlen, eine passive „erleidende", eine aktive und eine passive als Ergebnis der Interaktion.
Es wurden zwar noch weitere Steigerungen erfunden wie das Tertieren, die sich aber nicht durchsetzen konnten.

In der dritten Rechenart ist die Polarität der beiden ersteren integriert. Die Zweiheit wirkt in der Dreiheit veränderlich, kann aber die Polarität zu ihrer Veränderlichkeit, die Stabilität der Dreiheit, durch ihre Aktivität nicht ändern. So ist die Kombination der Quarks und Gluonen in einem Hadron (Neutron oder Proton) ein perfektes Bild davon, wie eine Dreiheit von veränderlichen Quarks zweier Arten (up und down) durch die Zweiheit von Gluonen stets in sich veränderlich stabil bleibt. Die Gluonen tauschen Farbigkeit und Ladung der Quarks. Da es immer gleichzeitig zwei aktive Gluonen sind, bleibt das dritte Quark stabil in Farbe und Ladung. Die Dreiheit von Farben und die Teilung der 3 in 1 + 2 bleibt erhalten, obwohl sich stets alles verändert. Die belebte und die unbelebte Natur, sofern es diese Unterscheidung überhaupt geben kann, ist durch die Zahlen 0, 1, 2 und 3 und ihre Kombinationen geformt.

Die Dreiheit im Dezimalsystem

Unser optisches Verständnis für längere Zahlen als 3 Stellen erleichtern wir uns dadurch, dass wir von rechts nach links nach 3 Stellen einen Punkt (Komma) setzen. 1.000.000 liest sich viel leichter als 1000000. Wir können uns Zahlenfolgen in 3er Gruppen gut merken. Wir strukturieren unsere Zahlen auch immer in 3er Paketen aus Einern, Zehnern und Hundertern.
Beispiel:
13.458.274.523 ist sprachlich:
13 Millarden, 458 Millionen, 274 Tausend,
Fünhundertdreiundzwanzig (523 Einer).
Es sind jeweils Schritte in 10^3, die einen neuen Namen kreieren.

Wir sind also immer noch auf 1, 2 und 3 unterbewusst konditioniert. Obwohl unser Dezimalsystem mit den 10 Ziffern 0-9 mit der 10 als $2 \cdot 5$ die 3 vollkommen entbehrt, ist die 3 wichtig für unser Dezimalsystem. Betrachten wir die Potenzen 2 und 3 der 3 sehen wir die Relevanz der 3 für das System.

$3+3+3 = 3 \cdot 3 = 3^2 = 9 = 9 \cdot 10^0$ 9 ist die zehnte Zahl, da die Zahlen mit 0 beginnen.

$3 \cdot 3 \cdot 10 = 3^2 \cdot 10^1 = 9 \cdot 10^1 = 90$

$3^2 + (3^2 \cdot 10^1) = 99 = (10+1) \cdot (10-1)$ 99 ist die hundertste Zahl.
Die Quersumme QS ist $18 = 1+8 = 9 = 3^2$

$3 \cdot 3 \cdot 10 \cdot 10 = 3^2 \cdot 10^2 = 9 \cdot 10^2 = 900$

$3^2 + (3^2 \cdot 10^1) + (3^2 \cdot 10^2) = 999$ QS $9+9+9 = 27 = 3^3$
QS $27 = 2 + 7 = 9 = 3^2$

Der Kehrwert von $3^3 = 27$ erzeugt die 3-stellige Periode $3^3 + 10^1 = 037$

$$\frac{1}{27} = 0,\overline{037}$$

Der Kehrwert der Periode 037 erzeugt die 3-stellige Periode 3^3

$$\frac{1}{37} = 0{,}\overline{027}$$

Dies ist keineswegs die Regel. Normalerweise erzeugt der Kehrwert der Periode des Kehrwertes wieder die Primzahl mit der Periodenlänge entsprechend vielen vorangestellten Nullen.

Die beiden Perioden miteinander multipliziert erzeugen die höchste 3-stellige Zahl.
$027 \cdot 037 = 999$
999 ist die tausendste Zahl, da die Zahlen mit 0 beginnen.
1.000 ist 10^3.

So wird aus der 3 mit sich selbst dreimal multipliziert als Kehrwert eine Primzahl, die sich zusammensetzt aus 10 und einer 3 und einer -3, denn $7 = 10 - 3$ oder $-3 \bmod 10 \equiv 7$
$37 = 3 \cdot 10^1 + (10^1 - 3)$, oder der dritten Potenz der 3 plus der Systemzahl 10. $37 = 3^3 + 1 \cdot 10$

Da alle Primzahlen der Bedingung $6n + 1$ oder $6n - 1$ gehorchen und Kehrwerte von vielen Primzahlen eine Periodenlänge von $p - 1$ oder $\frac{(p-1)}{2^n}$ haben, ist es nicht verwunderlich, dass Vielfache von 3 als Periodenlänge auftauchen.
Multipliziert man die Periode des Kehrwertes ohne Wiederholung mit der Primzahl selbst, erhält man die Anzahl von Neunen, die der Periodenlänge entspricht.

Beispiel:

$\frac{1}{13} = 0{,}\overline{076923}$ $\qquad 13 \cdot 076923 = 999.999$

die 1 millionste Zahl

Die Länge der Periode ist $\frac{(p-1)}{2}$: $\frac{(13-1)}{2}=6$

$\frac{1}{76923} = 0,\overline{000013}$

oder

$\frac{1}{19} = 0,\overline{052631578947368421}$ Eine 18-stellige Periode.

$19 \cdot 052631578947368421 = 999.999.999.999.999.999$
Die 1 trillionste Zahl

Im Dezimalsystem sind die 3 und ihre Vielfachen 6 und 9 die drei Zahlen, die nicht Quersumme einer Primzahl sein können. Dafür zeigen sie die Teilbarkeit der Zahl durch 3 an.
Im Heptalsystem mit den Ziffern 0 – 6 zeigt die Quersumme 2, 4, 6 die Teilbarkeit durch 2 an, ebenso wie 3 und 6 die Teilbarkeit durch 3. Primzahlen im Heptalsystem haben immer die Quersumme 5 oder 10/1.

Mit dem erscheinen von Dreiheiten in allen möglichen Zusammenhängen, bei denen die univoke Analogie der Integration der dynamischen Zweiheit in die stabile Dreiheit angewendet werden kann, wird die Symbolkraft und Bedeutung der Dreiheit als Wirkungsprinzip deutlich.

Dafür, dass unser Denken so geprägt ist vom Dezimalsystem und unsere symbiotische Natur (die Dreiheit) so negiert wird, spielt sie doch eine wichtige Rolle. Ich werde dies später noch ausführlicher anhand eines Textes von Gotthard Günther erläutern.

Die Ziffern, 1 – 9, Addition
Die mathematischen Symbole und ihre summarische Entstehung mit Einheit, Zweiheit und Dreiheit als Gestaltung und Limit für die Entwicklung von Bewusstsein

Die ältesten mathematischen Symbole sind mit Sicherheit die Ziffern. Betrachtet man das Symbol als ein mit Inhalt aufgeladenes geistiges Energiefeld, das sich durch weitere Aufladung wandelt und verstärkt, gehören die Ziffern als Symbole zu den ältesten Symbolen, die Bewusstseinsentwicklung begleiten. Sie sind geradezu geeignet die Bewusstseinsentwicklung zu beschreiben. Bewusstsein ist Abspaltung vom Unendlichen, das durch Selbstdurchdringung entsteht.
Nachdem nun schon einiges über die Zahlen 0, 1, 2, 3 und ihre Bedeutung gesagt worden ist, geht es als nächstes darum zu zeigen, dass die anderen Ziffern aus Einheit, Zweiheit und Dreiheit entstehen.
Die erste Art des Rechnens war das Zählen, aus dem die Addition entstand. Unser Bewusstsein von einer Anzahl von Dingen, von Mengen, war zu Beginn sicherlich in Bildform, also geometrisch. Mit der Kognition entwickelte sich das Zählen in Schritten der Einheit: 1 + 1 + 1 + 1 + ...
Daraus entwickelte sich die Gruppierung in 2:
(1 + 1) + (1 + 1) + ...
und 3:
(1 + 1 + 1) + (1 + 1 + 1) + . . .

Die erste Bewusstseinsform ½, die Unterscheidung zwischen Sein und Nichtsein, entstand ja aus der unendlichen Summe von +1 und -1. Die 2 als Kehrwert beschreibt diese Abspaltung im Bewusstsein mit dem Erleben von Zweiheit, Getrenntsein von der Einheit, die Abspaltung, die erste Bewusstseinsform. Dabei sind die beiden Einheiten (1) polar, sie sind +1 und -1 oder + ½ und – ½, ein starker Pulsschlag und ein schwacher: Der 2er Takt; Quark und Antiquark.
Die Addition ist hier noch nicht im modernen Sinne zu verstehen, sondern ein Gewahrwerden einer Konstellation. Die Addition

entwickelt sich im Laufe dieses Prozesses erst. Je größer die Ähnlichkeit mit der eigenen Struktur, der Einheit im Getrenntsein, der Zweiheit, desto einfacher wird die Herausforderung der Umgebung ins eigene Bewusstsein zum Überleben integriert.
Die Herausforderung für die Zweiheit ist die Dreiheit. Sie ist das erste Fremde. Die Integration in die Zweiheit entrollt, wie ich im folgenden beschreiben werde, die Ziffern 1 – 9.

Die Dreiheit als Limit

Die Bildungsmöglichkeiten der ersten Stufen des Bewusstseins
Die Ziffern sind als Summe mit maximal 3 Summanden der Ziffern 1, 2, 3 darstellbar.

Innerhalb der Addition gilt das Vertauschungsgesetz. Dennoch habe ich die symmetrische Reihenfolge benutzt, wenn möglich, da die Natur offensichtlich zur Symmetrie strebt, was sich immer noch in unserem Schönheitsempfinden Ausdruck verschafft. Die Rhythmen sind fortlaufende Zyklen ohne Anfang und Ende. Ihr Anfang kann beliebig erfolgen, die Reihenfolge bleibt aber.

1 1

2 1 + 1

3 1 + 2 , 1 + 1 + 1

4 2 + 2, 1 + 3, 1 + 2 + 1

5 2 + 3, 2 + 1 + 2, 1 + 3 + 1

6 3 + 3, 1 + 2 + 3, 2 + 2 + 2

7 2 + 3 + 2, 3 + 1 + 3

8 3 + 3 + 2

9 3 + 3 + 3

Es fällt sofort auf, dass nur die Zahlen 2 bis 6 eine Darstellung mit 2 Summanden haben. 7, 8, 9 brauchen 3 Summanden. Deswegen sind in den verschiedensten Bewusstseinsstufen in der Natur die ersten 6 geometrischen Formen überragend dominant. Ein Siebeneck oder Neuneck findet sich in der Natur so gut wie gar nicht. Das 8-Eck ist in der Regel aus zwei 4-Ecken gebildet, was aber schon der nächsten Bewusstseinsstufe der Multiplikation entspricht.

Die gesamte Entwicklung, die das Bewusstsein genommen hat, ist auch Teil des menschlichen Bewusstseins. Die Urangst des Überlebens, die Existenzangst ist jedem geläufig, wenn sie sich auch verändert hat, vom rein Physischen hin zu einer wirtschaftlichen im Kapitalismus. Auch das „falsche Denken" und darüber Sprechen konnte und kann leider immer noch zum Tode führen. Sich über die Urgründe des Bewusstseins im Klaren zu sein, hilft bei der Einordnung komplexer Situationen.

Das Bewusstsein entsteht aus der Spaltung des Einen, Unendlichen, einer Abspaltung in Innen und Außen. Es entsteht die Polarität von Ein- Ausatmen/Diffusion, Hell - Dunkel, Ich und Nicht-Ich, als Absicht überleben zu wollen in einer potentiell feindlichen Umgebung. Eine Phase von Stärke und eine Phase von Schwäche. Immer nur ½ Sein, immer unvollständig, nach einem Gegenpol suchend.

Addition entspricht dem Rhythmus, dem Einteilen eines unendlichen Pulses ohne Betonung in einer Gruppierung. Der Puls ist ein sich wiederholendes Ereignis in einem konstanten Tempo. Ein Puls kann an- und abschwellen in der Lautstärke, ohne sein Tempo aber zu verändern. Schwankende Lautheit ist sich ändernder physischer Druck, sodass bereits Einzeller ein Empfinden dafür haben. Die Dramatik der Existenz entsteht durch die nicht verstehbare umgebende Komplexität. Dieses An- und Abschwellen der Dynamik hat keine Zyklik. Von diesen Pulsen gibt es unendlich viele.

Das Unendliche bringt u.a. die unendlichen Zahlen in ihrer unendlichen Vielfalt hervor, wahrnehmbar z.B. in Form von an- und abschwellenden Pulsen. Die Dynamik von Wellen am Strand ist ein wunderbares Beispiel dafür. Nichts wiederholt sich, auch wenn es Ähnlichkeiten geben mag.
Die dynamische Bewegung ist beispielsweise entlang von transitiven Zahlen, den häufigsten uns bekannten unendlichen Zahlen. Pulse können sich so überlagern, dass sich im An- und Abschwellen Wiederholungen von Mustern bilden. An diesen Orten entsteht Bewusstsein.
Eine Doppelhelix, die entgegen getaktet ist.
Grundsätzlich überlagert sich alles an allen Orten im Unendlichen. Die Bewusstheit (= Abspaltung) hat die Dynamik sich in ihrer Komplexität so zu erweitern, dass immer komplexere Muster erkannt und verinnerlicht werden, bis die umgebende Komplexität der Unendlichkeit wieder erreicht ist: Das Streben zur Einheit. (Damit die Reibung, das Leid, der Kampf des Bewusstseins, sich auflöst und das Unendliche eine neue Facette von Bewusstheit hinzubekommen hat).

Das Bewusstsein entsteht zuerst in einfachster Form durch die einfachste Rhythmik, die den 2er-Zyklus fortwährend wiederholt. Jeder zweite Pulsschlag ist schwächer als sein vorhergehender. Trotzdem bleibt das An- und Abschwellen als veränderliche Konstante. Dies symbolisiert das sich ständig ändernde Außen, das potentiell eine Bedrohung für meine Struktur (mein abgespaltenes Bewusstsein) ist. Der Kampf von den unendlichen umgebenden Möglichkeiten nicht geschluckt oder zerstört zu werden.
2 hat genau eine Darstellung als 1 + 1. Es existiert aber noch nicht das Bewusstsein über die Zweiheit, Dualität, Polarität. Ein noch unbewusstes Eigenpulsieren im 2er Rhythmus. Ein unbewusstes Hin- und Herschwingen, Expansion – Kontraktion, etc..
Es ist die Verstrickung in ein Gegenübersein zum Überleben. Selbst in unserem heutigen Bewusstsein ist dies noch vorhanden, nur in komplexer Form.

Mit zunehmendem Bewusstsein im Prozess des Daseins verändert sich die Fähigkeit Muster zu erkennen. Die Bewusstheit selber ist die 2 als Symbol, die sich entwickelnde Abspaltung vom Unendlichen, der 2 als einzigen geraden Primzahl, aus der alle anderen entstehen.
So wie Wasserstoff 2-wertig ist als einziges Element, da er kein Neutron hat, ist er der Anfang alles physisch Seienden, ist auch das Bewusstsein am Anfang 2-wertig.

Die ersten Formen dieses Bewusstseins (z.B. Einzeller) waren: *Ich und das Andere*, allerdings mit 3 Möglichkeiten des Ausgangs des Lebensprozesses:
zum einen Feindschaft als *Sieger* oder *Verlierer* und die *Koexistenz*. Die Koexistenz oder Symbiose als dritte Möglichkeit zu Sieger oder Verlierer des Überlebenskampfes entspricht der Selbsterkenntnis, dass das Innen ohne das Außen nicht sein kann und das Außen das Innen braucht oder wenigstens unter bestimmten Bedingungen sein lässt.

Mit der 3 kam Synergie ins Spiel, die mit der reinen Spaltung nur zerstört werden kann. Synergie ist Stabilität, eine Vervielfachung der Kräfte. Aus der Auslöschung des einen oder anderen war das Streben zur Einheit beendet und hatte keine weitere neue Form. Erst die Anpassungsfähigkeit brachte Stabilität, die es ermöglichte die Emotion Angst (ums Überleben) in Freude am Leben in stabilen dynamischen Verhältnissen erleben zu können. Genuss, Freude. Neue Lebensqualitäten brachte diese Bewusstseinsstufe, bei der man von einem ersten Selbstbewusstsein sprechen kann.

Da das Bewusstsein aus der Spaltung entstanden ist, dem Wesen der 2, war dem Bewusstsein mit der Selbsterkenntnis zur 2 als Einheit, ich bin eine 2, ein polares periodisch schwingendes Etwas, fortan eine Zweiheit zur Einheit hinzu gestellt und stabilisierte die Einheit der Zweiheit, die sich natürlich weiterhin dauernd an die Umwelt anpassen muss. Rhythmisch bedeutet dies die Verdopplung der Geschwindigkeit des Pulses, um mit ihm in Einklang zu schwingen. 1 · 2. Das Streben zur Einheit, dem Puls.

So ist die neue Stufe des Bewusstseins, das durch die 3 entsteht, die Verdopplung des Tempos des Pulses der Einheit, die die Spaltung des Pulses erzeugt, aber gleichzeitig mit ihm schwingt. Es entsteht das Bewusstsein für ½ Sein, damit der 2er Takt nun zur Einheit wird : ½ + ½ = 1.   2 · ½ = 1.

Es gab fortan zwei verschiedene Einheiten, die zusammen eine neue Einheit der Zweiheit formten, die 3 als 1 + 2.
Deswegen hat die 3 auch 2 Darstellungsformen:
Als Zweiheit 1 + 2 und als Dreiheit 1 + 1 + 1 (2 bzw. 3 Summanden, 2er bzw. 3er Takt)

Die Bewusstheit, das Abgespaltensein in der Zweiheit, kennt nur die Zweiheit und kann die Dreiheit nur in der enthaltenen Zweiheit (Viertel, Achtel) verstehen, dem 2er Takt von 1 + 2, da sie zur Einheit strebt.
Die Zweiheit strebt danach, alles Komplexere zu sich selbst zu reduzieren, um zur Einheit streben zu können.
Deswegen reicht das Bewusstsein zunächst nur an die erste Form 1 + 2.

An diesem Punkt beginnt aber schon die Autopoiesis.
Ein autopoietisches System reproduziert die Elemente, aus denen es besteht, mit Hilfe der Elemente, aus denen es besteht." (WILLKE 1991, S. 43)
Die Einheit der 2 als ½ + ½ teilt sich, sich selbst enthaltend, in zwei Teile, die den Bewusstseinsprozess bis zur Zweiheit als Einheit geschafft haben. Wann immer im 2er Takt beide Summanden gleich sind, ergibt sich die Chance zur autopoietischen Teilung. Bei 4 als 2 + 2 bzw. +2/4 , -2/4 und bei 6 als 3 + 3 bzw. +3/6 , -3/6.

Der Entwicklungsprozess zum Bewusstsein der Dreiheit ist zunächst überschattet von der gestärkten Einheit der Zweiheit in der Zweiheit der Dreiheit 2 + 1, als *Ich polares Etwas* (2) gegen (und) die *Umwelt* (1). Aus dieser gestärkten Position, der Koexistenz, entsteht die Kraft und der Sinn sich zu teilen.

An dieser Stelle wird es zur Verdeutlichung der rhythmischen Zusammenhänge nötig eine Begrifflichkeit zu klären. Der Puls oder das Metrum wird hier als Viertel angenommen um die musikalische Begrifflichkeit und Stärke der musikalischen Schrift, den Noten, benutzen zu können.

Die Viertelnote ist ein Punkt mit einem Strich dran, der als Einheit dient. 

Die Verdopplung sind die Achtel, die in 2er Gruppen von Viertelsymbolen durch einen horizontalen Strich zusammengefasst werden

und die Triole als 3er Gruppe sind drei Viertelsymbole durch einen horizontalen Strich zusammengefasst und einer 3 darüber.

Bevor die Dreiheit als Dreiheit (1 + 1 + 1) erfasst werden konnte, tauchte zunächst der Kampf mit anderen Zweiheiten auf, der 4.

Die Vierheit als Zweiheit: 2 + 2.
Rhythmisch ein 2/4 Takt mit durchgehenden Achteln, ein Paar mehr betont als das andere. Das Schwingen im 2er Puls mit der verdoppelten Geschwindigkeit. Ein stabiler und zugleich träger Zustand der Zweiheit, da keine weitere Entwicklung innerhalb der Zweiheit mehr möglich ist.

Da die Zweiheit aber instabil ist und zur Einheit strebt, ergibt sich die Lebenssituation: *Ich polares Etwas* gegen ein *anderes polares Etwas* mit allem bekannten Kampf ums Überleben der Zweiheit, nur eben mit dem neuen Verständnis. *Das Mühen* und *Streben* hat sich verdoppelt.

Hier ergab sich auch die Lebenssituation 1 + 2 + 1, eine Dreiheit aus Zweiheit und einer Zweiheit von Einheiten, die stabil war als ¾ Takt mit Viertel Achtel Viertel, da sich die beiden Viertel in einem Zweiheitsverhältnis von betont und unbetont (Lautheit) befinden. Die Zweiheit befindet sich als Einheit inmitten einer Zweiheit von polaren Einheiten in der Dreiheit.
Eine Dreiheit von Permutationen eröffnet sich noch, um die Dreiheit zu bestärken, da der Schwerpunkt gegenüber dem Puls an einer beliebigen Stelle liegen kann. Also 1 + 1 + 2 als Viertel Viertel Achtel oder 2 + 1 + 1 als Achtel Viertel Viertel.

Die Dreiheit in der 4 ist der Schritt zur Dreiheit der Einheiten in der 3, 1 + 1 + 1 , da sie aus Zweiheiten gebaut ist. Die Zweiheit strebt ja danach, alles Komplexere zu sich selbst zu reduzieren, um zur Einheit streben zu können. Das Verständnis der Dreiheit kann erst erfolgen, wenn die Dreiheit in die Zweiheit, den 2er Takt, eingebettet ist als 3 2er Takte oder dem ¾ Takt in durchgehenden Achteln.

Erst mit der zweiten Zweiheit, der 4 als 1 + 3, wird die Dreiheit zur Einheit. Rhythmisch ein 2/4 Takt mit Viertel und Triole, sowie die Vertauschung zu 3 + 1 als Triole und Viertel, die einzig mögliche Permutation. In der Triole schwingt die 3 mit dem Puls, wird die Dreiheit zur Einheit mit 3-facher Geschwindigkeit. 1 · 3
Insgesamt bleibt es aber der 2er Takt.

Die Überlagerung des 2er und des 3er Taktes
Mit der Unterteilung des Pulses in 3er Gruppen, dem ¾ Takt in Vierteln, entsteht mit dem eigenen Schwingen im 2er Puls ein pulsierendes Schaukeln in drei 2er Takten oder zwei 3er Takten.

Die Betonung des 3er Taktes fällt am Anfang mit der Betonung des 2er Taktes zusammen, eine Bestärkung.
Der 3. Schlag des 3er Taktes ist leicht und fällt zusammen mit dem schweren ersten Schlag des 2er Taktes, eine Bestätigung für das 2er Prinzip. Der schwere erste Schlag des zweiten 3er Taktes trifft auf den zweiten Schlag im 2er Takt, dem Nichtbetonten im 2er Rhythmus. Es ist etwas Starkes gegen das Schwache, eine Schwächung. Jedoch ist der nächste starke Schlag des 2er Pulses wieder stark und vor allem stärker als der 2. Schlag des 3er Pulses und der schwache zweite Schlag im dritten Takt des 2er Pulses ist stärker als der dritte Schlag des 3er Pulses, mit dem er zusammenfällt. So entsteht eine kräftemäßig ausgeglichene 2er Schwingung im 6er Takt 6/4 als 3 + 3 und 2 + 2 + 2.

(**1** + 1 + 1) + (**1** + 1 + 1)
(**1** + 1) + (**1** + 1) + (**1** + 1)

Die 6 als Zweiheit entsteht durch 2 Triolen im 2/4 Takt, eine stärker betont als die andere am Anfang, die aber trotzdem keine spürbare Permutation zulässt.
Als Dreiheit ist die 6 ein ¾ Takt mit einer Dreiheit von Zweiheiten (Achteln) 2 + 2 + 2. Eine ausgewogene und stabile Erscheinung von Dreiheit und Zweiheit, die Dreiheit der Zweiheit, die ebenfalls keine spürbare Permutation zulässt. Eine Zweiheit von Nichtpermutationen.

Der Sechsertakt hat noch eine dritte Form, eine zweite Dreiheit, ein ¾ Takt mit 6 = 3! (3 Fakultät) = 1 · 2 · 3 Permutationen, da wir eine Dreiheit von Einheiten haben 1 + 2 + 3 . Mit der Einheit als Schwerpunkt (Viertel) der Zweiheit (Achtel) und der Dreiheit (Triole) entsteht ein Federn der Dreiheit von schwer zu immer leichter. 1 + 2 + 3.
Fakultät ist die Anzahl der Möglichkeiten, eine gegebene Menge von Dingen anzuordnen. 3 Dinge können auf 6 verschiedene Arten angeordnet werden. Es entspricht den Permutationen. Fakultät wird für die Zahl e noch von großer Bedeutung sein.

Die Permutationen des 6er Taktes 1 + 2 + 3 sind:

1 + 3 + 2,   2 + 1 + 3,   2 + 3 + 1,   3 + 1 + 2,   3 + 2 + 1.

Sie haben alle unterschiedlichen Charakter.
Insgesamt also eine Dreiheit von Zweiheiten (jede Zahl steht zweimal am Anfang der Permutation) mit einer Zweiheit von Einheiten, sowie die zuerst erwähnte Zweiheit von Dreiheiten und Dreiheit von Zweiheiten, die beide nicht spürbar permutieren.
Über die Bedeutung der Sechsheit in Natur und Geometrie folgt ein eigenes Kapitel.
Mit der Anzahl der Möglichkeiten weist die 6 zum einen auf sich selbst (6 Permutationen aus einer Dreierdarstellung) und auf die nächste gerade Zahl, die 8, hin. Dies wird aber erst später ins Bewusstsein kommen.

Erst mit dem Bewusstsein der 4 und der 6 wird die 3 zur Dreiheit als Triole, die im Puls schwingt. Mit der 6 schwingt die 3 schon im Puls und ist ihrem Streben zur Einheit der Vollkommenheit in der Dreiheit schon einen Schritt näher, jedoch gibt es immer noch den 2er Takt.

Erst jetzt ist die Tür offen für die 5 als Dreiheit. Und zwar in Form einer Zweiheit und einer Zweiheit von Dreiheiten.

2 + 3,   2 + 1 + 2,   1 + 3 + 1

Als Zweiheit ist es das abwechselnde Pulsieren in der Zweiheit (Achtel) und der Dreiheit (Triole) im 2/4 Takt oder umgekehrt.
Als Dreiheit hat es die Form von Einheit und einer Zweiheit von Zweiheiten 2 + 1 + 2,
also ¾ Takt mit Achtel Viertel Achtel mit den Permutationen
1 + 2 + 2,   2 + 2 + 1
oder eine Zweiheit von Einheiten und eine Dreiheit 1 + 3 + 1,
also ¾ Takt mit Viertel Triole Viertel mit den Permutationen
1 + 1 + 3,   3 + 1 + 1.

Mit der Anzahl der Möglichkeiten weist die 5 ebenfalls auf die 8 als nächste Zahl hin. Ihre formbildende Funktion durch die Kombination von Einheit, Zweiheit und Dreiheit wird in einem eigenen Kapitel eingehend betrachtet.

Die 7 und alle weiteren Ziffern haben nur noch Darstellungsmöglichkeiten als 3er Rhythmus.
Die 7 ist die erste Zahl, die keine Darstellung mehr in der Zweiheit als 2/4 Takt hat. Sie erfordert also schon die Abstraktion vom 2er Prinzip, um vom Bewusstsein, der Zweiheit, als Zweiheit erkannt zu werden:
Sie ist eine Zweiheit von Dreiheiten mit ihren beiden Darstellungsmöglichkeiten:

2 + 3 + 2,   3 + 1 + 3

und natürlich den insgesamt 2 · 3 = 6 Permutationen der zwei 3er Takte.
Eine Zweiheit von Zweiheiten (Achtel) und eine Einheit der Dreiheit (Triole) oder eine Zweiheit von Dreiheiten (Triole) und eine Einheit der Einheit (Viertel).
Insgesamt eine Ausgewogenheit der 3 Symbole:
eine Einheit, eine Zweiheit von Zweiheiten und eine Dreiheit von Dreiheiten.
Sie verweist also mit ihren 2 mal 3 möglichen Darstellungen wieder auf die 6 mit ihren 8 Darstellungsmöglichkeiten.
Später folgt ein ausführliches Kapitel über die Siebenheit.

Die 8 erscheint als Einheit der Dreiheit (ein 3er Takt) mit einer Zweiheit der Dreiheit und einer Einheit der Zweiheit. Sie hat nur eine Darstellungsmöglichkeit 3 + 2 + 3 mit ihren beiden Permutationen:

3 + 3 + 2 und 2 + 3 + 3.

Also ¾ Takt mit Triole Achtel Triole, etc.

In nahezu allen Kulturen gibt es den 8er Takt mit der Aufteilung der 8 Schläge (zumeist als Achtel) in Betonungen der 2er und 3er Gruppen. (Samba, Bossa Nova, indische Musik, arabische Musik, ...)

Das vollständige neue Bewusstsein wird mit der 9 erreicht. Sie ist der Abschluss dieses Entwicklungsprozesses von der 2 zur 3. Eine Einheit von purer Dreiheit, die Dreiheit der Dreiheit. Die Zweiheit kann nur noch im Schwingen der 3 als Leichtigkeit einer Dreiheit von Zweiheiten der Zweiheit als (zwei) Unbetontheiten identifiziert werden:
betont, unbetont, unbetont, **betont**, unbetont, unbetont, **betont**, unbetont, unbetont. 3 + 3 + 3.
Der ¾ Takt mit durchgehenden Triolen. Eine Einteilung des Pulses in 3 Einheiten und eine Unterteilung der Einheit in 3 Einheiten. Die Zweiheit der Dreiheit (Triolen und ¾ Takt) im Einklang mit der Einheit, dem Puls, und dem neuen Muster der Dreiheit im Puls haben sich manifestiert.
Der Genuss am Genuss. Die Koexistenz hat eine neue Qualität erreicht.
Ohne Betonung ergibt sich ein neuer Puls in dreifacher Geschwindigkeit. $1 \cdot 3$

Entwicklung des Bewusstseins, der Zweiheit
Die Erkenntnis erfolgt durch das Streben zur Einheit über das Streben zur Zweiheit. Alles, was in Zweiheit erfasst werden kann, stabilisiert die Zweiheit, die Identität des Bewusstseins. Die Entwicklung des Bewusstseins über die Dreiheit ist ein Prozess der Zweiheit, alles sie Umgebende auf ihr Wesen der Zweiheit zu reduzieren, um zur Einheit streben zu können. Deswegen ist die Zweiheitdarstellung der 3 als 1 + 2 der Bewusstseinssprung, die Affirmation der Zweiheit, durch die Verdopplung der Geschwindigkeit. Das in Einklang kommen mit dem Puls. Ein neuer Puls, der das Selbstbewusstsein stärkt.
Durch die Wiederholung der Tempoänderung des Pulses mit der Triole als Puls in der 9 wird ein neuer Bewusstseinszustand

erreicht, eine Zweiheit von Tempoänderungen in einer Dreiheit von Pulsen, Viertel, Achtel, Triole: 1, 2, 3
Die 2 als Mitte der Dreiheit ist umgeben von einem Langsameren (1) und einem Schnelleren (3). Als Puls in der Mitte ist sie eingebettet und wird im Vergleich mit dem Langsameren zum Maßstab (Oktave) für die Tonhöhen, der durch die Multiplikation entsteht.

Die Fülle an Lebenssituationen, die mit dieser Darstellung von Rhythmen beschrieben wird, die ins Bewusstsein integriert werden, zeigt auch eine emotionale Differenzierung, den die verschiedenen Formen des 2er und des 3er Taktes mit unterschiedlichen emotionalen Gehalt haben. Dazu kommt die dynamische Schwankung im Puls, die als zu und abnehmende Dramatik erlebt wird.

Mit der Beschleunigung des Pulses auf das Doppelte und das Dreifache der Anfangsgeschwindigkeit hat sich das Bewusstsein von der Zweiheit zur Dreiheit erhöht und ist komplexer geworden. Diese Komplexität findet in der weiteren Entwicklung Ausdruck in der Multiplikation. Die bisher erklommenen Bewusstseinsstufen, die Ziffern 1 – 9, werden mit diesem neuen Bewusstsein wieder durchlaufen, da es ja noch nichts anderes gibt und laden die Symbole mit weiterer Energie auf, so wie die Zweiheit nun viele Bedeutungen durch die Kombination/ Auseinandersetzung mit der Dreiheit bekommen hat.

Interessant ist auch die Verteilung der Darstellungsmöglichkeiten der Zahlensymbole, die auf den Entstehungsprozess selbst verweisen, die Entwicklung von der Zweiheit zur Dreiheit:

Es gibt eine Zweiheit von Zahlensymbolen, die eine Zweiheit von Darstellungen haben: 3, 7.

Es gibt eine Dreiheit von Zahlensymbolen, die nur eine mögliche Darstellungen hat: 2, 8, 9.

Es gibt eine Dreiheit von Zahlsymbolen, die eine Dreiheit von Darstellungen haben: 4, 5, 6.

Es gibt eine Dreiheit von Zahlsymbolen, die einen Puls, eine Einheit darstellen: 1, 2, 3.

Eine Einheit von Zweiheiten und eine Dreiheit von Dreiheiten zeigt, dass die Zweiheit die Dreiheit in einer ersten Form im Bewusstsein integriert hat.

Die 2 ist ihrem Wesen nach Verdoppelung als Puls und als Halbierung Teilung des Pulses. Nun hat sie als Puls eine neue Darstellung $1 \cdot 2$.
So wie die 3 ihrem Wesen nach Verdreifachung oder Dreiteilung ist, die mit der Verdreifachung, der 9, zur Einheit als Puls mit neuer Qualität wird, erhält auch sie die neue Darstellung: $1 \cdot 3$.
Es ist ein ebensolches selbstreferentielles Entwicklungsmuster wie bei der 2. Die Dreiheit strebt zur Vervollkommnung in der Dreifachheit, so wie die 2 zur Verdopplung strebt.

Bei 9 kann keine autopietische Teilung in 3 entstehen, da es im ¾ Takt noch keine echte Zweiheit gibt. Echte Zweiheit heißt hier, dass 2 Schläge entgegengesetzt stark sind.
Der erste Schlag des 3er Taktes ist doppelt so laut wie der zweite Schlag und 3 mal so laut wie der 3. Schlag.

Mit Addition und nun neugewonnener Multiplikation ist Lautheit in diesen Abstufungen noch nicht als Ganzzahliges zu begreifen, jedoch eine Art Polarität von stärker und schwächer, + und -, woraus die Bewusstheit entstanden ist. Und auf diese Polarität muss sich die soweit entwickelte Bewusstheit immer beziehen können.

Entscheidend für das neu gewonnene Bewusstsein der 2 ist aber, dass es nicht selbst gespalten ist, sondern als Einheit im Zentrum einer Spaltung steht. Die 2 ist nun die Mitte von 1 und 3, nämlich 2 ∓ 1, dem Ursprung der 2, einem Schwingen zwischen $\mp$ (1).

Im 3er Takt in Triolen ist die 2 der Triole genauso Mitte der Triole, wie der zweite Schlag die Mitte des 3er Taktes ist, eine „leichte“ Zählzeit, gefolgt von einer noch leichteren (-) und einer schwereren (+) folgend.

Im 2er Takt ist der erste Schlag doppelt so laut wie der zweite Schlag. 1 und ½. Mit dem Bewusstsein über die 3 ergibt sich später daraus auch das Lautstärkeverhältnis in den Logarithmen.

Die Integration in das Bewusstsein all dieser Möglichkeiten, die die Dreiheit eröffnet, führt auch zu einer enormen Formenvielfalt in der Natur. Denn die Form ist Ausdruck von Bewusstsein. Auch Pflanzen stellen Bewusstsein dar. So ist Petersilie pure Dreiheit: der Stängel teilt sich in 3 Stängel, die sich jeder wieder in 3 Stängel teilen, usw. bis hin zur Blattform. Trifurkation statt Bifurkation.
Dill hat die 2er Taktform der 3 (1 + 2). An einem Stängel treten paarweise Stängel an der gleichen Stelle in Opposition zu einander etwas dünner hervor. Dieses Prinzip wiederholt sich an den hervortretenden Stängeln. Und dass Pflanzen ein Bewusstsein haben, zeigt sich ganz klar in der Kommunikation der Bäume untereinander, die über die Symbiose mit den Pilzen an ihren Wurzeln stattfindet. Alles ist in Zweiheit und Dreiheit zu einer Einheit verbunden.

Die Ziffern, 1 – 9, Multiplikation, der numerische Wert
Die mathematischen Symbole und ihre summarische und multiplikativ-summarische Entstehung mit Einheit, Zweiheit und Dreiheit als Gestaltung und Limit für die Entwicklung von Bewusstsein

Die Dreiheit als Limit
für die Bildungsmöglichkeiten der zweiten Stufe des Bewusstseins mit der hinzukommenden Multiplikation

Die Ziffern sind als Summe mit maximal 3 Summanden der Ziffern 1, 2, 3 darstellbar.
Gleiche Ziffern dürfen maximal 3 mal in einem Term (Addition, Multiplikation) vorkommen.

1 1 (**1 · 1**)

2 1 + 1, **1 · 2**

3 1 + 2, 1 + 1 + 1, **1 · 3**

4 2 + 2, 1 + 2 + 1, 1 + 3, **2 · 2**

5 2 + 3, 2 + 1 + 2, 1 + 3 + 1, 1 + 2 · 2

6 3 + 3, 2 + 2 · 2, 1 + 2 + 3, 2 + 2 + 2, 1 + 2 · 2 + 1, **3 · 2, 2 · 3**

7 2 + 3 + 2, 3 + 1 + 3, 1 + 2 · 3, 1 + 3 · 2, 3 + 2 · 2, 1 + 2 + 2 · 2

8 3 + 2 + 3, 2 · 2 + 2 · 2, 2 · 3 + 2, 3 · 2 + 2, 2 + 2 · 2 + 2, 1 + 2 · 3 + 1, 1 + 3 · 2 + 1, **2 · 2 · 2**

9 3 + 3 + 3, 3 + 3 · 2, 3 + 2 · 3, 1 + 2 · 2 · 2, 1 + 2 +2 · 3, 1 + 2 + 3 · 2, 2 + 2 · 2 + 3, 2 · 2 + 1 + 2 · 2, **3 · 3**

Die Anzahl der Darstellungsmöglichkeiten mit diesen „Regeln“ entspricht nun dem numerischen Wert der Ziffern, außer bei den Primzahlen, die nicht als Puls bekannt sind, der 5 und der 7; deren Wert ist um 1 verringert, da ihr Puls als Einheit 1 · 5 bzw. 1 · 7 noch nicht erkannt ist.

Für die Addition gilt weiterhin das Vertauschungsgesetz, da es egal ist wo man den Rhythmus beginnt. Bei der Multiplikation gilt dies hier nicht, da der Multiplikant durch die Wesenheit der Zahl genauer bezeichnet ist. Deswegen ist 1 + 2 · 3 eine andere Darstellung der 7 als 1 + 3 · 2. Bezieht man es auf die Rhythmik, sind die zwei Triolen von 2 · 3 mit zwei Betonungen jeden dritten Schlag anders betont als 3 · 2 mit drei Betonungen jeden zweiten Schlag. Die Multiplikation ist eben eine wesentlich stärke Verknüpfung als die Addition.

Es entwickeln sich neue Zahlen über die Ziffern hinaus, die aber nur mit den bekannten Mitteln erkannt werden können, d.h. sie müssen auf eine Zweiheit, Dreiheit oder Einheit reduzierbar sein: 2er und 3er Takt oder Puls. Dies endet mit

81 3 · 3 · 3 + 3 · 3 · 3 + 3 · 3 · 3

Jede Zahl bis 81 ist als Summe von maximal 3 Summanden mit maximal 3 Faktoren pro Summand mit den Zahlen 1, 2 und 3 darstellbar. Und das meistens in vielen Formen und ihren Permutationen. Entsprechende Varianten stellt das sich entwickelnde Bewusstsein dar, das in seiner Materialisierung diese Formen verwirklicht.

Nur die 12 erhält auch exakt ihren numerischen Wert durch die Anzahl der Darstellungsmöglichkeiten:

12 **2 · 2 · 3**, 2 · 3 + 2 · 3, 3 · 2 + 3 · 2, 2 · 3 + 3 · 2,
3 · 3 + 3, 3 · 3 + 2 + 1, 2 · 2 · 2 + 2 · 2,
2 · 2 + 2 · 2 + 2 · 2, 2 + 2 · 2 · 2 + 2, 1 + 2 · 2 · 2 + 3,
2 · 3 + 2 · 2 + 2, 3 · 2 + 2 · 2 + 2

Die 12 ist als achte, die letzte Zahl, die ihren numerischen Wert durch ihre Darstellungsmöglichkeiten erhält, solange die Primzahlen 5 und 7 nicht als Einheit oder Puls, also neues Intervall, verstanden werden. Deren Bedeutung liegt noch außerhalb des soweit entwickelten Bewusstseins. Lediglich als Rhythmus werden sie verstanden, jedoch mit neuen Variationen.

1 , 2 , 3 , 4 , 6 , 8 , 9 , 12 sind als Intervalle allesamt:
Grundton (1), Oktave (2^n) oder Quinte ($3 \cdot n$) bzw. Oktave der Quinte ($2^{n-1} \cdot 3 \cdot n$)

Diese 8 Zahlen können alle rein multiplikativ dargestellt werden. Die Summe hat also nur noch ein Glied, den Augenden, eine passive Zahl mit der Innenspannung der Multiplikation. Das Bewusstsein ist wesentlich komplexer geworden und hat schon eine Fülle an Formen hervorgebracht: Lebewesen der verschiedensten Art.

Die 10 hat interessanterweise 11 Darstellungsmöglichkeiten:

10 $1 + 3 \cdot 3$, $2 + 2 \cdot 2 \cdot 2$, $1 + 2 \cdot 2 \cdot 2 + 1$, $2 \cdot 3 + 2 \cdot 2$,
$3 \cdot 2 + 2 \cdot 2$, $2 \cdot 2 + 2 + 2 \cdot 2$, $1 + 2 \cdot 3 + 3$,
$1 + 3 \cdot 2 + 3$, $2 + 3 \cdot 2 + 2$, $2 + 2 \cdot 3 + 2$,
$3 + 2 \cdot 2 + 3$

Die 11 hat nur 9 Darstellungsmöglichkeiten.

Die 3 weiterhin als Limit, die zur Dreiheit der 3 strebt.

Das Bewusstsein ist ein sich entwickelndes Energiefeld.
Aus der Interaktion von 2 und 3 hat sich die Dreiheit der Dreiheit mit der Addition entwickelt, die Neun, die zum Verständnis der Dreiheit als 3-Teilung als eigene Qualität höherer Ordnung als die Zweiheit erkannt ist. Dies bezieht sich immer auf ein Schwingen im 2er oder 3er Takt, der Zweiheit bzw. der Dreiheit. Es ist noch

nichts weiter bekannt. Die Quantität der Zahlen ist noch nicht bekannt. Sie entwickelt sich erst durch die Multiplikation und den daraus folgenden Möglichkeiten.

Die Multiplikation bedeutet neben rhythmischer Dichte nun auch Frequenz, Tonhöhe. Das Verhältnis der 3 verschiedenen bekannten Pulse (1 · 1, 1 · 2, 1 · 3) ist 1 : 2 : 3.
Der ursprüngliche Puls 1 · 1 wird verdoppelt oder verdreifacht. Es ist die Frequenz, das Tempo mit dem der Puls erfolgt. Ist die 2 noch immer der gleiche Ton wie die 1, nur eben eine Oktave höher wie wir es heute nennen, so ist die 3 ein neuer Ton, die Quinte. Sie schwingt dreimal so schnell wie der Grundton, die 1. Sie ist also höher als die Oktave, die nur doppelt so schnell schwingt. Soll die Quinte innerhalb der Oktave liegen, muss die dreifache Frequenz halbiert werden, also eine Oktave nach unten transponiert werden. Dann haben Quinte und Grundton das für die Kadenz bekannte Schwingungsverhältnis von $\frac{3}{2}$: 1.
In allen Kulturen weltweit sind die beiden Intervalle Oktave und Quinte Basis des Tonsystems.

Im Durchlauf mit der Multiplikation durch die 9 Ziffern entwickelt sich das Bewusstsein vom einfachen rhythmischen Schwingen im 2er oder 3er Takt, Marsch/Polka/(Techno) oder Walzer, hin zu einer Differenzierung des Rhythmus und der Tonhöhen.

Die 1 bleibt auch als erkannter Puls, 1 · 1, Einheit, zu dem alles strebt und hat mit dem Tempo des Pulses eine Frequenz, auf die sich alles bezieht.
Die 2 hat nun die zwei Formen: 2er Takt und Oktave als Puls,
1 + 1 und 1 · 2.

Geometrisch hat die Zweiheit sich von einer Strecke im Einheitskreis ohne Kenntnis des Zentrums als Durchmesser mit der Einheit 2 erkannt. Sie hat sich von ½ zur 2 ausgedehnt.

Schlägt man nun von beiden Endpunkten des Durchmessers aus einen Kreis mit dem Durchmesser, ergeben sich 2 neue Punkte, die von jedem der beiden gleich weit entfernt sind. Es entsteht das gleichseitige Dreieck mit der Seitenlänge 2 zwei mal. Die Zweiheit, die nun die Einheit der Kantenlänge ist, hat mit der Dreiheit zwei neue Punkte hervorgebracht. Dies ist die Sichtweise der alten griechischen Mathematiker, die nun die beiden Dreiecke wieder durch die Verbindung der beiden neuen Punkte in 4 rechtwinkelige Dreiecke geteilt haben. Das Wesen der Dreiheit haben sie nicht erkannt, da sie von einem flachen/ebenen Weltbild von quadratischer Natur ausgingen, das zur Dominanz der Zweiheit im Denken führte.

Die Dreiheit ist ihrem Wesen nach räumlich im Gegensatz zur Zweiheit, die nichtlokal ist. Die Dreiheit begrenzt die Zweiheit und gibt ihr den räumlichen Kontext. Lokalität kann nicht in der Ebene stattfinden, sondern nur im Raum. Das flache Dreieck ist der Sonderfall des Tetraeders mit der Höhe 0. Das griechische Dreieck hat mit der Seitenlänge 2 ja schon die Teilung jeder Seite in zwei Hälften. Verbindet man diese Seitenmittelpunkte, entstehen 4 gleichseitige Dreiecke, die sich zum Tetraeder falten. 3 Punkte schließen sich zu einem zusammen. So wie jeder Punkt des mittleren Dreiecks haben die äußeren 3 Punkte durch den Zusammenschluss zu einem alle die gleichen Eigenschaften: 3 Linien in 3 Richtungen, 3 Winkel und 3 angrenzende Flächen

Das Dreieck der Quarks im Proton oder Neutron liegt auch nicht fix flach in einer Ebene, sondern ist ständig in räumlicher Bewegung. Es bewegt sich um die 4 Achsen des Tetraeders, bleibt aber in seiner Dreiecksstruktur stabil. Es gibt also in der Bewegung immer einen vierten Punkt, der das Dreieck zum Tetraeder ergänzt, dessen Lage im Raum sich kontinuierlich ändert. Ansonsten wären die Elektronenbahnen um das Proton nicht räumlich, sondern eine flache Scheibe.

Die Dreiheit hat nun die 3 Formen als 2er Takt mit Viertel und Achtel 1 + 2 als Grundton (1 · 1) und Oktave (1 · 2), als 3er Takt des Grundtons 1 + 1 + 1 und der Quinte als Puls 1 · 3.

Mit der Vierheit von 2 · 2 entsteht die Oktave der Oktave (nicht die geometrische Figur des Quadrats im Kreis mit dem Radius 2). Die 2 verdoppelt die Frequenz der 1 durch Halbierung des Pulses. 2 · 2 halbiert die Halbierung des Pulses und verdoppelt die Frequenz. So wie jede halbierte schwingende Saite die doppelte Frequenz ihrer ganzen Länge erzeugt, erzeugt die Halbierung der Oktave oder Hälfte der Saite die doppelte Frequenz der Oktave (= 4-fache Frequenz des Grundtons)

2 + 2 ist der 2er Rhythmus
in Vierteln oder Achteln in der Oktave

1 + 2 + 1 ist der 3er Rhythmus
mit Grundton (1), Oktave (2), Grundton (1)

1 + 3 ist der 2er Rhythmus
das Abwechseln von Grundton und Quinte.

Mit der neuen Erkenntnis, der Multiplikation, wird die 2 · 2 als Oktave der Oktave erkannt, da sie sich, wie die anderen reinen Multiplikationen, als neuer Puls mit eigener Frequenz erweist. Erstmals ist nicht mehr die 1 alleine der Multiplikant, sondern die 2 ist Multiplikator und Multiplikant.

Auch in der 6 ist die 2 Multiplikant von 2 · 3, also die Oktave der Quinte.
Mit der 6 wird auch die 3 Multiplikant von 3 · 2, also die Quinte der Oktave.
Jetzt gibt es eine Zweiheit von Möglichkeiten die 6 als Einheit (ohne Addition) darstellen zu können. Die Vereinigung von Zweiheit und Dreiheit.

Die Erweiterung des Frequenzspektrums erweitert die sinnliche Wahrnehmung und damit den verstehbaren Rahmen der unendlichen Umwelt. Das „Hinausschauen“ aus der Abgetrenntheit in das Außen wird zunehmend komplexer.

Wenn 2 *Streben nach* ist *(zum anderen Pol)* und
3 *Freude (über Stabilität in der Dynamik)*,
ist 6 *das Streben nach Freude* als 2 · 3
oder *mit Freude streben* als 3 · 2.

Das Bewusstsein hat entscheidende Möglichkeiten der Existenz zu seinem Anfang hinzugewonnen.
Eine 3 als Bild wiederzuerkennen erfordert die Fähigkeit $3! = 1 \cdot 2 \cdot 3 = 6$ Möglichkeiten der Anordnung der 3 Einheiten zu memorieren. Bei der 2 sind es nur $2! = 1 \cdot 2 = 2$ Möglichkeiten. Das Andere ist für oder gegen mich. Für das frühe sich entwickelnde Bewusstsein, das die Symbole schafft, ist der Sprung von der 2 zur 6 gewaltig und eine Grenze, die in der Entwicklung lange nicht überschritten wurde.

Bei der 4 entsteht die Bewusstheit über die 3 als Dreiheit in der Form $1 + 1 \cdot 3$

Es ist der Tetraeder, das räumliche Bewusstsein. Ein Punkt über dem Dreieck formt einen Tetraeder, egal in welcher Form.

Gleich stark ist aber auch die doppelte Verdopplung (2 · 2) und die Addition zweier Zweiheiten (2+2) und der gespaltenen Sichtweise 1+2+1 als 2 Einheiten und einer Zweiheit. Hier ist die Dreiheit in den Summanden als Grenze erreicht.

Die erste Primzahl nach 3, die 5, wird mit ihrer Eigenart und Frequenz, dem Intervall, wie auch alle weiteren, noch nicht verstanden. Die reine Durterz findet sich nur äußerst selten im

Gesang von Vögeln. Ihr bewusstes Verständnis der 5 bleibt auf dem Niveau der Addition als
2 + 3
Im 2er Takt: das Abwechseln der Oktave und der Quinte, die nun eingebettet ist in die Oktave (2) und die Oktave der Oktave (2 · 2) bei: 1 + 2 · 2

Es existiert fortan das Verhältnis von $\frac{3}{2}$ und $\frac{2}{3}$.

Im 3erTakt:
Als 2 + 1 + 2 ist sie Oktave (2) Grundton (1) Oktave (2) im 3er Takt.

Als 1 + 3 + 1 ist sie Grundton (1) Quinte (3) Grundton (1) im 3er Takt.

Die zweite Primzahl nach 3, die 7, ist die erste Primzahl, die in diesem dynamischen System 3 Summanden braucht für ihre Darstellung. Darin unterscheidet sie sich grundlegend von der 5, die nur 2 Summanden braucht. Analog zur 5 bildet sich die 7, nur diesmal sind 1 und 3 vertauscht:

2 + 3 + 2
3 + 1 + 3

im Gegensatz zur 5:

2 + 1 + 2
1 + 3 + 1

Sie gewinnt aber noch eine dritte Darstellung im 3er Takt, mit den 3 Summanden durch die Multiplikation hinzu:

1 + 2 · 2 + 2	Grundton, 2. Oktave, 1. Oktave
2 + 3 + 2	Oktave, Quinte, Oktave
3 + 1 + 3	Quinte, Grundton, Quinte

Und sie bekommt eine Dreiheit von 2er Takten dazu:

$1 + 2 \cdot 3$	Grundton, Oktave der Quinte
$1 + 3 \cdot 2$	Grundton, Quinte der Oktave
$3 + 2 \cdot 2$	Quinte, 2. Oktave

Sie sind eine Dreiheit von Zweiheiten mit Einheiten und Zweiheiten. Die Binnenstruktur der 3 wird von der 2 gestaltet.

Um ihren numerischen Wert und die Bedeutung der Zahl 7 in der Multiplikation $1 \cdot 7$ zu erfassen, fehlen in der Begrenztheit durch die 3 die Mittel. Die Möglichkeit der Formenvielfalt ist auch ohne 5 und 7 als Puls ungeheuer groß, bedenkt man die vielen Möglichkeiten der Darstellung der Zahlen.

Mit der 8 findet die 2 ihren Abschluss als Dreiheit von Zweiheiten als Einheit:

8 $\quad 2 \cdot 2 \cdot 2$

Die 2 schwingt nun als 8 im System der insgesamt 8 Pulse / Tonhöhen, deren Darstellungsmöglichkeiten als Summe ihrem numerischen Wert entsprechen und sind rein in der Multiplikation darstellbar.

Mit der 9 ist diese Entwicklung abgeschlossen. Eine Dreiheit von Dreiheiten. Oder eine Dreiheit der Dreiheit, was nun mit der Multiplikation eine Zweiheit der Dreiheit in einer Einheit ist; Einheit im Sinne des Augenden der Addition.

9 $\quad 3 + 3 + 3$ oder $3 \cdot 3$

Das Streben der Zweiheit zur Einheit wird in der Multiplikation erfüllt. Es existiert nur noch ein Summand, der in sich komplex schwingt. Es ist ein neuer Ton, die None, oder auch der Ganztonschritt im Verhältnis $\frac{9}{8}=\frac{3\cdot 3}{2\cdot 2\cdot 2}$

Das heißt unsere Zahlen/Ziffern sind ein sich auf dem spaltenden 2er Bewusstsein aufbauendes 3er System, das schon in der Tier- und Pflanzenwelt vorhanden ist, lange bevor es den Menschen gab.

Es bleiben noch die Zahlen 18 und 27, die als reine Multiplikation darstellbar sind.

18 $\quad 2 \cdot 3 \cdot 3$ $\quad$ ist die Oktave der Quinte der Quinte, die Oktave der None oder des Ganztons

27 $\quad 3 \cdot 3 \cdot 3$ $\quad$ ist die Quinte der Quinte der Quinte, ein neuer Ton, die große Sexte oder eine Oktave tiefer die kleine Terz abwärts vom Grundton (Kuckuck) $\frac{27}{16}=\frac{3\cdot 3\cdot 3}{2\cdot 2\cdot 2+2\cdot 2\cdot 2}$

Potenzen

Nun sind auch schon alle möglichen Potenzen mit den Ziffern 1, 2, und 3 mit der Multiplikation beschrieben:

$1^1, 1^2, 1^3$ $\quad$ 1
$2^1, 2^2, 2^3$ $\quad$ 2, 4, 8
$3^1, 3^2, 3^3$ $\quad$ 3, 9, 27

Kombiniert man diese 6 von 1 verschiedenen Potenzen wieder mit den Regeln von 3 Summanden und 3 Faktoren pro Summand, erhält man als größte darstellbare Zahl:

$3^3 \cdot 3^3 \cdot 3^3 + 3^3 \cdot 3^3 \cdot 3^3 + 3^3 \cdot 3^3 \cdot 3^3 = 729 = 3^5$

Da die 3 zur Verdreifachung strebt, ergibt sich jetzt auch die Zahl

$3^{3^3} = 19683$

3^{3^3} nach den obigen Regeln behandelt ergibt:

$$3^{3^3} \cdot 3^{3^3} \cdot 3^{3^3} + 3^{3^3} \cdot 3^{3^3} \cdot 3^{3^3} + 3^{3^3} \cdot 3^{3^3} \cdot 3^{3^3}$$

= 59049

Liest man den kleinen Potenzturm 3^{3^3} nicht klassisch von links nach rechts als (3 hoch 3) hoch 3, also 27 hoch 3 gleich 19683, sondern von rechts nach links 3 hoch (3 hoch 3) wird der Ausdruck zu 3 hoch 27 und die Zahl ist schon über 7,6 Billionen:

7.625.597.484.987

Dieser kleine Potenzturm kann wieder als Einheit gesehen werden und wieder übereinander geschichtet werden, verdoppelt und verdreifacht. Dann wieder als Einheit gesehen, etc. Ein undlicher Potenzturm von 3en.

Bis hierhin lassen sich alle Zahlen mit den obigen Regeln darstellen, mit all den zusätzlichen Variationen der 3 Summanden und den Permutationen. Wir nähern uns also der Unendlichkeit der Möglichkeit der Formen mit immer größer werdenden Schritten.

Interessante Zahlen innerhalb der Grenzen, die über die Grenzen hinausweisen:

37 $\quad 3 \cdot 3 \cdot 2 + 1 + 2 \cdot 3 \cdot 3$

ist die letzte Primzahl, die in der Symmetrie um die 1 als Dreiheit fungieren kann.
Eine Zweiheit der Dreiheit und eine Einheit der Zweiheit als Zweiheit in der Dreiheit mit der Einheit.
Zufällig unsere normale Körpertemperatur?

Eine Grenze innerhalb des Systems, damit immer noch beide Faktoren 2 und 3 in der Operation vorkommen ist 54:

54 $3 \cdot 2 \cdot 3 + 3 \cdot 2 \cdot 3 + 3 \cdot 2 \cdot 3$ oder $3 \cdot 3 \cdot 3 + 3 \cdot 3 \cdot 3$

Entweder eine Dreiheit gleicher Summanden komponiert aus einer Einheit der Zweiheit und einer Zweiheit von Dreiheiten, oder
eine Zweiheit gleicher Summanden komponiert aus Dreiheiten der Dreiheit.

54° ist der entscheidende Winkel für das Dreieck des Fünfecks.

Die Vierheit

Ihre geometrische Form ist ein Viereck, dessen Spezialfall das Quadrat ist. Die erste geometrische Form in der Ebene ist aber die Raute, die aus zwei gleichseitigen Dreiecken besteht. Man findet sie in vielen griechischen und römischen Mosaiken.

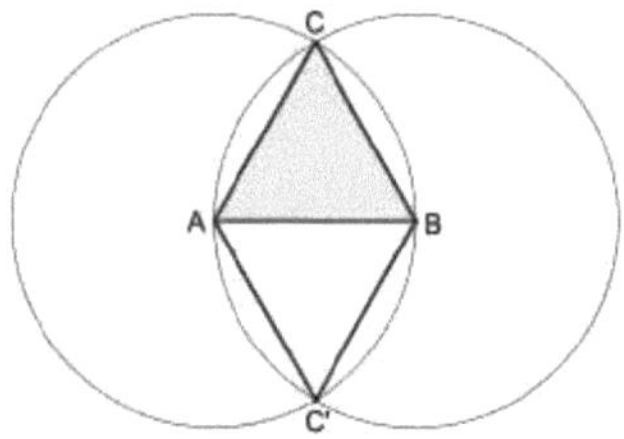

https://commons.wikimedia.org/wiki/User:Petrus3743

Die 3 teilte ja den Halbkreis der Zweiheit ½, π = 180°, in 3 gleiche Teile und Winkel von $\frac{\pi}{3}=60°$,

dem einzigen Winkel des gleichseitigen Dreiecks.

Legt man nun zwei solcher Dreiecke aneinander, entsteht die Raute, die an der Spitze jeweils einen solchen Winkel hat und an der stumpfen Seite jeweils zwei solche Winkel: 2 · 60° = 120°.

Insgesamt also 6 · 60° = 360°,

die Summe der Winkel im Viereck, egal welchem.

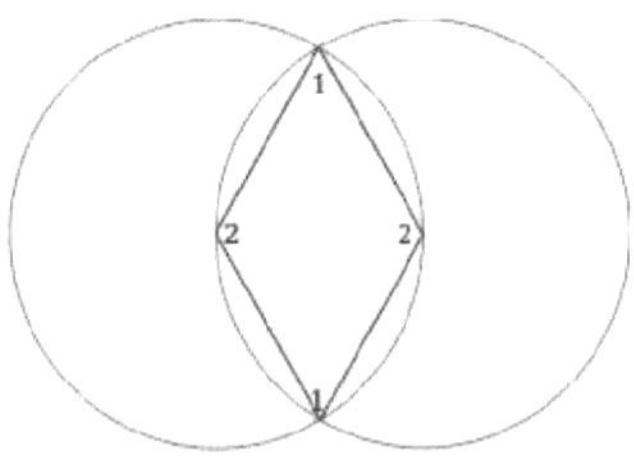

Es gilt allgemein für die Summe der Winkel in jedem n-Eck mit n Ecken: (n - 2) · 180°.

In der Raute haben auch schon alle Seiten die Länge 1, da sie ja Seiten der Dreiecke sind.

Die Längen der Diagonalen der Raute sind:
1 und $\sqrt{3}$

1 ist eine Dreiecksseite und $\sqrt{3}$ ist die Verbindungslinie zwischen den Spitzen.

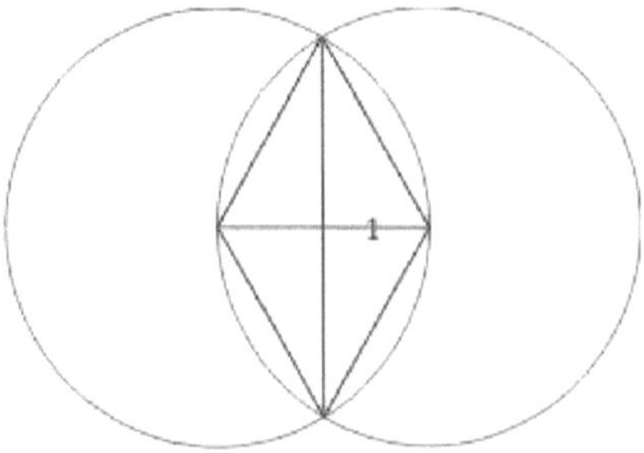

Erst durch die zweite Diagonale entsteht der vierfache rechte Winkel um den Mittelpunkt.
Sie teilt den Winkel $\frac{\pi}{3}=60°$ in 2 Hälften, also $\frac{\pi}{2\cdot 3}=30°$

$$\frac{\pi}{3}=60° \quad + \quad \frac{\pi}{2\cdot 3}=30° \quad = \quad 3\cdot\frac{\pi}{6}=90°$$

Ein Dreieckswinkel + einen halben Dreieckswinkel ist der rechte Winkel.

Der Sonderfall Quadrat

Das Quadrat mit dem Eckenwinkel 90° entsteht aus der Verdreifachung der Halbierung der Drittelung des Halbkreises:

$$3\cdot\frac{\pi}{2\cdot 3}=\frac{\pi}{2}=90°$$

oder

$$\frac{\pi}{2\cdot 3}=30° \quad + \quad \frac{\pi}{3}=60° \quad = \quad 3\cdot\frac{\pi}{6}=90°$$

Die allgemeine Formel des Winkels des n-Ecks $\frac{(n-2)}{n}\cdot 180°$ zeigt nicht die Entstehung aus der Dreiheit mit der Zweiheit.

Beide Diagonalen des Quadrats mit der Seitenlänge 1 haben die Länge $\sqrt{2}$.
Sie teilen den 90° Winkel wieder in zwei Hälften von

$$\frac{\pi}{2\cdot 2}=\frac{\pi}{4}=45°$$

So entsteht die 2 · 2 aus 1 + 3.π

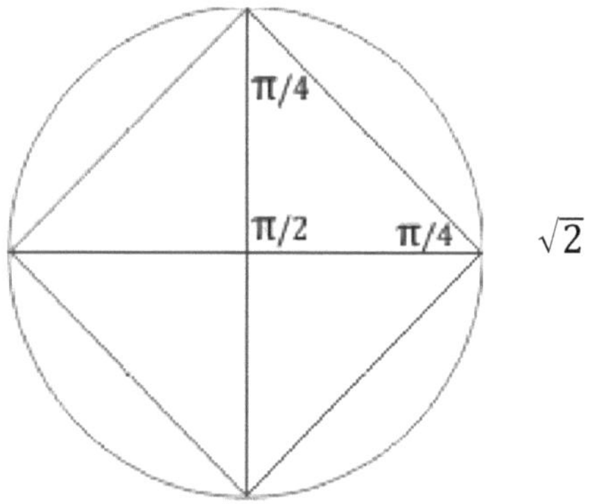

Für die graphische Darstellung der Ziffern als n-Ecke gilt folgendes Phänomen:
Die Summendarstellung der Ziffern mit 2 und 3 Summanden zeigt die Winkel der verschiedenen Dreiecke der geometrischen Figuren oder n-Ecke, die durch die Diagonalen entstehen. Die 2er Darstellung wird zum Nenner, dem Teiler vom Halbkreis π;
die 3er Darstellung zum Zähler.

Die Anzahl der Darstellungsmöglichkeiten zeigt die Anzahl der verschiedenen Dreiecke

Im Dreieck gibt es keine Diagonalen. Deswegen gibt es nur das Dreieck mit 1 + 1 + 1 mit dem Nenner 1 + 2 = 3:

$$\frac{1}{1+2}+\frac{1}{1+2}+\frac{1}{1+2}$$

Alle Winkel (Zähler) sind gleich. Die Einheit 1 für das Dreieck ist für alle $\frac{\pi}{3}$ = 60°, die Drittelung des Halbkreises.

Für die 4, dem Viereck, gibt es die 3er Darstellung 1 + 2 + 1 und die beiden 2er Darstellungen 2 + 2 und 1 + 3. π wird also durch 4 geteilt in 2 + 2 oder 1 + 3 oder 3 + 1.
Die 3er Darstellung zeigt zwei Winkel an: 1 und 2

1 entspricht $\frac{\pi}{4}$ = 45°, 2 entspricht $2\cdot\frac{\pi}{4}=\frac{\pi}{2}$ = 90°

$$\frac{1}{2+2}+\frac{2}{2+2}+\frac{1}{2+2}$$

Das gleichschenklige rechtwinkelige Dreieck, das aus den Diagonalen des Quadrats entsteht.

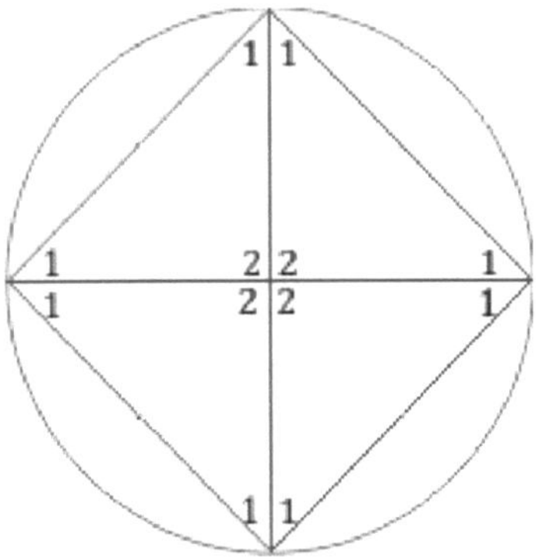

Das Quadrat entsteht „natürlich" aus einem Schnitt durch den Tetraeder.

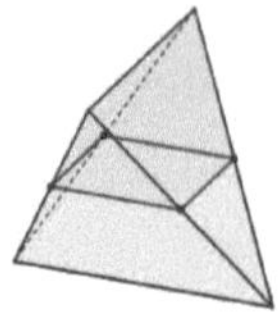

https://commons.wikimedia.org/wiki/User:Petrus3743

Dabei werden 4 (von 6) Kantenmittelpunkte miteinander verbunden. Es ist eines der 3 Quadrate, die im Oktaeder enthalten sind, der aus allen 6 Kantenmittelpunkten des Tetraeders entsteht.

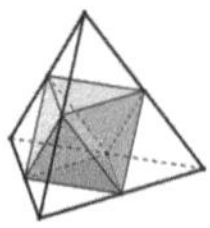

https://commons.wikimedia.org/wiki/User:Petrus3743

Das Viereck ist gegenüber dem Dreieck instabil. Erst durch die Diagonalen erhält es Stabilität. Die Diagonalen teilen das Viereck aber in 4 Dreiecke, von denen jedes für sich stabil ist. Nur dadurch erreicht das Viereck Stabilität, so wie der Würfel auch erst durch den eingeschriebenen Tetraeder Stabilität erhält.

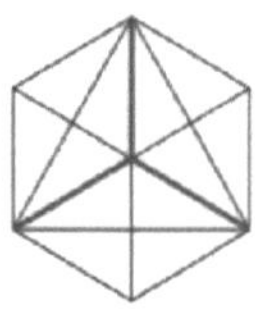

https://commons.wikimedia.org/wiki/Special:Contributions/%E4%B8%AD%E5%B7%9D_%E5%AE%8F

Die Vierheit hat aber auch und vor allem die Bedeutung der 4-Dimensionalität. Der Tetraeder, eine Vierheit von Ecken und Dreiecken, ist grundsätzlich ein 4-dimensionaler Körper, da er 4 dreizählige Symmetrieachsen hat. D.h., man kann ihn 3 mal um 120° um diese Achse drehen und es bleibt immer der gleiche Körper in der gleichen Lage im Raum. Diese Symmetrieachsen gehen alle von einer Ecke durch den Mittelpunkt des gegenüberliegenden Dreiecks. Sie kreuzen sich alle im Mittelpunkt des Tetraeders und teilen ihn in 4 gleich große Vierteltetraeder.

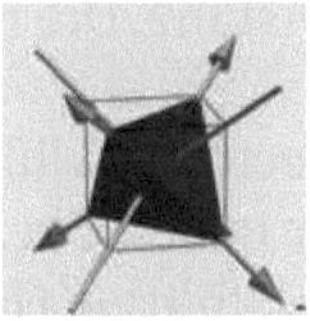

https://commons.wikimedia.org/wiki/User:Roderich_Kahn

Die Länge dieser Symmetrieachsen oder Raumdiagonalen im Tetraeder entspricht der Höhe mit

$\frac{1}{3}\cdot\sqrt{2\cdot 3}$ bei Kantenlänge 1.

Sie teilen sich gegenseitig im Mittelpunkt in 2 Teile der Länge 1 und 3 also insgesamt eine Viertelung der Strecke.

$\frac{1}{4}\cdot\frac{1}{3}\cdot\sqrt{2\cdot 3}=\frac{1}{12}\cdot\sqrt{6}$ entspricht dem kurzen Stück (1) zwischen Mittelpunkt der Dreiecksseite und Tetraedermittelpunkt

und

$3\cdot\frac{1}{4}\cdot\frac{1}{3}\cdot\sqrt{2\cdot 3}=\frac{1}{4}\cdot\sqrt{6}$ entspricht dem langen Stück (3) zwischen Tetraeder-Ecke und Tetraedermittelpunkt.

Vom Mittelpunkt des Tetraeders aus entfaltet sich der Raum in 4 voneinander unabhängige Richtungen, die jeweils polar + und – sind. Beginnt man in jede dieser 2 ·4 = 8 Richtungen mit der Spitze eines Tetraeders, ergeben sich zwischen den 8 Tetraedern genau die Räume für 6 halbe Oktaeder (Pyramide mit quadratischer Basis).

Es entsteht der Kuboktaeder oder das Vector Equilibrium wie Buckminster Fuller diesen Körper nannte.

Vector Equilibrium ist der bessere Name, da er die gleichmäßige Ausdehnung der Tetraeder entlang der 4 Achsen beschreibt. Die Entfernung vom Mittelpunkt zu allen Punkten ist gleich weit und alle Punkte haben die gleiche Distanz. Die Kantenlänge ist die Entfernung zum Mittelpunkt.
Durch Drehung lässt sich das Vector Equilibrium in den Ikosaeder (20 Dreiecke), weiter in den Oktaeder (8 Dreiecke) und weiter in den Tetraeder überführen. (Fuller „Jitterbug Transformation")

Raum ist also 4-dimensional und teilt sich in 2 verschiedene Formen: Tetraeder und Oktaeder. Beide Formen zusammen füllen den unendlichen Raum.
Als Einheit im Vector Equilibrium sind sie als Raumstruktur dynamisch durch Rotation (Spin) verformbar und schaffen so neue komplexere Raumstrukturen.

Geht man den umgekehrten Weg und verkleinert die 8 Tetraeder entlang der 4 Achsen immer weiter bis ihre Höhe 0 ist, gelangt man zum Punkt (Mittelpunkt). ½ ist die Rotation des Punktes oder auch Spin in der Physik genannt. Der Punkt hat keinen Raum. Der Spin ist keine Drehung in einer Ebene. Dieser Spin des Punktes findet in der Interaktion mit anderen Spins (Punkten) im 4-dimensionalen Raum statt. Ebenso findet die Bewegung des Elektrons um den Atomkern im 4-dimensionalen Raum statt.

Unendliche Summe

$\frac{1}{4}$ ist das Ergebnis der unendlichen Summe der alternierenden natürlichen Zahlen:

$$\frac{1}{4}=\sum_{n=1}^{\infty}(-1)^{n}\cdot n=1-2+3-4+5-6+7-8+9-\ldots$$

Das Hin- und Herschwingen der ½, *das Streben* (zum Gegenüber) ist nach einer halben Umdrehung erfüllt.
Man ist von der +1 zur -1 gelangt. Nun wechselt die Polarität und das Streben beginnt von Neuem.
Dies fand Ausdruck in der unendlichen Summe:

$$\frac{1}{2}=\sum_{n=1}^{\infty}(-1)^{n}=1-1+1-1+1-1+1-1+1-\ldots$$

Rechnet man die obige Reihe (1-2+3-4+5- …) Schritt für Schritt aus, ergibt sich eine ähnliche Rhythmik. Allerdings ist der Zyklus jetzt doppelt so lang. Es ist ein Streben zu der nächst höheren Zahl.
Der Weg von der +1 zur +2 geht über die – 1:

+1 – 2 = -1
-1 + 3 = +2

Der Weg von der +2 zur +3 geht über die – 2:

+2 – 4 = -2
-2 + 5 = +3

Der Weg von der +3 zur +4 geht über die – 3:

+3 – 6 = -3
-3 + 7 = +4

usw.

Es ist ein Zusammenziehen der Muskeln (-), um sie dann stoßartig auszudehnen (+), eine Art Schwimmbewegung, um einen Schritt vorwärts zu kommen. Sie ist mit *Anstrengung* verbunden. Es ist ein Streben, das doppelte Energie braucht, um das Streben zu erfüllen. Der Weg geht immer erst über die eigene Negation.

Es ist jeweils eine Umdrehung einer langsam wachsenden Spirale erforderlich, um einen Schritt voranzukommen. Diese Spirale ist in jeder Umdrehung immer erst der Halbkreis und dann ein größerer Bogen.

Deswegen ist 4 als 2 · 2 ein *angestrengtes Streben* oder *die Anstrengung*, das nicht auf der Stelle bleiben Wollen wie bei ½, sondern einen Schritt weiterzugehen.

Wenn wir etwas erreichen wollen, müssen wir uns anstrengen. Unser Ziel erreichen wir am besten dadurch, dass wir uns zunächst in Frage stellen (negieren)und überlegen, was wir ändern müssen, um zu unserem Ziel zu gelangen. Oft ist es aber auch so, dass wir uns anstrengen und uns erst einmal von unserem Ziel entfernen, obwohl wir darauf hin arbeiten.

Ich möchte dieses Buch schreiben, damit ich mit anderen Menschen über seinen Inhalt reden kann. Um dieses Buch zu schreiben, muss ich aber darauf verzichten, mit anderen Menschen darüber zu sprechen, damit ich es schreiben kann. Denn wenn ich schreibe, kann ich nicht gleichzeitig mit jemand reden. Ich bin ins Gespräch mit mir vertieft.

Allgemein gilt für die Bedeutung von Zahlen, dass die Multiplikation die Eigenschaften verknüpft. Also:

2	*Streben nach*
2 · 2	*doppeltes Streben nach = Anstrengung*
2 · 2 · 2	*größere Anstrengung*

Die 2er Potenzen haben etwas mit zunehmender Anstrengung zu tun.
In der Kombination mit anderen Zahlen bringen sie immer den Aspekt der Mühe, dem Streben nach, der Anstrengung mit.

2 · 3	*Streben nach Freude*
3 · 2	*mit Freude Streben*

Die Sechsheit

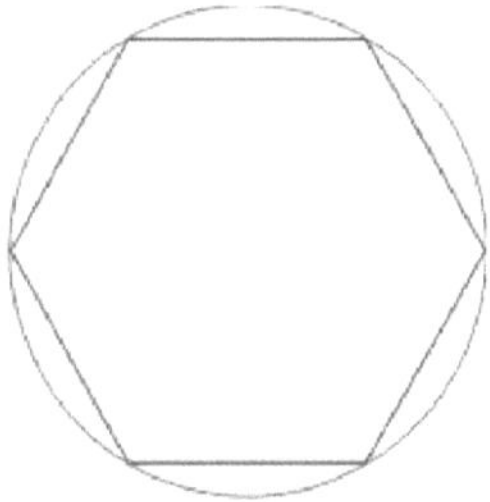

6 ist nach 4 die zweite Zahl, die aus der Multiplikation entstehen kann als 2 · 3 oder 3 · 2. Die Teilung des Halbkreises durch die 3 wird verdoppelt zur 6-Teilung des ganzen Kreises, 2π. Es ist also nicht verwunderlich, dass das Sechseck aus 6 gleichseitigen Dreiecken zusammengesetzt ist. Radius und Kantenlänge sind gleich, ihre Länge ist 1.

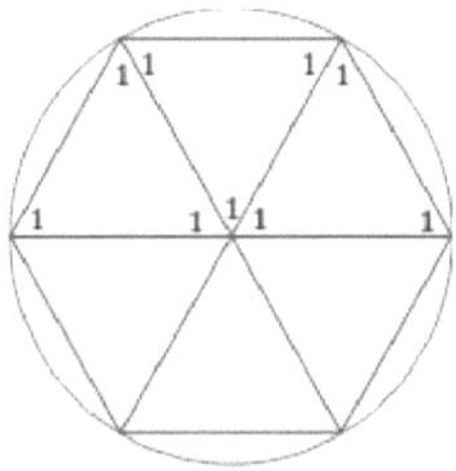

Anders als im Dreieck gibt es jetzt 3 Diagonalen, Oppositionen, die die Spannung, das Streben der Zweiheit, mitbringen.

Die Summe der Winkel ist (n-2) · 180° = 720°

720° : 6 = 120° der doppelte Dreieckswinkel ist der Sechseckswinkel

Es gibt 2 Arten von Diagonalen: Es wird ein Punkt übersprungen oder es werden 2 Punkte übersprungen beim Abschreiten des Sechsecks. Überspringt man 2 Punkte, entstehen die 6 Dreiecke und die 3 Oppositionen: 3 · 2

Überspringt man 1 Punkt, entsteht ein Dreieck und eine zweite Dreiheit von Punkten formt ein um 180° gedrehtes Dreieck: 2 · 3

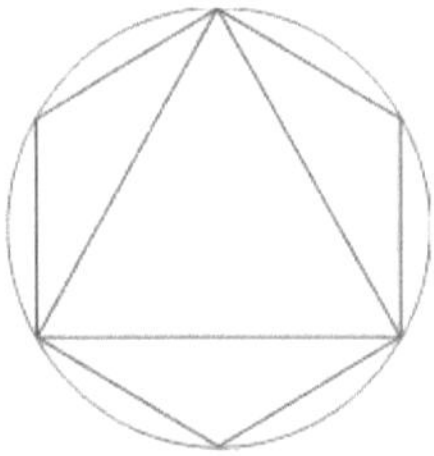

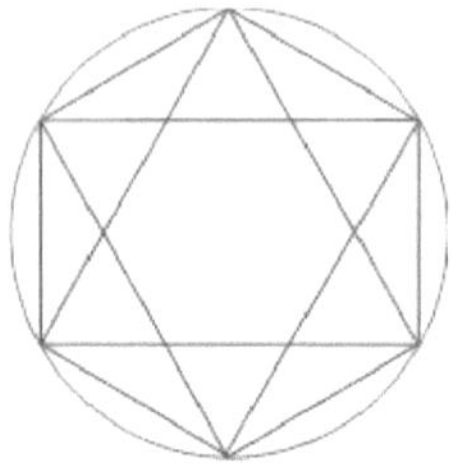

Zusammen sind sie als Figur des Davidsterns bekannt. Die Bedeutung des Dreiecks mit der Spitze nach oben ist das geistige Dreieck, das mit der Spitze nach unten das physische Dreieck. Sie sind beide im gemeinsamen Mittelpunkt zentriert. Es soll ein Abbild des Menschen sein. Das Geistige dringt in das Körperliche durch und umgekehrt. Ein Ausdruck von Harmonie.

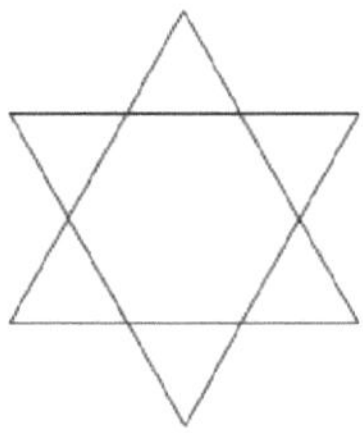

Die 3 Diagonalen, die 2 Punkte überspringen, teilen den Sechseckwinkel in 120° : 2 = 60° der 6 Dreiecke.
Die Diagonalen, die nur 1 Punkt überspringen, teilen diesen Winkel wieder in 2, also 60° : 2 = 30°.

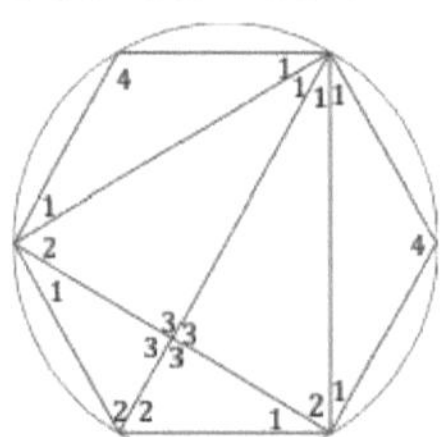

Aus diesem Winkel lassen sich alle Figuren, die im Sechseck enthalten sind, ableiten:

Das Sechseck selbst hat dann 4 · 30°,
das gleichseitige Dreieck 2 · 30°,
die Raute 2 · 30° und 4 · 30°,
das gleichschenkelige Dreieck 1 · 30° und 4 · 30°,
und das rechtwinklige Dreieck 1 · 30°, 2 · 30° und 3 · 30°.

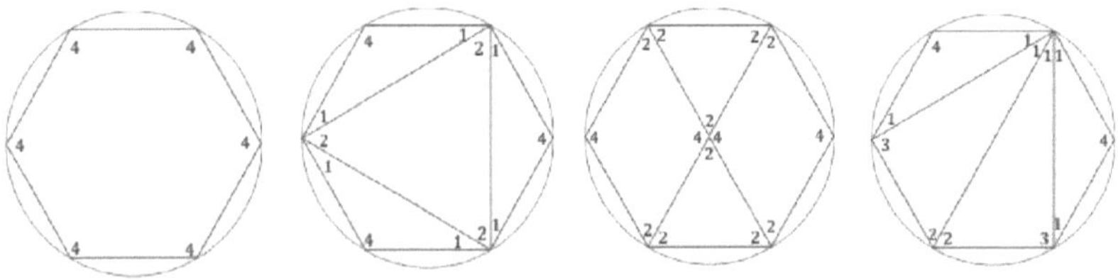

Dies entspricht auch wieder genau den Summendarstellungen der 6 als:

3 + 3
2+2·2
2+2+2
1+2+3
1+2·2+1

und zeigt die Winkel in den 3 enthaltenen Dreiecken.

Die dritte Dreieckszahl hat natürlich 3 Darstellungen im 3er Takt.

Die 2-Summanden Darstellung wird wieder zum Nenner als Teilung von π und die 3-Summanden Darstellung zum Zähler:

$$\frac{2}{3+3}+\frac{2}{3+3}+\frac{2}{3+3}$$ das gleichseitige Dreieck

$$\frac{1}{3+3}+\frac{2\cdot 2}{3+3}+\frac{1}{3+3}$$ das gleichschenkelige Dreieck

$$\frac{1}{3+3}+\frac{2}{3+3}+\frac{3}{3+3}$$ das rechtwinkelige Dreieck

Das Sechseck parkettiert die Fläche, d.h. aneinander gelegt füllen die Sechsecke die unendliche Fläche. Krümmt man diese Fläche, werden die planaren Dreiecke (Sechsecke) zu hyperbolischen (gekrümmten) Dreiecken und die Fläche schließt sich zur Kugel.

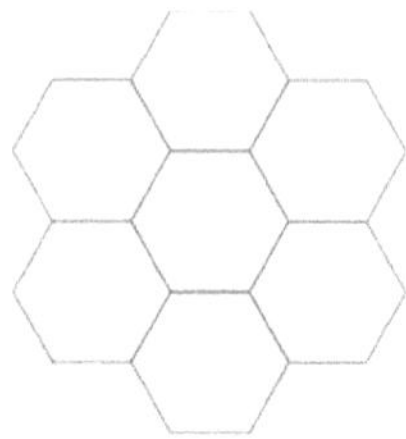

Erste vollkommene Zahl
Eine natürliche Zahl n wird vollkommene Zahl (auch perfekte Zahl) genannt, wenn sie gleich der Summe $\sigma \cdot (n)$ aller ihrer (positiven) Teiler außer sich selbst ist.
Die positiven Teiler von 6 sind 1, 2, 3. Sie ist die vollkommenste der vollkommenen Zahlen, da sogar das Produkt all ihrer Teiler zu ihr selbst wird:

$$6 = 1 + 2 + 3 = 1 \cdot 2 \cdot 3$$

Eine äquivalente Definition lautet:
Eine vollkommene Zahl n ist eine Zahl, die halb so groß ist wie die Summe aller ihrer positiven Teiler (sie selbst eingeschlossen), d. h. $\sigma(n) = 2n$.

$$1+2+3+6=2\cdot 6$$

$$\frac{1+2+3+6}{2}=\frac{12}{2}=6$$

Schon in der griechischen Antike waren vollkommene Zahlen bekannt, ihre wichtigsten Eigenschaften wurden in den Elementen des Euklid behandelt. Alle geraden vollkommenen Zahlen enden auf 6 oder 8.
Wikipedia
Alle vollkommenen Zahlen sind Dreieckszahlen.

Vollkommene Zahlen waren immer wieder Gegenstand zahlenmystischer und numerologischer Deutungen. Die mittelalterliche Auslegung der biblischen Schöpfungsgeschichte ist ein Missbrauch der Zweiheit und Dreiheit zu machtpolitischen Zwecken. Die Entstehung des Seins dem alten Mann Gott zuzuschreiben, der etwas an einem Tag, dann an 2 Tagen und dann an 3 Tagen geschaffen hat, um am siebten Tag auszuruhen, ist auf das mathematische Verständnis der ungebildeten Bevölkerung zugeschnitten und dazu geeignet, den Machtanspruch der Kirche durch Wissensvorsprung zu rechtfertigen. Wahrlich kein Akt der Nächstenliebe.

Alle bekannten vollkommenen Zahlen sind gerade und von Mersenne-Primzahlen abgeleitet. Es ist unbekannt, ob es auch ungerade vollkommene Zahlen gibt.

Bereits Euklid stellte fest, dass sich die ersten vier vollkommenen Zahlen aus dem Term

$$2^{k-1}(2^k - 1)$$

durch Belegen von k mit geeigneten Zahlen ergeben:

Für k = 2: $2^1(2^2 - 1) = 6 = 1 + 2 + 3$

Für k = 3: $2^2(2^3 - 1) = 28 = 1 + 2 + 4 + 7 + 14$

Für k = 5: $2^4(2^5 - 1) = 496 = 1 + 2 + 4 + 8 + 16 + 31 + 62 + 124 + 248$

Für k = 7: $2^6(2^7 - 1) = 8128 = 1 + 2 + 4 + 8 + 16 + 32 + 64 + 127 + 254 + 508 + 1016 + 2032 + 4064$

Euklid bewies, dass $2^{k-1}(2^k - 1)$ immer dann eine vollkommene Zahl ist, wenn $2^k - 1$ eine Primzahl ist. Dies sind die sogenannten Mersenne-Primzahlen. Fast 2000 Jahre später konnte Leonhard

Euler beweisen, dass auf diese Weise alle geraden vollkommenen Zahlen n erzeugt werden können:

Gerade vollkommene Zahlen und Mersenne-Primzahlen sind einander umkehrbar eindeutig zugeordnet.

Daran sieht man, wie lange der Mensch braucht, um in die Geheimnisse des Unendlichen auch nur ein Stückchen vorzudringen. In den letzten 300 Jahren haben wir zwar 7-Meilen-Stiefel angezogen, dabei aber auch das Gespür für Sinnstrukturen und die Bedeutung der Konstrukte verloren, da alles Forschen dem Quantitativen untergeordnet war.
Bis zum Januar 2019 waren 51 Mersenne-Primzahlen bekannt.

Primzahlen sind immer noch das große Mysterium, auch wenn wir schon einiges mehr über sie wissen. Es gibt unendlich viele! Sie sind nicht aus einem System zu erschaffen, d.h. es gibt keine Formel, um sie zu erzeugen. Und dennoch sind sie die Bausteine der natürlichen Zahlen und entfalten sich auf eine sinnvolle unregelmäßige Art. Jeder Baustein hat eine eigene Qualität, der nur durch ihn zur Geltung kommt, oder anders ausgedrückt, jede Primzahl hat einen eigenen Charakter, eine eigene Bedeutung.
Jede Zahl, die nicht selbst Primzahl ist, lässt sich eindeutig, nur auf eine Weise, in Prim-Faktoren, eine Multiplikation von Primzahlen, zerlegen. Wiederholungen sind dabei erlaubt und werden in Potenzen geschrieben. Je höher die Potenz, desto stärker ist die Wirkung des Faktors.

Um also die Bedeutung der Zahlen zu verstehen, ist es wichtig ihre Primfaktoren, die Primzahlen selbst zu verstehen, da ihre multiplikative Verknüpfung einer Verknüpfung der Eigenschaften entspricht. Die ersten 3 Primzahlen - 1, 2 und 3 - und ihre Verknüpfungen wurden bereits ausführlich besprochen.
Innerhalb der Ziffern gibt es noch zwei weitere: 5 und 7.
In ihnen wiederholt sich auf einer neuen Stufe das Spiel von 2 und 3. Die 5 hat eine Verwandtschaft mit der 2, die 7 mit der 3.

Ihren Bedeutungen auf die Spur zu kommen und einen Weg zu finden, die weiteren Primzahlen zu verstehen, wird Aufgabe der nächsten Kapitel sein.

Fünfheit 1

Wie sich Fünfheit aus Zweiheit und Dreiheit entwickelt, versteht man am besten, wenn man sich die Summe 2 + 3 ansieht, den puren Rhythmus. Um die Zweiheit dieser Summe zu verstehen, war es notwendig, dass Zweiheit und Dreiheit ein eigener Puls sind. Jetzt findet eine Durchdringung statt. Die Dreiheit (Triole) schwingt nicht mehr in ihrem Tempo, dem dreifachen Puls der Einheit, sondern als Dreiheit im 2-fachen Puls der Zweiheit, in Achteln. Dabei hat die Zweiheit sich zu einer Dreiheit mit ihrem Tempo ausgedehnt. Sie schwingt jetzt in einer Dreiheit (von Schlägen). Es entsteht ein 5er Puls abwechselnd in 2 und 3 Schlägen im Tempo des 2er Taktes.

Wenn man den 5er Takt mit 2 Händen (l,r) abwechselnd klopft, ergibt sich die Verteilung der Betonungen:

```
   >  >         >  >
|: l r l r l | r l r l r :|
```

Dann versteht man, warum wir den 5er Rhythmus immer in Einheiten von 2 Takten als rund empfinden. Um etwas analytisch zu verstehen, müssen wir es auf eine Zweiheit reduzieren können. Wir lieben eben die Symmetrie.

π, der Halbkreis, wird in 5 Teile geteilt, die in Schrittgruppen von 2 und 3 gegangen werden.

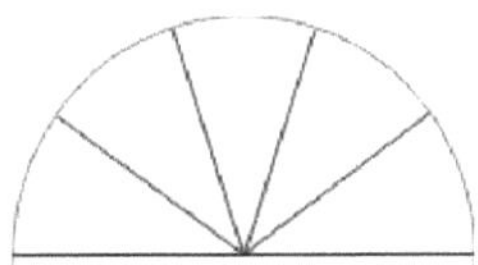

Erst wenn die Polarität erneut gewechselt hat, ist das Streben beendet. Deswegen bedarf es 2π, oder den ganzen Kreis, der nun eine Zweiheit von Einheiten von Zweiheit und Dreiheit ist.

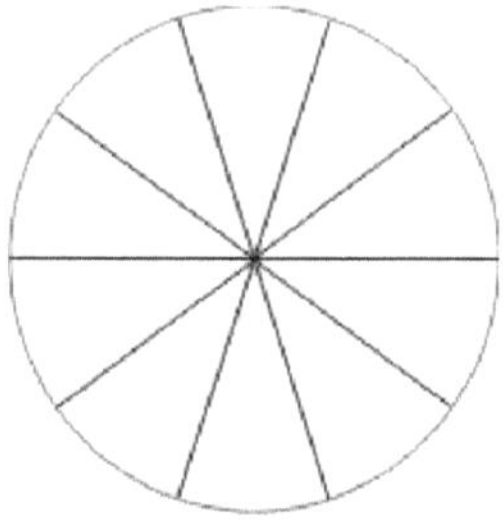

Laufen wir dieses Rad in 2er Schritten ab, überspringen wir immer einen Punkt und nach einer Umrundung haben wir ein Fünfeck beschrieben. Es sind aber noch 5 Punkte übrig, die auch mit einer Umrundung ein Fünfeck ergeben, das aber anders orientiert ist.

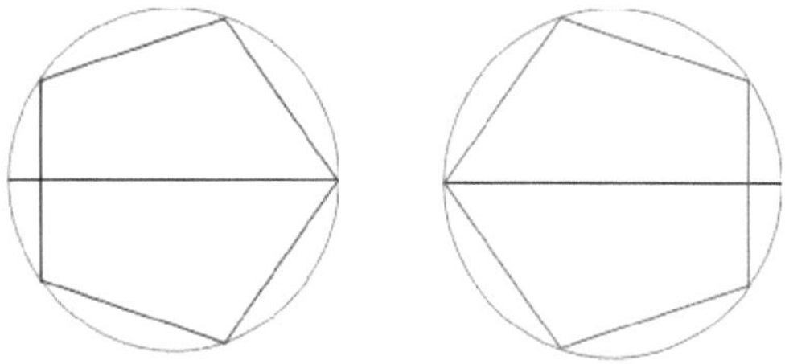

Umrundet man dieses Rad in 3er Schritten, überspringen wir dabei immer 2 Punkte. Nach 3 Umrundungen haben wir die Figur des Zehnecksterns beschrieben.

Die Dreiheit beschreibt also die Verdopplung der Zweiheit in der Fünfheit, die Zehnheit.

Unsere beiden Hände sind ein gutes Beispiel für die Zweiheit der Fünfheit:
Eine Zweiheit von Fünfheiten, zusammengesetzt aus einer Zweiheit und einer Dreiheit von Fingern. Daumen, Zeige- und Mittelfinger bilden dabei die greifende Dreiheit. Die Dreiheit teilt sich wieder in $1 + 2$, Daumen und Zeige- und Mittelfinger.
Eine andere stabile Dreiheit ist Daumen, Zeigefinger und kleiner Finger. Das Gewölbe der Hand ist stabil. Die eingeschlossene Zweiheit, von Mittel- und Ringfinger zeigt sich auch darin, dass die beiden Sehnen zusammenlaufen. Die Teilung der Hand in Daumen und 4 Finger entspricht $1 + 2 \cdot 2$.

Die Spreizung der Hand zwischen Daumen und kleinem Finger ist maximal $180° = \pi$, und die gespreizten Finger teilen den Halbkreis in 5 Teile.

Die geometrische Figur der Fünfheit ist also doppelt. Es sind 2 Fünfecke oder Pentagone, deren Diagonalen jeweils einen Stern, das Pentagramm, formen.

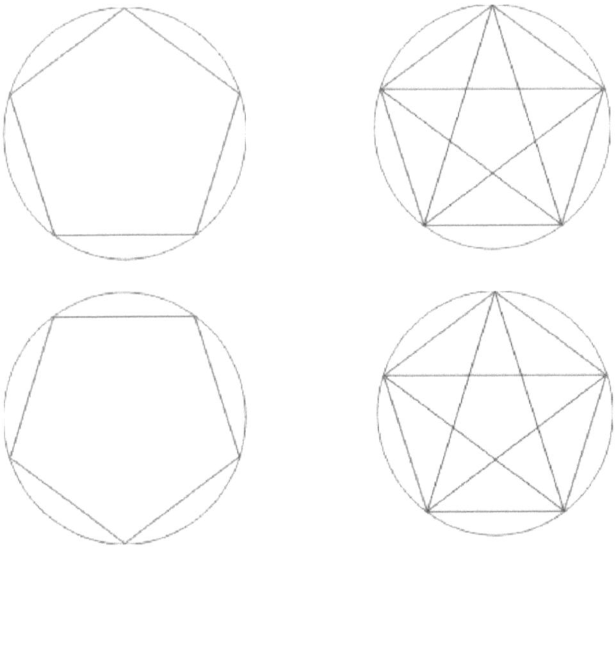

Um die Diagonalen im Fünfeck zu bilden, muss man immer einen Punkt überspringen oder zwei in der anderen Richtung.
Man geht in die Richtungen + oder -, also +2 oder -3 Schritte, oder -2 oder +3 Schritte. Nach 5 solcher Schritte ist man wieder am Ausgangspunkt.
Im 2er Takt (2 Schritte) sind es 2 Umrundungen des Fünfecks, im 3er Takt (3 Schritte) sind es 3 Umrundungen.

Alle n-Ecke mit ungerader Eckenzahl n bilden mit den Diagonalen Sternfiguren. Ihr Zentrum ist leer, wie beim Dreieck. Das Dreieck selbst ist die einfachste Sternfigur.

Die Sternfiguren verkleinern die n-Eckfigur nach innen und die mit geradzahliger Schrittzahl drehen sie dabei um 180°.
Dies kann man unendlich oft wiederholen und gelangt in der Unendlichkeit zum Punkt, der eine Polare Bewegung hat, das Umkehren der Figuren.

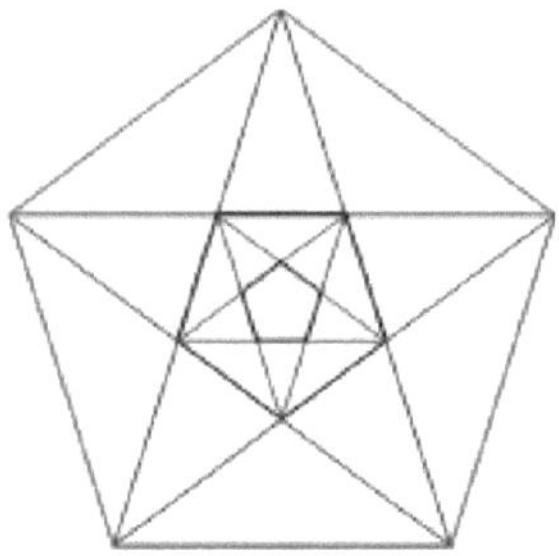

Die Diagonalen oder der 5-Eckstern (Pentagramm) spaltet die Figur des Fünfecks. Das Spalten ist Negation, Teilen. Das Fünfeck wird in 11 Teile von 3 Sorten (2 Dreiecke, 1 Fünfeck) gespalten. Es entstehen 5 · 2 Dreiecke, 2 verschiedene Dreiecke jeweils 5 mal, und ein verkleinertes 5-Eck, das um π, eine halbe Umdrehung, gedreht ist.
Im neuen Fünfeck sind die Diagonalen dann auch gedreht. Es ist also eine doppelte Drehung nötig, um zum 2-fach verkleinerten Fünfeck zu gelangen, das wieder die gleiche Ausrichtung hat.

Die Diagonalen teilen den Winkel des Fünfecks in 3 gleich große Winkel.

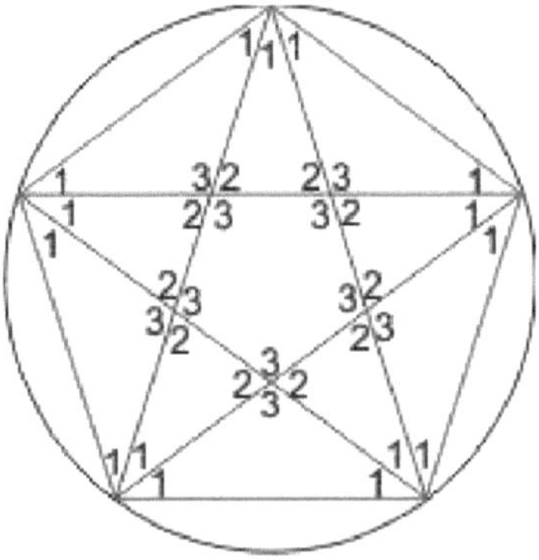

Durch die 2 Überschneidungen der Diagonalen durch andere Diagonalen entstehen zwei Arten von Dreiecken.
Der Fünfeckwinkels ergibt sich aus der Summe aller Winkel

$$\frac{n-2}{n}\cdot 180° = \frac{5-3}{5}\cdot 180° = \frac{540°}{5} = 108°$$

Die Drittelung des Fünfeckwinkels von 108° in 36° ist nun die Einheit, aus der alle Winkel der beiden verschiedenen Dreiecke entstehen. Sie entsprechen der 3 Summanden Darstellung der 5:

$1 + 3 + 1 \qquad\qquad 2 + 1 + 2$

Der Halbkreis π wird in 5 Teile geteilt zu je 36°, und dieser Winkel wird mit den Faktoren 1, 2, 3 versehen.
Die Winkel sind 36°, 72° und 108° oder $\frac{\pi}{5}$ entspricht 36°:

$1\cdot\frac{\pi}{5}$, $2\cdot\frac{\pi}{5}$ und $3\cdot\frac{\pi}{5}$

$$\frac{1}{2+3}+\frac{3}{2+3}+\frac{1}{2+3} \qquad \frac{3}{2\cdot 2+1}+\frac{1}{2\cdot 2+1}+\frac{3}{2\cdot 2+1}$$

So wie die Zweiheit sich im Rhythmus zur Dreiheit ausgedehnt hat und die Dreiheit sich des Tempos der Zweiheit angenommen hat in der gegenseitigen Durchdringung, ist die Verteilung der Exponenten der beiden Faktoren 2 und 3 bei 36 gleich. Sie sind gleich stark und symbolisieren die Ausgeglichenheit der Stärke des jeweiligen Einflusses:

$2^2 \cdot 3^2 = 36$

Bei 72 sind 2 und 3 Anzahl mäßig ausgewogen vorhanden:

$2^3 \cdot 3^2 = 72$

ebenso bei 108

$2^2 \cdot 3^3 = 108$

Fibonacci-Reihe

Nun sind die 3 2er Takt Summen der Ziffern 2, 3, 5

1 + 1 = 2
1 + 2 = 3
2 + 3 = 5

die ersten 3 Zahlen und Rechenoperationen der Fibonacci-Reihe.

Die 3 tendiert dazu sich zu verdreifachen, in diesem Fall, das begonnene Prinzip fortzusetzen, immer die beiden letzten Zahlen zu addieren. Also:

3 + 5 = 8
5 + 8 = 13
8 + 13 = 21

13 + 21 = 34
21 + 34 = 55
34 + 55 = 89

Eine Manifestation dieses Prinzips findet sich z.B. in der Sonnenblume. In der Anordnung der Sonnenblumensamen in 2 entgegengesetzten Spiralen vom Zentrum auswärts entspricht die Anzahl der Samen in der Regel 55 in der einen und 89 in der anderen Richtung. Insgesamt also $144 = 12^2$, der zwölften Fibonaccizahl. $2^2 \cdot 3^2 \cdot 2^2 = 144$

Dieses Erzeugungsprinzip (der Addition der beiden letzten Zahlen) ist unendlich.
Das Verhältnis zweier aufeinander folgender Fibonaccizahlen ist im Unendlichen φ, genannt der Goldene Schnitt.

φ entsteht, wenn man die kleinere durch die größere Zahl teilt, z.B. 55 : 89 = 0,617977… oder 144 : 89 = 0,61805555… , und

Φ entsteht , wenn man die größere durch die kleinere Zahl teilt, z.B. 89 : 55 = 1,618181818… . 144 : 89 = 1,6179775280898876 …

Dabei ist φ der Kehrwert von Φ und umgekehrt:

$$\varphi=\frac{1}{\Phi} \quad \text{und} \quad \Phi=\frac{1}{\varphi}$$

Beide Wege nähern sich der mathematisch exakten Formulierung

$$\frac{1}{2}+\frac{5^{\frac{1}{2}}}{2}=\frac{1+\sqrt{5}}{2}=\Phi \quad = 1{,}6180339887498948482045868343\ldots$$

oder dem Kehrwert $\frac{1}{\Phi}=\varphi$

$$\frac{2}{1+\sqrt{5}}=\varphi \quad = 0{,}6180339887498948482045868343\ldots$$

in kleiner werdenden Wellenbewegungen von drüber und drunter immer mehr an. Im Unendlichen ist der Wert exakt.

Φ hat viele wunderbare Eigenschaften. Neben der Kehrwertrelation

$$\frac{1}{\Phi}=\varphi \quad \text{und} \quad \Phi=\frac{1}{\varphi} \quad \text{gilt} \quad \varphi=\Phi-1 \quad \text{und} \quad \Phi-\varphi=1 \quad .$$

Die Potenzen von Φ, insbesondere die zweite Potenz, ist sehr wichtig in den Wachstumsformen in der Natur.

$\Phi^2 = \Phi + 1 =$ 2,6180339887498948482045868343...

$\varphi^2 = 1 - \varphi =$ 0,38196601125010515179541316563436

In der Kreisteilung $\frac{2\pi}{\Phi^2}$ entsteht der Winkel von

360° : Φ^2 = 137,50776405003785464634873962837... °.

Er ist in optimaler Weise geeignet in Spiralformen die Verteilung von Blättern (in Blüten) oder Zapfen (Samen) in Tannenzapfen, etc. so zu gestalten, dass alle Blätter gleich viel (Sonnen-)Licht und Wasser abbekommen. Die Vielfachen dieses Winkels überlagern sich und in die Lücken wachsen die neuen Blätter in der nächsten Umdrehung der Spirale.
Weil Φ eine transzendente Zahl ist, also unendlich lang ohne Wiederholung eines Musters (Periode), wird nie ein Blatt an der gleichen Stelle wie ein anderes erscheinen.

Eine transzendente Zahl unterscheidet sich von einer irrationalen dadurch, dass sie nicht durch eine mathematische Operation erzeugt werden kann. $\sqrt{2}$ ist irrational, da sie durch die Operation des Wurzelziehens entsteht. φ lässt sich so nicht erzeugen.

Die Diagonalen teilen sich gegenseitig. Nicht wie die Diagonalen im Viereck oder Sechseck durch einfache Division in Längen von $\frac{1}{2}$, $\frac{1}{3}$ oder $\frac{1}{6}$, sondern in der Proportion des Goldenen

Schnitts. Es ist die stete Teilung, sodass immer die Proportion der Streckenverhältnisse erhalten bleibt.

Φ verhält sich zu 1, wie 1 zu φ und φ zu φ^2, etc.

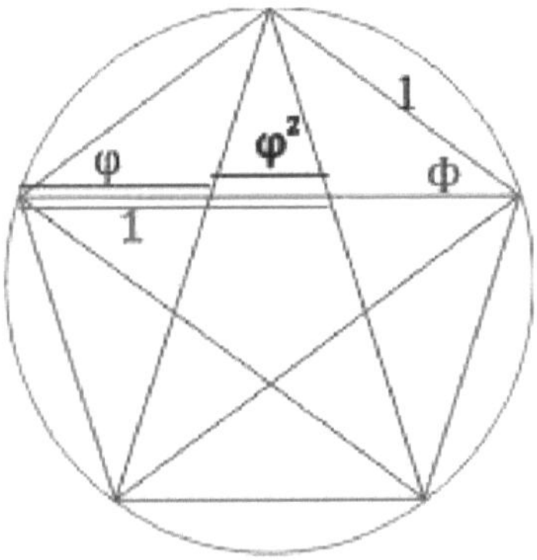

Die 5 Teilung des Halbkreisbogens π mit dem Radius 1 ergibt als Entfernung auf der X-Achse senkrecht darunter, dem Cosinus von $\frac{\pi}{5}$, genau die Hälfte von Φ.

$$\cos\frac{\pi}{5}=\frac{\Phi}{2} = 0{,}80901699437494742410229341718 28$$

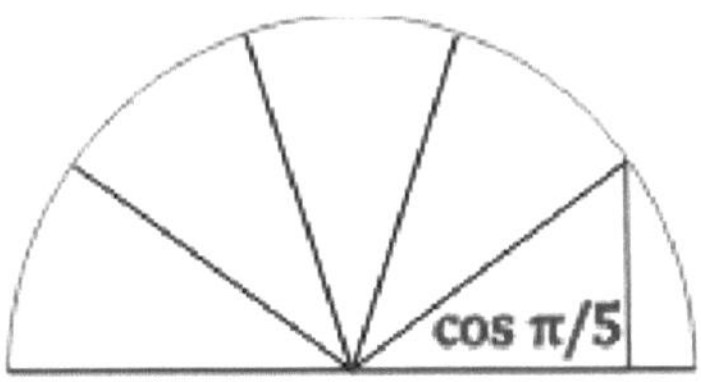

Φ bezieht sich auf den ganzen Kreis, während π sich auf den halben Kreis bezieht.

Bei allen Lebewesen, die Extremitäten mit 5 Gliedern haben, ist ein Bewusstsein über die Fünfheit vorhanden. Wenn auch sehr unterschiedlich. Es ist davon abhängig, wie gut der „Daumen“ unabhängig von den anderen Gliedern entwickelt ist. Bei Hunden ist er nur eine Art Fortsatz, bei Affen ist er bereits ein richtiges Greifwerkzeug.

Die Natur kommt auch ohne den numerischen Wert der 5 zu kennen zum Goldenen Schnitt und bringt komplexe Formen damit hervor. Wir empfinden diese Proportion als schön. Sie ist mehrfach in unserem Körperbau enthalten. Dies zeigt wieder einmal, dass wir Teil der Natur sind, was wir so gerne vergessen.

Die Verbindung der 2 mit der 5 ist numerisch im natürlichen Bewusstsein, das aus 1, 2, 3 und den Verknüpfungen entsteht, entweder 6 oder 8, da die 5 nicht als eigener Puls bekannt ist und nur 4 summarische Darstellungsmöglichkeiten mit 1, 2, 3 hat. Ihr numerischer Wert ist also 4. Genauso geht es der 7, die nur den numerischen Wert 6 hat, der aber schon die höchste Einheit aus 1, 2, 3 ist.

Fünfheit 2

Die Fünfheit hat also mit der Gestaltung von Form zu tun.
Als Wachstumsfolge ausgedrückt durch die Fibonacci-Reihe und als Binnenstruktur die stete Teilung. Die Zerlegung eines ungeraden n-Ecks durch die Diagonalen in 2 verschiedene Dreiecke mit verschiedenen Winkeln und Streckenlängen und ein kleineres umgekehrtes Fünfeck ist ebenso Formgestaltung wie die Teilung des Kreises mit dem Winkel von Φ^2, der gleichmäßigen Verteilung.

Der Übergang zum Verständnis der 5 als eigener Puls, eine Verfünffachung des Tempos und damit der Frequenz, die als neuer Ton zu Grundton (1), Oktaven (2) und Quinten (3) nun hinzukommt, die Durterz* (5), ist charakterisiert von der Dominanz dieser Durterz gegenüber den anderen Tönen. Sie

überstrahlt sie nicht nur mit ihrem Charakter sondern auch in der Höhe. Sie liegt über der zweiten Oktave.
Dies entspricht auch dem mentalen Inhalt, oder der Bedeutung der Zahl 5. Das Bewusstsein über die Fähigkeit Form zu schaffen dominiert die anderen Bewusstseinsformen. Das Schaffen von Werkzeugen, um Ziele zu erreichen - das Streben zu befriedigen – ist Ausdruck dessen, ebenso wie das Dominanzgehabe gegenüber anderen. In der Primatenwelt finden wir diese Verhaltensmuster bereits.

Dass 5 und 2 eine enge Verwandtschaft haben, zeigt sich nicht nur in der Zweiheit von 5-Ecken. Die bewusste Entscheidung für eine der beiden Formen hat mit einem Lernprozess zu tun. Das „try and error - Prinzip“ führt über das Erinnern und Abstrahieren zur bewussten Entscheidung über die Form. Die 2, das Bewusstsein, hat jetzt neben der 3 als Form die 5 als Möglichkeit, Form zu gestalten. Dazu bedarf es aber der Mühe, dem Streben zur Entscheidung, dem Urantrieb der 2, das ½.

Dabei ist die Gestaltung von Form noch an keinerlei Sinn gebunden. Lediglich die Entscheidung für eine der beiden Möglichkeiten (5-Ecke) kann getroffen werden.

Die beiden Zahlen und ihre Potenzen sind im Dezimalsystem über ihre Kehrwerte verbunden. Es sind die beiden einzigen Ziffern, die im Kehrwert keine Periode bilden.

$1 : \mathbf{2} = \mathbf{0{,}5} = 5 \cdot 10^{-1}$ und $1 : \mathbf{5} = \mathbf{0{,}2} = 2 \cdot 10^{-1}$
$1 : \mathbf{2^2} = \mathbf{0{,}25} = 5^2 \cdot 10^{-2}$ und $1 : \mathbf{5^2} = \mathbf{0{,}04} = 2^2 \cdot 10^{-2}$
$1 : \mathbf{2^3} = \mathbf{0{,}125} = 5^3 \cdot 10^{-3}$ und $1 : \mathbf{5^3} = \mathbf{0{,}008} = 2^3 \cdot 10^{-3}$
etc.

Formgestaltung und Bewusstsein sind also in einer 2-wertigen Logik von ja und nein verbunden.

Der Übergang zum Verständnis der 5 als eigener Puls, der den numerischen Wert der 5 mit den 5 summarischen Darstellungen ermöglicht, bringt nun auch die Möglichkeit 3 verschiedene Faktoren miteinander zu kombinieren. Die 1 ist ja der Maßstab, auf den sich alles bezieht und der deswegen die Multiplikation nicht verändert. Daher gab es bisher nur die Faktoren 2 und 3, auch wenn es sie mehrfach gab.
Mit 2, 3, 5 und ihren Potenzen lassen sich ganz andere Zahlen als bisher nur mit 2 und 3 erzeugen.
Dabei spielt die Reihenfolge der Faktoren eine Rolle für die Bedeutung. Es gibt einen Multiplikanten und zwei Multiplikatoren, deren Reihenfolge getauscht werden kann. Es entstehen also immer 3! = 6 Möglichkeiten.

60 ist eine interessante erste Zahl, in der sich die Faktoren mischen und die den Übergang zur Bewusstheit der 5 deutlich zeigt. Die verschiedenen ableitbaren Bedeutungen oder Eigenschaften, die sich daraus ergeben, zeigen deutlich, wie sich die Tierwelt langsam zur geistigen Menschenwelt entwickelt. Es sind aber auch die Grundpfeiler menschlichen Verhaltens, die meist unreflektiert sind und dem angestrengten Streben, 2^2, Ausdruck verleihen. Die 3 wird als mentale Eigenschaft zum Genuss, der *Freude* am Leben in der Symbiose ohne das vordergründige Streben der 2.

$60 = 2^2 \cdot 3^1 \cdot 5^1$ oder $3 \cdot 4 \cdot 5$

Die neuen 8 Zweierkombinationen sind:

$2 \cdot 5 =$ *das Streben zur Formgestaltung.*

$5 \cdot 2 =$ *die Formgestaltung des Strebens.*

$3 \cdot 5 =$ *Freude an der Formschaffung (Kreativität)*

$5 \cdot 3 =$ *Formschaffung der Freude (Vergnügen)*

$3 \cdot 4 =$ *Die Freude der Anstrengung (Kraft)*

$4 \cdot 3 =$ *Die Anstrengung zur Freude (Symbiose)*

$4 \cdot 5 =$ *Die Anstrengung in der Formschaffung (Bewegung mit Bewusstheit, der aufrechte Gang)*

$5 \cdot 4 =$ *Die Formschaffung der Anstrengung (Formschaffung für Anstrengung, Arbeit)*

Die 6 Dreierkombinationen sind:

$3 \cdot 4 \cdot 5 =$ *Freude in der Anstrengung der Formschaffung (Konstruieren, Werkzeug)*

$4 \cdot 3 \cdot 5 =$ *Anstrengung in der Freude Form zu schaffen (Kreativität)*

$3 \cdot 5 \cdot 4 =$ *Freude an der Formschaffung der Anstrengung (Arbeit, arbeiten lassen, Macht, Sport)*

$5 \cdot 3 \cdot 4 =$ *Formschaffung mit Freude sich anzustrengen/zu kämpfen (Waffen, Krieg)*

$4 \cdot 5 \cdot 3 =$ *Anstrengung in der Formschaffung der Freude (Balzen)*

$5 \cdot 4 \cdot 3 =$ *Formschaffung in der Anstrengung der Freude (Sex, Orgasmus)*

Zehnheit

Die Dreiheit umfasst die Zweiheit der Fünfheit in 3 Umrundungen (6π) als Einheit im Zehneckstern.
Man kann die doppelte oder gespaltene Fünfheit auch als Einheit sehen unter Einbeziehung der Dreiheit. So wie die Zweiheit ihren

Gegenpol in der Dreiheit findet, der Symbiose als dritte Möglichkeit innerhalb des Zweiheitssystems von Überleben durch Töten oder Sterben, so ist die Zehnheit, die aus der 5 mit der 3 entsteht, eine andere Formgestaltung, die aber an das Natürliche anbindet.

Gotthardt Günther, ein Philosoph und Logiker, hat in seinem Text „Axiomatik der Totalen Rationalität“ die 2-wertige Logik schlüssig zur unendlichen Reflexion geführt und von dort zu der Reflexion ins Unendliche. Als notwendige Konsequenz entwickelt er aus der aristotelischen Logik, einer Logik des Seins, der Ontologie, ihre Negation, die meontische Logik und kommt zu einer zwingenden verblüffenden Konsequenz.
Er referenziert dabei auf die Anfänge aller Zweiwertigkeit, wie sie hier anfangs beschrieben wurde und entwickelt sie konsequent bis an ihre Grenzen, die klar über das 2-wertige System hinausreichen.

Sein in Auszügen zitierter Text steht in Anführungszeichen „ “. Die zahlensymbolischen Entsprechungen wurden in Klammern an den entsprechenden Stellen eingefügt. Zunächst werden die zahlensymbolischen Entsprechungen seiner Begrifflichkeiten vorbereitet und zugeordnet, bevor der zitierte Text in Klammern kommentiert wird.

Axiomatik der Totalen Rationalität von Gotthardt Günther
im Zusammenhang mit den Zahlensymbolen
oder
die Struktur des Denkens (5) über das Bewusstsein (2), die zum Selbstbewusstsein (3) führt.

Mit „Totale Rationalität" ist hier die konsequente 2-wertige aristotelische Logik gemeint inklusive dem tertium non datur, dem Ausschluss eines Dritten. Diese Logik bezieht sich auf das Sein, die Erscheinung in der physischen Welt.

Für die Verknüpfung mit Zahlensymbolen ist es wichtig, sich über den Bezugsrahmen im Klaren zu sein.
Wir bewegen uns im Dezimalsystem, das auf der Multiplikation der Potenzen der beiden Primzahlen 2 und 5 basiert.

Es ist ein Erkenntnismittel, wenn man bereit ist zu invertieren und das Invertieren als Teil des Systems bereit ist zu akzeptieren. Dann zeigen sich Strukturen, die in den Zahlen verborgen sind.
Inversion ist Negation ' - ',
Die Negation der 1 ist -1.
Als Faktor invertiert die -1 jede Zahl in ihrer Funktion.

Als einfache Negation in der Addition negiert die -1 das Sein:
$1 - 1 = 0$,
als Vorzeichenumkehrer wirkt sie in der Multiplikation und als Divisor wirkt sie im Exponenten. Negativer Exponent bedeutet Kehrwert.

$5^1 \cdot 2^1 = 10^1$

Die Formgebung des Bewusstseins. (*nach außen gerichtet, Formerkenntnis, Formgestaltung*)

oder $2^1 \cdot 5^1 = 10^1$

Das Streben zur Form

Die Negation ist: $5^{-1} \cdot 2^{-1} = 10^{-1} = 0{,}1$

Die Formgebung des ins Sein reflektierten Bewusstseins. (nach innen gerichtet, Selbsterkenntnis, Selbstgestaltung)
Die Formgebung des Selbst, die Reflexionsidentität in der eigenen Formgebung.

Der Unvollständigkeitssatz (1931) (von Kurt Gödel) zeigt, dass kein genügend starkes formales System seine eigene Konsistenz beweisen kann.

Es gilt also die 2 als Symbol für das Bewusstsein in ihrer symbolischen Verknüpfung mit Denken (5) in einer 2-wertigen Logik zur 3, dem Selbstbewusstsein zu führen. Anders ausgedrückt geht es darum, die Systematik der 2 an die Grenzen des Systems der 2 zu führen und darüber hinaus.

Das Ziel ist das Selbstbewusstsein, das dem Bewusstsein ebenbürtig ist, da es aus ihm entstanden ist.

„Denken ist die thematische Inversion jedes reellen Selbstbewusstseins."

Von der Spaltung der 1 in 1 und -1, subjektives Erleben des Sinnlichen im objektiv sinnlichen Sein ist das Thema des (reflektierenden) Bewusstseins.
(Eigentlich ist dies bereits $-1^{1/2}$, die Negation mit der negierten 2 als Exponent, was aber erst später verstanden wird.)

Reflektion beginnt mit der Begriffsbestimmung (1), der Identität des zu Reflektierenden.
Das zu Reflektierende ist das Bewusstsein, die 2 als 1 + 1.
Das objektive Sein, die 1, ist per se positiv. Die subjektive Reflexion des Seins kann nur -1 sein, da das Bewusstsein nur das Sein reflektieren/abbilden kann.

Im Verhältnis zum objektiven Sein ist das Bewusstsein die ½.
Da sich das Subjekt (1) als Identität mit seinem Bewusstsein (2) aber auch als reell positiv erlebt und das Sein als Objekt (-1) betrachtet, das es in sich abbildet, reflektiert es sich selbst als Objekt (-1) im Sein (1).

Das Subjekt ist also sowohl Subjekt, als auch auch seine Negation Objekt, und das Bewusstsein des Subjektes ist sowohl 2 als auch seine Negation ½.
So ist die Reflexion des Bewusstseins in sich, 2 das Bewusstsein, die Negation der Reflexion des Bewusstseins ins Sein (½).
Mit der doppelten Negation wird der Widerspruch zur Identitätsbestätigung ausgeschlossen.
Das heißt, alle Reflexion bezieht sich auf das Gegenständliche, Physische, denn das objektive Sein ist die physische Erscheinung, die reell ist.

Nur im Verhältnis (der einfachen Negation) zum objektiven Sein ist das Bewusstsein (2) die ½, da der Widerspruch von der Subjektivität des Bewusstseins, das als Seiendes nicht negativ sein kann, sich gegenüber dem Sein, der +1, aber als -1 , als Objekt sehen muss, da es nur das gegenständliche Sein reflektieren kann, also als Negation von ½. Die Urteilstheorie schließt den Widerspruch mit der doppelten Negation aus. Das Denken ist Negation. Bewusstsein ist die Negation der Negation, die Negation des Denkens, da es sich auch ohne Denken erlebt.

Das Tertium non datur ist ein Drittes, das das Dritte ausschließt. Das Bewusstsein bleibt mit sich und dem Sein allein. Das bedeutet, dass das Thema nur die physische Welt sein kann, nicht aber eine geistige. Der Geist wird in der Physis verortet.

Die Reflexion in das Bewusstsein ist 2 · ½ , als Syllogismus (aus 2 Prämissen gezogener logischer Schluss vom Allgemeinen auf das Besondere) von Sein und Bewusstsein (und als Syllogismus von Sein und Nichtsein, 1 + -1 = 0). Aber auch die Reflexion der ½ (reflektiertes Subjekt) in die -1 (als Objekt), ist nur eine Reflexion des Seins (1). Das Bewusstsein ist Sein im Sein. Hiermit beginnt eine unendliche Iterationsmöglichkeit. Das Dritte ist wieder die Einheit, das Sein.

Der Satz vom (transzendentalen) Grunde, das Sein, die Methodenlehre der Verdopplung und ihrer Inversion der Halbierung kann wegen dem Tertium non datur nicht die 3, das Selbstbewusstsein bilden, sondern führt zurück zum Sein, der 1. Der Kreislauf ist geschlossen.

Diese unendliche Iterationsmöglichkeit des Kreislaufes führt zunächst zu den Potenzen und ihren Inversionen, als nächste Erkenntnisstufe. Der Kehrwert als Exponent ist ein iteratives Spaltungsmittel als Wurzelziehen, der Inversion des Potenzierens. Konsequenterweise entstehen neue Zahlen nach den Brüchen, die irrationalen Zahlen (√, log) und schließlich auch die komplexen Zahlen mit $i = (-1)^{1/2,}$ Quaternionen, etc.. Alles bleibt aber im 2-wertigen Modus stecken. Jedoch ist mit dem Erreichen von i eine dritte Iterationsstufe erreicht, die den Weg in die Unendlichkeit weißt.

Aber erst die Erkenntnis der unendlichen Summe als eigene (neue) Qualität der unendlichen Iteration bringt den Durchbruch im Denken.

Der menschliche Geist, der mit der Fünfheit, dem Denken, die Fähigkeit hat mit der Unterscheidung im 2-wertigen Logiksystem Formen denken und gestalten zu können, ohne dass die Formen Sinn machen müssen, dieses menschliche Denken kann aber Formen entwickeln, die das infinite Iterieren der Reflexion, das +1, – 1, + 1, – 1, … als Prinzip und damit als Sinnstruktur erkennen kann, indem es die unendlich Summe bildet.

Solange es im Endlichen betrachtet wird, gibt es 2 Werte: 1 und 0. Erst in der Unendlichkeit der Summe ergibt sich der neue Sinn ½ : es ist das schon bekannte Bewusstsein im Verhältnis zum

Sein, die erste unendliche Summe, die aus einer unendlichen Reihe gebildet wird, die das Streben der Polarität darstellt.
Nun gibt es eine abzählbare Unendlichkeit. Die Summe aller möglichen unendlichen Reflexionen ist die Identität des Reflektierenden, die es weiter zu bestimmen gilt.
Zahlensymbolisch ausgedrückt als:

$$\sum_{n=0}^{\infty}(-1)^n = 1-1+1-1+1-\ldots = \frac{1}{2}$$

Das Bewusstsein im Verhältnis zum Sein ins Unendliche (∞) reflektiert ist das zu Reflektierende, der Reflexionsbegriff, die Reflexionsidentität.
Dies ist der Anfang der meontischen Logik.

Mit Gotthard Günther ausgedrückt ergeben sich die Klammern mit den mathematischen Ausdrücken:

„ … , dass wir der unendlichen Reflexionstiefe (+1, – 1, + 1, – 1, + 1, …) des reflektierten Bewusstseins (½) dann begegnen, wenn wir eine Reflexion (-) auf das unmittelbare Bewusstsein (2), dessen endliche Reflexionstiefe (1+1) ganz fraglos ist, in unserem Geiste vollziehen. Mit diesem Gedanken der unendlichen Iterationsfähigkeit des reflektierten Bewusstseins haben wir uns aber bereits über die infinite Reihe der von der zweiten R-Stufe (= Reflexions-Stufe) ausgehenden Reflexionen erhoben und sie zum „Gegenstand“ einer Reflexion gemacht (Σ), die per definitionem dieser Reihe selbst nicht angehören kann. Der Inhalt dieser neuen Reflexion ist also *die Idee der Totalität der infiniten Folge der Iterationen* (und nicht selbst eine Iteration, auf die andere folgen könnten. ($\sum_{n=0}^{\infty}(-1)^n = 1-1+1-1+1-\ldots$)

Wir gewinnen mithin doch noch den Begriff einer dritten R-Stufe, die dadurch gekennzeichnet ist, dass sie sich die infinite Reihe der Iterationen (+1, – 1, + 1, – 1, + 1, …) , die auf die zweite R-Stufe folgt, zum Gegenstande macht und damit als ihr Thema die (objektiv) unendliche Tiefe des Selbstbewusstseins als reeller Existenz (1) betrachtet. In dieser Idee der Totalität (Σ) der introszendenten Unendlichkeit (n = 0 bis ∞), einer vor jedem Zugriff in immer tiefere Schichten der Reflexion zurückweichenden Subjektivität, reflektiert (-) das Selbstbewusstsein (½) auf sich selbst und definiert das Ich (1) als totale Selbstreflexion. ($\Sigma(-1)^n = ½$)"

$$\sum_{n=0}^{\infty}\left(\frac{1}{2}\right)^{n}=1+\frac{1}{2}+\frac{1}{4}+\frac{1}{8}+\ldots=2$$

Die Reflexion ins ∞ über die Reflexionsidentität des reflektierenden Bewusstseins in sich, ist die Summe aller unendlich vielen möglichen Reflexionen des Bewusstseins über das Bewusstsein und ist mit sich selbst, dem Bewusstsein identisch; und es ist deshalb im Verhältnis Sein und wahr.

$$\frac{2}{\sum_{n=0}^{\infty}\left(\frac{1}{2}\right)^{n}} = \frac{2}{2}=1 \quad \text{als Wahrheitswert}$$

Nun gibt es ein Verhältnis des subjektiven Bewusstseins (2) zur Unendlichkeit der Reflexionen, deren Ursprung im Unendlichen liegt. Es ist die Summe aller unendlich vielen möglichen Reflexionen des Bewusstseins über das Bewusstsein ($\Sigma(½)^n = 2$).

Der Satz vom reflektierten Gegensinn beschreibt die Reflexionsidentität. Das Finite, die 2, ist identisch mit der Inversion des Finiten, dem Infiniten der Summe der Inversion des Bewusstseins, der Reflexion in sich, dem ½ .

„Indem wir den subjektiven Sinn zu begreifen suchen, erfassen wir die ihm zugehörigen Gegenreflexionen. Im Symbol, im Begriff, tritt der thematisierte Bedeutungsgehalt des Sinns (2) als eigene Negation auf."

Der Satz der thematischen Inversion erfordert jetzt die Reflexion in die Inversion der Reflexion, die Denkbarkeit des Sinns.

2^2 ist die reflektierte Reflexion, das bewusste Bewusstsein. Die Summe der negierten oder invertierten reflektierten Reflexionen ist die Summe $\sum_{n=0}^{\infty}\left(\frac{1}{2^2}\right)^n$ oder $\sum_{n=0}^{\infty}\left(\frac{1}{2^2}\right)^n=\sum_{n=0}^{\infty}\left(\frac{1}{4}\right)^n=\frac{4}{3}$

Es ergibt sich also zahlensymbolisch der Ausdruck:

$$\frac{2^2}{\sum_{n=0}^{\infty}\left(\frac{1}{2^2}\right)^n} \quad = \quad 4\cdot\frac{3}{4}=3$$

Die reflektierte Reflexion im Verhältnis zur unendlichen Summe der Inversion der negierten reflektierten Reflexionen ist Sinn im Gegensinn. (3) Das Bewusstsein bekommt einen Sinn, ein Selbstbewusstsein.

„Jede thematische Inversion ist Objekt und Thema einer höheren (allgemeineren) Reflexion.“

Aus dem Tertium non datur ist ein Tertium datur geworden, das es natürlich als Objekt sofort als Ich des Ichs wieder zu negieren gilt, zunächst als 3^{-1}, dezimal dargestellt als

$0,\overline{3} = \sum_{n=0}^{\infty}(3)^n\cdot 1^n\cdot 10^{-n}$ die unendliche Reihe von

Selbstbewusstsein Anderer,

und dann als Reflexionsthema des Bewusstseins in der Gestalt

3^{-2} oder $\frac{1}{3^2}=\frac{1}{9}$,

dezimal dargestellt als 0,1111111 ...

einer Unendlichkeit von *anderen* Identitäten.

„Das subjektive Selbstbewusstsein (3) wird in der Inversion zum Bewusstsein des Anderen, das selbstbewusste Du (0,33333...). Nur durch die Inversion (3^{-1}) entsteht die Identität, die im aktual Unendlichen begründet ist.

Das Du ist jetzt als Objekt Subjekt mit eigener Identität, die dem Subjekt in seiner Negation zur Identität, dem Selbstbewusstsein verhilft. Denn die Inversion des unendlichen Du (3^{-2}) ist das Bewusstsein über das Selbstbewusstsein(3^{2})."
Der Satz vom transfiniten Ursprung.

Das System (5) des Denkens (Negation) in 2-wertiger Logik, der Reflexion, hat unter Zuhilfenahme des Unendlichen dem Bewusstsein eine eigene Form gegeben, die sinnhaft das Selbstbewusstsein aus dem Bewusstsein herleitet, indem es durch das Bewusstsein des Anderen sich selbst in der unendlichen Negation definiert.

Eine wunderbare Ausarbeitung einer Bedeutung des 10-Ecksterns:

Die Dreiheit (ontisch – unendliche Reflexion - meontisch) umfasst die Zweiheit der Fünfheit in 3 Umrundungen als Einheit im Zehneckstern.

2 Sorten von Primzahlen

Das Fünfeck wird von den Diagonalen, dem Pentagramm, in 11 Teile von 3 Sorten (2 Dreiecke, 1 Fünfeck) gespalten.

Die 2 reproduziert sich in der 5 und der 11.
Sie sind alle Primzahlen der Form 3n + 2.

So wie die 2 als komplexe Zahl $(1 + i) \cdot (1 - i)$ verzweigt ist, also nicht Prim, da sie als Produkt darstellbar ist, ist die 3 als Eisenstein-Zahl* verzweigt. Sie ist als Eisenstein-Zahl keine Primzahl, ebenso wie alle Primzahlen der Form 3n + 1 (7, 13, 19, 31, ...), die aus der 3 generieren.

Eisenstein-Zahlen sind ebenfalls komplexe Zahlen und haben die Form $a + b\omega$. Sie sind ein Dreiecksgitter in der komplexen Zahlenebene. Dabei ist ω

$$-\frac{1}{2}+\frac{i}{2}\cdot\sqrt{3} \quad \text{und} \quad \omega^2 + \omega + 1 = 0$$

$$3 = -\omega^2 \cdot (1 - \omega)^2$$

Die 3 ist also ein Quadrat oder auch

$$(2 + \omega) \cdot (1 - \omega)$$

Die Primzahlen teilen sich also in 2 Gruppen:

Die, die aus der 2 entstehen, haben die Form: 3n + 2
Die, die aus der 3 entstehen, haben die Form: 3n + 1

Sie haben dabei etwas von der Charakteristik der 2 oder der 3. Die, die der 2 folgen, haben eher extrovertierten Charakter, während die, die der 3 folgen, eher introvertierten Charakter haben.

Die nächste Primzahl nach der 5 und damit die letzte Ziffer, die eine Primzahl ist, ist die 7.

Als Eisensteinzahl geschrieben:

$7 = (3 + \omega) \cdot (2 - \omega) = 6 - \omega - \omega^2 \qquad - \omega - \omega^2 = +1$

Die 7 gehört also zu den Primzahlen, die aus der 3 entstehen.

Es wird u.a. die Aufgabe der nächsten Kapitel sein, die beiden Stränge der Primzahlen, die beide unendlich lang sind, weiter zu untersuchen, insbesondere im Zusammenspiel mit den Logarithmen.
Das Denken ist weitgehend von Emotionen bestimmt, die in den Primzahlen und ihren Kombinationen (Multiplikationen) inklusive der Potenzen ihren Ausdruck finden.
Ein weiteres Thema werden die Strukturen des Denkens und ihre Konsequenzen sein und ein Ausblick auf die Entwicklungsmöglichkeiten des menschlichen Bewusstseins.
Denn im Bewusstsein der Menschheit perpetuiert sich die Entwicklung des Bewusstseins, die bis hierher beschrieben wurde, auf einer neuen Ebene, dem Denken.

Teil 3

0,1, System

Bevor die Siebenheit genauer untersucht wird, ist es wichtig, sich darüber im Klaren zu sein, in welchem System wir Zahlen betrachten. In der geometrischen Darstellung spielt dies keine Rolle, in der zahlentheoretischen Betrachtung sehr wohl.

Aus der Kombination von 0 und 1 entstehen im binären Zahlensystem die natürlichen Zahlen, die erste Unendlichkeit. Das erste Bewusstsein, das ½, erfasst mit Sicherheit nicht die Unendlichkeit des Binärsystems. Mit der 5 hat das Bewusstsein die Formgestaltungsmöglichkeit erhalten.
Systeme sind Form. Etwas in einem System auszudrücken ist immer eine Art von Begrenzung, da es das außerhalb des System Stehende ausschließt. Auch wenn ein System etwas Endliches beschreiben will, ist die Unendlichkeit immer darin verborgen, da jedes System auch Teil des Unendlichen ist. Kurt Gödels Unvollständigkeitssatz beweist diese Tatsache mit den Mitteln der Logik.

Ein Stellenwertsystem, wie das Binärsystem oder das Dezimalsystem, basiert auf der Anzahl der verwendeten Symbole, den Ziffern. Entscheidend dabei ist die 0 als erste Ziffer. Das Stellenwertsystem wurde wie die 0 in Indien im 5. oder 6. Jahrhundert entwickelt. Es gab verschiedene Vorläufer ohne 0, die aber die Rechenmöglichkeiten deutlich einschränkten. Seit dem 12. Jahrhundert setzte sich langsam das heute gebräuchliche System in Europa durch. Davor gab es hauptsächlich additive Systeme wie die römischen Zahlen. Das Duodezimalsystem mit 12 Ziffern ist sprachlich im Dutzend noch erhalten und das Sexagesimalsystem (mit der Basis 60) ist in unserer Zeitrechnung und der Kreisteilung in Winkel, insbesondere für geografische Längen und Breiten, in Benutzung.

Die 10 ist immer die Systemzahl eines Stellenwertsystems, die Anzahl der Ziffern aus dem das System aufgebaut ist. 10 ist also

eine Anzahl, das Ergebnis eines Zählens und Strukturierens in Einheiten. Diese Anzahl ist jedoch als Ziffer im System selbst nicht enthalten. Sie weist aber auf das nächst größere System hin, in dem der 10 des kleineren Systems ein eigenes Symbol zugeordnet wird.
Die 10 ist immer die elfte Zahl, da alle Stellenwertsysteme mit der 0 beginnen.

Die Beschränkung auf 0 und 1, Nichtsein und Sein, in seiner unendlichen Entwicklung legt die ersten Charakteristiken an. Dieses System wurde zwar erst von G.W. Leibniz eingeführt, ist aber das kleinstmögliche System.

Es gibt die geraden Zahlen, die auf 0 enden,
... 10101010101010 ...

und die ungeraden, die auf 1 enden.
... 01010101010101 ...

Es entsteht die erste 10 und die erste 11.

Aus der 11 entsteht auch eine unendliche Folge von Einsen:

... 111111111111111 ...

im Binärsystem ist sie diese unendliche Summe:

$\sum_{n=0}^{\infty} 10^n$ im Dezimalsystem ausgerückt ist es $\sum_{n=0}^{\infty} 2^n$

Im Binärsystem bedeutet eine 0 anzufügen Verdopplung . Jede Verdopplung ist aber gleichzeitig eine Erhöhung des Exponenten der Systemzahl 2. Wir haben es hier also mit 2^n zu tun.
Das Anhängen einer 1 bedeutet Verdopplung + 1 = 2n + 1.
In allen Stellenwertsystemen bedeutet das Anhängen einer Null oder mehrerer an die 1, die Erhöhung der Potenz der Systemzahl um 1 pro angehängter 0. Wir können also beliebige solcher Zahlensysteme bauen; einschließlich eines ∞-Systems mit $10 = \infty^1$ mit unendlich vielen Ziffern.

Für die Systemzahl 2 gibt es im Binärsystem noch kein Symbol. Sie erscheint als 10 (Zehn). Die 10 symbolisiert das System. Im Binärsystem sind es nur die Ziffern 0 und 1, also 2 Ziffern.

Binär	dezimal	
0	0	
1	1	
10	2	Systemzahl
11	3	
100	4	
101	5	
110	6	
111	7	
1000	8	
1001	9	
1010	10	
1011	11	
1100	12	
1101	13	
1110	14	
1111	15	

...

Im Trinärsystem sind die Ziffern 0, 1, 2 beteiligt, also 3 Ziffern.
usw.
Im Heptalsystem sind 7 Ziffern beteiligt, 0 – 6.
Im Dezimalsystem sind 10 Ziffern beteiligt: 0 – 9.

Die 10 erhält in jedem System also eine eigene Bedeutung. Die Quersumme von 10 ist in jedem System 1. Die unendliche Mannigfaltigkeit der 1 wurde ja schon ausführlich besprochen. Im Stellenwertsystem bedeutet die letzte Stelle: Systemzahl^0 = 1, mit den Ziffern als Faktor der Systemzahl^0 = 1. Folglich sind es die Ziffern selbst, denn:

Ziffer · Systemzahl^0 = Ziffer

Ist die Systemzahl mit dem Ende der Ziffern erreicht, bildet die Systemzahl^1 = 10 nun eine neue Einheit, mit je eigener Bedeutung, abhängig von der Anzahl der Ziffern.

Die Summe der Ziffern ist immer eine Dreieckszahl. Addiert man die 10, die Systemzahl hinzu, teilen sich die Systeme in 2 Gruppen, von gerade und ungerade. Alle geradzahligen Systeme haben als Summe in aufsteigender Reihenfolge den Faktor 11 gemeinsam, alle ungeraden den Faktor 10.

In der folgenden Auflistung ist die Summe der Ziffern dezimal und im eigenen System dargestellt mit tiefgestellter Basis/Systemzahl$_n$. Ziffern größer als 9 werden durch Buchstaben dargestellt.

Sys	Ziffern	Σ_{10}	Σ_n	$+10_n$
BIN_2	01	1	1_2	11_2
Tri_3	012	3	10_3	20_3
Qua_4	0123	6	12_4	22_4
Qui_5	01234	10	20_5	30_5
Hex_6	012345	15	23_6	33_6
Hep_7	0123456	21	30_7	40_7
Okt_8	01234567	28	34_8	44_8
Nov_9	012345678	36	40_9	50_9
Dez_{10}	0123456789	45	45_{10}	55_{10}
Und_{11}	0123456789A	55	50_{11}	60_{11}
Duo_{12}	0123456789AB	66	56_{10}	66_{12}
$Tred_{13}$	0123456789ABC	78	60_{13}	70_{13}
$Quad_{14}$	0123456789ABCD	91	67_{14}	77_{14}
$Quid_{15}$	0123456789ABCDE	105	70_{15}	80_{15}
$HexD_{16}$	0123456789ABCDEF	120	78_{16}	88_{16}

etc.

In geradzahligen Systemen ist 10 eine gerade Zahl und 11 eine ungerade. In den ungeradzahligen Systemen ist die 10 ungerade und die 11 gerade.

Dieses System heißt in der Mathematik g-adische Darstellung von Zahlen und die Systemzahl g heißt Basis.

10, 11, Systemzahlen

10 ist die Systemzahl, für die es im System kein eigenes Symbol gibt, aber Namensgeber für das System ist. Im Binärsystem gibt es keine 2, sondern nur 2 Symbole, 0 und 1.
Zur Unterscheidung, auf welches System sich die Zahl bezieht, wird der Zahl tiefgestellt die Systemzahl angefügt. Die 10 im Binärsystem ist 10_2, dargestellt im Dezimalsystem ist sie 2 oder 2_{10}. 11_2 ist also 3_{10}.
Im Trinärsystem mit den Ziffern 0, 1, 2 ist $11_2 = 10_3$.
So setzt sich das in den größer werdenden Systemen von System zu System fort: $11_3 = 10_4$, $11_4 = 10_5$ ...

Bin_2	Tri_3	Qua_4	Qui_5	Hex_6	Hep_7	Okt_8	Nov_9	Dez_{10}
0	0	0	0	0	0	0	0	0
1	1	1	1	1	1	1	1	1
10_2	2	2	2	2	2	2	2	2
11_2	10_3	3	3	3	3	3	3	3
100_2	11_3	10_4	4	4	4	4	4	4
101_2	12_3	11_4	10_5	5	5	5	5	5
110_2	20_3	12_4	11_5	10_6	6	6	6	6
111_2	21_3	13_4	12_5	11_6	10_7	7	7	7
1000_2	22_3	20_4	13_5	12_6	11_7	10_8	8	8
1001_2	100_3	21_4	14_5	13_6	12_7	11_8	10_9	9
1010_2	101_3	22_4	20_5	14_6	13_7	12_8	11_9	10_{10}

Die 11_n des niedrigeren Systems ist also die 10_{n+1} des nächst höheren Systems oder andersherum, 11_n ist die Systemzahl des nächst höheren Systems (n + 1).
Die Quersumme des höheren Systems ist immer die letzte Ziffer des niedrigeren Systems. Die höchste Ziffer des höheren Systems, die Systemzahl des niedrigeren Systems, ist im niedrigeren System als Ziffer ja nicht vorhanden, sondern nur in der Form 10 und hat deswegen den Wert 0 in der Quersumme.

Es lohnt sich das Binärsystem genauer zu betrachten. Die scheinbar banalen Zusammenhänge enthüllen aber viel Information über das System der Zahlen.

Es gibt Einiges, dass nur im Binärsystem Gültigkeit hat.
Das Wesen der 2 ist Spaltung bzw. Verdopplung, Polarität, + , - .
Aus 0 und 1 entsteht bei Verdopplung und Kombination der beiden Symbole 00, 01, 10 und 11, insgesamt also 6 Symbole, binär 110 Symbole, $10 + 10^{10}$ oder $10 \cdot 11$.
Untersuchen wir die Symbole und ihre Zusammenhänge.
0 ist der Ursprung von allem. Die doppelte 0, 00 ist wie eine ±0, der Beginn der Polarität.
Es gibt zwei Kategorien: Das Enden auf 0 und Enden auf 1.
Damit haben wir die Unterscheidung in gerade und ungerade Zahlen.
Es gibt 3 Bedingungen des Systems.
Die erste Bedingung des Systems ist, dass 10 eine gerade Zahl ist.

$$1 + 1 = 10$$

10n sind die geraden Zahlen,
1 + 10n die ungeraden Zahlen.

Die Polarität macht sich darin bemerkbar, dass
+1 aber auch 10 – 1 ist, sodass gilt:

$$1 + 10n = 10n - 1 \text{ genauer } 1 + 10n = 10(n+1) - 1$$

Dieser Ausdruck beschreibt die Menge der ungeraden Zahlen.
1 und -1 erhalten den Status des Beginns der Reihe der ungeraden Zahlen. Hieraus leitet sich die quadratische Natur der 1 ab als:

$$(-1)^{10} = 1$$

Bei 1 + 10n oder -1 + 10n sammeln sich also die Quadratzahlen der ungeraden Zahlen, da 10^n nie ungerade sein kann. Daraus lässt sich schlussfolgern, dass -1 selbst auch Quadratzahl ist:

$$i^2 = -1$$

Die zweite Bedingung des Systems ist, dass 10 – 1 eine Quadratzahl ist.

$10 - 1 = \quad 1 \quad = \ (10 - 1)^2 = 10^2 - 10 - 10 + (-1)^2 = 100 - 10 \cdot 10 + 1$

Es bleibt noch die 11 zu untersuchen.
$10 + 1 = 11$

$(10 - 1) \cdot (10 + 1) = 10^{10} - 1^{10} = 100 - 1 = 11 = 10 + 1$
Dies gilt so nur im Binärsystem.
$11 + 1 = 10^{10}$
$11 + 11 = 10 \cdot 11 = 10^{10} + 10 = 110$
$11 \cdot 11 = 11^{10} = 1001$
$11^{11} = 11 \cdot 11 \cdot 11 = 11011$

11 ist Primzahl.
11 ist die erste Primzahl, die ungerade ist.
11 ist eine asymmetrische Zahl (1+2).

1 ist das erste Quadrat 1^2 1^{10},
100 das zweite $10^2 = 10 \cdot 10 = 10^{10}$, die Kombination aus 1 und 00 und 1001 das dritte $11^2 = 11^{10}$. Die Kombination aus 10 und 01 .

Die dritte Bedingung ist, dass 10+1 = 11 eine Primzahl ist.

Mit diesen 3 Bedingungen unseres Systems lassen sich nun weitere Systeme finden, die den gleichen Bedingungen gehorchen.
Die 3 Bedingungen für die 10 sind also:

10 ist eine gerade Zahl
10-1 ist eine Quadratzahl
10+1 ist eine Primzahl

Die 1. Bedingung wiederholt sich bei 4, 6, 8, 10, ...
Die 2. Bedingung wiederholt sich bei 5, 10, 17, 26, 37, 50, 65, 82...
Die 3. Bedingung wiederholt sich bei 10, 82, 226

Das nächste System, bei dem alle Bedingungen zutreffen ist also, wenn $10 = 10_{10} - 2 \cdot 5$ ist, unser normales Dezimalsystem. Deswegen sind das Binärsystem und das Dezimalsystem miteinander verwandt.

Das nächste System bei dem alle Bedingungen zutreffen ist:
$10 = 10_{82} = 2 \cdot 41$.

10_{82} ist gerade
$10_{82} - 1$ ist Quadratzahl
$10_{82} + 1$ ist Primzahl

Dieses System erfordert 81 Symbole außer der 0, die in allen Systemen der Anfang ist. Das Dezimalsystem beruht ja auf 3^2 Ziffern plus der 0. 41 ist wie eine neue 5 ($2^2 + 1$), denn

$3^0 + 3^1 + 3^2 + 3^3 = 40$.

Binär geschrieben:

$11^0 + 11^1 + 11^{10} + 11^{11} = 101000$

Damit ist die maximale Summe der verdoppelten Symbole des Binärsystems in ihrer Kombination als Potenzen erreicht.

$41_{10} = 101001_2$

$3^4 = (3^2)^2 = 81$ Symbole + die 0 benötigt das neue System ($2 \cdot 41$).

Das nächste System, bei dem alle Bedingungen zutreffen, ist:
$10 = 10_{226} = 2 \cdot 113$.

5, 41 und 113 haben die gemeinsame Quersumme 5.
$113 = 1110001_2$

Das nächste System, bei dem alle Bedingungen zutreffen, ist:
$10 = 10_{442} = 2 \cdot 221$.

Es ist also die 11_2, die das System bedingt: 3 Bedingungen.

Die 10 der Systeme, die aus der 2 - der ersten 10 - entstehen, lassen sich zusammenfassen in der Formel: $(6n \pm 3)^2 + 1$
oder anders formuliert:

$$\frac{2\cdot\left(n\cdot 2\cdot \mathbf{3} - \frac{2\cdot 3}{2}\right)^2 + 2}{2} \quad \text{oder} \quad \frac{2\cdot\left(n\cdot 2\cdot 3 + \frac{2\cdot 3}{2}\right)^2 + 2}{2}$$

Das ∓ resultiert daher, dass n, die natürlichen Zahlen, bei 0 oder 1 beginnen. Durch das Quadrat entfällt aber die Polarität.

Binär geschrieben ergibt sich eine Kombination aus 10 und 11, den beiden 2-stelligen Zahlen des Binärsystems, und den natürlichen Zahlen n:

$$\frac{10\cdot\left(n\cdot 10\cdot \mathbf{11} \pm \frac{10\cdot 11}{10}\right)^{10} + 10}{10}$$

Hier erleidet die 3 (11_2) die gesamte Kraft der 2 (10_2) als dreifacher Multiplikator, zweifacher Divisor, Addend und Potenz. Alle Grundrechenarten sind vereinigt, um das nächst höhere, komplexere System zu gestalten. Die 2 als Exponent, der höchsten Rechenart, dominiert die 3.

Die Formel leitet sich daraus her, dass zunächst das Quadrat gebildet wird, dann geprüft wird, ob $x^2 + 2$ prim ist, und dann wird die Mitte zwischen beiden Zahlen ermittelt, also die Hälfte der Summe der beiden Zahlen $\frac{x^2 + (x^2 + 2)}{2}$.
Dies ist dann die neue 10.

Die Hälfte von 6n-3 ist immer ungerade. Und es werden zur Systembildung nur die ungeraden Quadratzahlen benötigt.

Macht man nun die 11_2 zur Systemzahl, kehren sich alle Bedingungen um:

Die $10_3 + 1 = 11_3 = 4_{10} = 2^2$ wird zur Quadratzahl
Die $10_3 = 3_{10}$ ist eine ungerade Zahl
Die $10_3 - 1 = 2_{10}$ ist Primzahl

Es entsteht ein zweites Modell für Zahlensysteme mit invertierten Bedingungen. Dies lässt sich fast genauso „iterieren". Nur die Bedingung für die 10 lässt sich nicht halten. Sie wird auch eine gerade Zahl. Die Umgebenden tauschen aber weiterhin ihren Charakter von Quadrat- und Primzahl. Das nächste System, das diesen Bedingungen gehorcht, ist 10_8 :

7 ist prim
8 ist gerade (2^3)
9 ist Quadratzahl

8 ist binär 10^{11}

Hier dominiert die 3 nicht nur als Exponent. Alle weiteren 10_n Systeme dieser Art entstehen aus der Multiplikation der 8 mit den Dreieckszahlen. $8 = 8 \cdot 1$ und 1 ist auch die erste Dreieckszahl.

$$\mathbf{2^3} \cdot \Delta_n = \mathbf{2^3} \cdot \frac{n \cdot (n+1)}{2} \quad \text{binär} \quad \mathbf{10^{11}} \cdot \Delta_n = \mathbf{10^{11}} \cdot \frac{n \cdot (n+1)}{10}$$

Die 2 erleidet jetzt die geballte Kraft der 3 in Form der Potenz und dem Multiplikanten Dreieckszahlen.

Die aufsteigenden Systemzahlen 10_n sind:
8, 24, 48, 80, 168, 224, 360, 440, 728, ...

Es werden jeweils entsprechend viele Symbole benötigt.
Die ungeraden Quadrate lassen sich also als $2^3 \cdot \Delta_n + 1$ darstellen.

Dort, wo die Systemzahlen aus beiden Modellen um 2 differieren, haben beide Systeme die gleiche Quadratzahl und die beiden Primzahlen gehören zu 4n+3.

Die Restklassen von 8 zeigen die Verteilung der beiden Systemmodelle. Bei n mod 8 ≡ 0 stehen die Systeme (10_n), die aus der 3 entstanden sind, bei n mod 8 ≡ 2 stehen die Systeme (10_n), die aus der 2 entstanden sind.

```
                    24

                    16
          23                    17

              15            9
                    8
                 7     1

     22   14   6          2    10    18   ...   82

                 5     3
                    4
              13           11
                    12
          21                    19
                    20
```

Nachdem nun die Systemzahl 10 und ihre Umgebung genauer untersucht wurde, lohnt sich eine genauere Betrachtung der 11 als Primzahl.

Doch zunächst etwas mehr über das Wesen der Primzahlen.

Primzahlverzweigungen, i und ω

Die Gaußschen Primzahlen sind Primzahlen der Form 4n + 3. Sie sind über die komplexe Zahlenebene definiert, in der die 2 verzweigt ist. Diese Primzahlen sind nicht als ein Produkt ganzzahliger Koeffizienten komplexer Zahlen darstellbar wie bspw. die 2 als (1 + i) · (1 - i).
Aus der Sicht der 2 (als verzweigte Zahl) innerhalb der komplexen Zahlenebene haben also Primzahlen die Form 4n + 3. Dazu gehört als erste Zahl die 3. Die ist aber im Eisensteingitter zerlegbar und betrachtet die 2 als erste der Primzahlen, da sie als Eisensteinzahl nicht verzweigbar ist. Die gegenseitige Aberkennung des Primzahlstatus führt zu der Frage, ob es denn überhaupt Primzahlen gibt. Wenn man nur diese beiden Prinzipien

3n + 2 Eisenstein-Primzahlen

und

4n + 3 Gaußsche Primzahlen

vergleicht, stellt man fest, es gibt Zahlen, die sowohl im einen wie im anderen System prim sind.
Alle Primzahlen der Form:

12n – 1

sind sowohl Gaußsche Primzahlen als auch Eisenstein-Primzahlen. Deswegen nenne ich sie doppelt prim.

Denn 3n + 2 ist das Gleiche wie 3m – 1 und 4n + 3 ist das Gleiche wie 4m - 1, wobei m = n + 1 ist. Daraus folgt, dass, wenn 3n – 1 und 4m -1 die gleiche Zahl ist, sie die Form 12n – 1 hat.

3n + 1 (als Eisenstein-Zahl) und 4n + 1 (als Komplexe Zahl) sind verzweigt. Daraus folgt:

Alle Primzahlen der Form

$12n + 1$

sind sowohl in der Komplexen Zahlenebene als auch als Eisenstein-Zahl verzweigt.
Deswegen nenne ich sie doppelt zerlegbar.

11 ist die erste „doppelte" Primzahl.

$11 = 4 \cdot 2 + 3 = 3 \cdot 3 + 2 = 12 \cdot 1 - 1$

Die 11 ist also in beiden Systemen prim und nicht verzweigbar. Sie hat keine Rückbindung an die komplexe Zahlenebene. Dafür birgt sie Komplexität, die im eigenen Kapitel über sie genauer beschrieben wird.

13 ist die erste doppelt verzweigte Primzahl.

$13 = 4 \cdot 3 + 1 = 3 \cdot 4 + 1 = 2^3 + 3^2 = 12 \cdot 1 + 1$
$13 = (3 + 2i) \cdot (3 - 2i) = (4 + \omega) \cdot (3 - \omega)$

Entsprechend dieser Paarung gibt es auch gemischte Formen, also 4n+3 und 3n+1 (z.B. 7) und 4n+1 und 3n+2 (z.B. 5).
Wir haben es also insgesamt mit 4 Arten von Primzahlen zu tun.
Diese Eigenschaften der Primzahlen formen ihren Charakter.

Die Primzahlzwillinge, Primzahlen im Abstand von 2, sind in diesen 2 Gruppen organisiert. Sie tauchen paarweise als prim/zerlegbar und zerlegbar/prim oder umgekehrt auf, oder als Paar doppelt prim und doppelt zerlegbar.

Sie gruppieren sich um die 6n mit ∓ 1 wie alle anderen Primzahlen auch. Die 6 ist $2 \cdot 3$, d.h. sie vereinigt alle Eigenschaften, die aus der komplexen Zahlenebene übernommen wurden. $\omega = \sqrt[3]{-1} = \sqrt[6]{1}$ und $i = \sqrt[2]{-1} = \sqrt[4]{1}$.

$\sqrt[2]{-1}$ **-1** $\sqrt[3]{-1}$

$(1+i)\cdot(1-i)$ $-\omega^2\cdot(1-\omega)^2$

$2 = 1^2 - i^2$ 3

x^4	10	p	p	10	x^2
x^4	10	3	2	10	2^2
10-1	p	11	10-1	p	11
1	**2**	3	2	**3**	4

10_2		10_3
/ \		/ \

-1+10		1+10	-1+ 10		1+10
i^2+10		i^4+10	ω^3+10		ω^6+10
zerlegbar		prim	prim		zerlegbar
4n+1	2n	4n+3	3n+2	3n	3n+1
1		**3**	**2**		4
5		**7**	**5**		**7**
9		**11**	8		10
13		15	**11**		**13**
17		**19**	14		16
21		**23**	**17**		**19**
25		27	20		22
29		**31**	**23**		25
33		35	26		28
37		39	**29**		**31**

Komplexe Zahlen und Eisensteinzahlen als Definition für die 1 sind ein Werkzeug zur Ermittlung der Bedeutung der Primzahlen.

Aus welcher Primzahl ist sie entstanden, der 2 oder 3?
Dies ist gleichbedeutend mit der Zerlegbarkeit in $\mathbb{Z}$ bzw. $\mathbb{Z}(\omega)$, also der Zuordnung zu 4n ± 1 und 3n ± 1.

Wenn es nur das Negative und das Nichts gibt, ergeben sich analoge Zusammenhänge wie im Positiven. Die Rechenoperationen werden umgekehrt. Aus dem Quadrat wird die 2. Wurzel aus -1. Sie erhält das eigene Symbol i.
Die erste 10 ist die 0. Sie entsteht aus dem Quadrat von i + dem Biquadrat von i. $i^2 + i^4 = 0 = -1 + 1 = 10_0$ $10_0 + 1 = 11_0 = 1$ prim

$0^0 = 1$. Im Nichts gibt es das Gerade nur in Form des Nichts, der 0 als Potenz. 0 ist eine gerade Zahl. Zwischen die -1 und die +1 schiebt sich die erste 10, die $10_0 . 0^0 = 1$ entspricht $10_0^{10_0}$.
Damit ist die 1 keine Quadratzahl. Vielmehr ist sie die 1^0, die aus dem Nichts entsteht.
-1 ist genauso prim wie +1 Quadratzahl von (- 1) ist. Die erste 11 ist die 1. Sie ist die 11^0. Aus ihr entsteht das Pascalsche Dreieck mit den Potenzen von 2 und 11.

$i^2 + i^0 = 0 = -1 + 1 = 10_0$ i^0 ist 1 prim. $10_0 + i^0 = 11_0 = 1$ prim

Mit $0 \cdot 0 = 0^2 = 0$ als Quadratzahl wird die 1 zur zweiten 10, der 10_1.
$10_1 + 10_1 = 11_1$ prim = 2

Die 11 bleibt also bis zur 11_2 prim. Danach kann sie auch Quadrat werden, immer bleibt sie aber systembestimmend. Ohne 11 kein System. Die 11 ist immer mit Selbstbezüglichkeit verbunden,

In den primen Restklassen mod8 sind die Primzahlzwillinge nicht aufsteigend, sondern in 2 Schritten rückwärts/vorwärts kombiniert.

7 – 2 = 5
5 + 8 = 13
13 – 2 = 11
11 + 8 = 19
19 – 2 = 17 29 + 8 = 37
17 + 8 = 25 (5^2 nicht alle Primzahlen sind Zwillinge)
25 – 2 = 23
23 + 8 = 31
31 – 2 = 29
29 + 8 = 37
37 – 2 = 35 (5 · 7)
35 + 8 = 43
43 – 2 = 41
41 + 8 = 49 (7^2)
49 – 2 = 47
etc.

Sicherlich ist 8 – 2 = 6. Aber der Unterschied der Muster der Entstehung zeigt sich deutlich darin, dass die 5 aus der 7 entsteht und die 11 aus der 13 etc. Diese Rückwärtsgewandtheit mit dem „Zickzackmuster“ wird sich später in der Bedeutung der Primzahlen noch wirksam zeigen. Anhand dieses Musters und der anderen Eigenschaften werde ich die Bedeutung der Primzahlen am Ende Schritt für Schritt entwickeln.

Im folgenden Kapitel ist eine Auflistung der ersten Primzahlzwillinge mit ihrem Charakter im $6n\mp1$ System.

Primzahlzwillinge entstehen aus der 6.
Die 10_6 schiebt sich mit ∓ 1 zwischen die beiden untrennbaren
Ur-Primzahlen 2 und 3 .

| x^2 | p | p | x^2 |
| 1 | 2 | 3 | 4 |

|

| 10_2 | 10_3 |

\ | /

| 10_6 |

/ \

/ 2 · 3 \

| 10-1 | | | 10+1 |

/ | \

5 | **7**

4n+1 | 4n+3

3n+2 | 3n+1

zerlegbar/prim | prim/zerlegbar

| 10_{12} |

/ \

/ 2^2 · 3 \

| 10-1 | | | 10+1 |

/ | \

11 | **13**

4n+3 | 4n+1

3n+2 | 3n+1

doppelt prim | doppelt zerlegbar

| 10_{18} |

/ \

/ 2 · 3^2 \

| 10-1 | | | 10+1 |

/ | \

17 | **19**

4n+1 | 4n+3

3n+2 | 3n+1

prim/zerlegbar | zerlegbar/prim

weiterführende Tabelle im Anhang

Die Emergenz der Primzahlen

Die Primzahlen generieren in der Multiplikation mit 2^n die Lücken für neue Primzahlen. Nicht jede Lücke wird durch eine Primzahl gefüllt, sondern auch mit Primzahlprodukten. Es entfaltet sich eine Komplexität ohne Periodizität, jedoch bedingen die multiplikativen Möglichkeiten der emergierenden Primzahlen in aufsteigender Reihenfolge kombiniert die Lücken für die neuen Primzahlen. Dieses Aufsteigen ist nicht linear; noch gehorcht es irgendeiner Funktion!

Die neuen Primzahlen füllen die Lücken im multiplikativen Netz der bis dahin emergierten Primzahlen, die nicht mit der Multiplikation ungerader bis dahin emergierter Primzahlen dargestellt werden können. Eine Baumstruktur, die mit jedem neuen Element (Primzahl) an Komplexität zunimmt.

Verglichen werden die Multiplikationen mit der Reihe der natürlichen Zahlen, darstellbar als $\sum_{n=0}^{\infty} 1^n$.

Da auch 2 eine Primzahl ist, entstehen die Primzahlprodukte mit 2 und 4 als Faktor, die die anderen Primzahlen umgeben. Es beginnt mit der 4 als $2 \cdot 2$. Der Zweiheit ist die 3 noch nicht bekannt. Die 3 schließt die Lücke zwischen 2 und 4. Das „System" hat schon an Komplexität gewonnen. Nun kann die 2 nicht mehr nur mit sich selbst multipliziert werden, sondern auch mit der 3. Alle Kombinationsmöglichkeiten von 2er Potenzen und 3er Faktoren/Potenzen sind gegeben, um den Baum zu verästeln.

$2^n \cdot 3n$

Aber es tun sich neue Lücken in dieser Verästelung auf, die durch neue Primzahlen geschlossen werden.

Jetzt schließt in der Entwicklung als nächstes die 5 die Lücke zwischen $4 \cdot 1$ und $2 \cdot 3 = 6$. Ab sofort stehen für die Baumstruktur alle Kombinationsmöglichkeiten von 2er Potenzen, 3er und 5er

Faktoren/Potenzen zur Verfügung. Die Verästelung des Baumes nimmt an Komplexität zu. Die Lücken werden mit zunehmenden 2er Potenzen größer, in die hinein neue Primzahlen emergieren, um sie mit den möglichen Produkten zu füllen.

Im nächsten Schritt füllt die 7 die Lücke zwischen $2 \cdot 3$ und $4 \cdot 2$.

$9 = 3 \cdot 3$. Die 9 ist die erste Zahl, bei der zwei ungerade Primzahlen ein ungerades Primzahlprodukt ergeben. Dies wird, wie alle weiteren auch, zur Lückenbildung für Primzahlen herangezogen.

Die 11 schließt die Lücke zwischen $2 \cdot 5$ und $4 \cdot 3$.
Die 13 schließt die Lücke zwischen $4 \cdot 3$ und $2 \cdot 7$.

$15=3 \cdot 5$, das nächste ungerade Primzahlprodukt.

Bei 17 wird das erste Mal ein ungerades Primzahlprodukt zur Lückenbildung benutzt.
Die 17 schließt die Lücke zwischen $4 \cdot 4$ und $2 \cdot 9 = 2 \cdot (3 \cdot 3)$.
Die 19 schließt die Lücke zwischen $2 \cdot 9$ und $4 \cdot 5$.

21 ist das nächste ungerade Primzahlprodukt.

Die 23 schließt die Lücke zwischen $2 \cdot 11$ und $4 \cdot 6$.

$25(5 \cdot 5)$, $27(3 \cdot 9)$ sind die nächsten ungeraden Primzahlprodukte.

Die 29 schließt die Lücke zwischen $4 \cdot 7$ und $2 \cdot 15(3 \cdot 5)$.
Die 31 schließt die Lücke zwischen $2 \cdot 15(3 \cdot 5)$ und $4 \cdot 8 = 2^5$.

Mit 31 ist die Reihe der natürlichen Zahlen n bis $36 = (2 \cdot 3)^2$ durch Primzahlprodukte ausgedrückt, denn $33(3 \cdot 11)$, $34(2 \cdot 17)$ und $35(5 \cdot 7)$ sind die nächsten Primzahlprodukte. Sie hat jetzt außer der 1 Addition noch eine weitere komplexere Struktur, die ihr Stabilität verleiht.

Die 37 schließt die Lücke zwischen $4 \cdot 9$ und $2 \cdot 19$.

Die 41 schließt die Lücke zwischen $4 \cdot 10(2 \cdot 5)$ und $2 \cdot 21(3 \cdot 7)$.
Die 43 schließt die Lücke zwischen $2 \cdot 21(3 \cdot 7)$ und $4 \cdot 11$.
etc.

Primzahlen sind immer das 2-fache einer Primzahl oder eines Primzahlproduktes - 1 und das 2-fache einer anderen Primzahl oder eines anderen Primzahlproduktes + 1. Anders formuliert:

$$\frac{2m+(2m+2)}{2}=p$$

Eine Primzahl ist die Mitte zweier benachbarter gerader Zahlen (2m). Dabei ist m entweder Primzahl oder Primzahlprodukt.

Ob eine Primzahl 4n+3 oder 4n+1 ist, entscheidet die Reihenfolge der umgebenden Faktoren.
Ist 2m die kleinere gerade Zahl, ist p 4n+3, denn 2m+2 mod4 = 0, wenn 2m mod4 = 2 ist.
Ist 2m mod 4 = 0, ist 2m+2 mod4 = 2. Dann ist p 4n+1.

Das gleiche gilt für mod3. Eine Primzahl kann mod3 nur 1 oder 2 sein, niemals 0. D.h. eine der umgebenden geraden Zahlen ist durch 3 teilbar, da dies jede dritte Zahl ist.
Ist die niedrigere Zahl mod3 = 0 ist p 3n+1; ist es die höhere Zahl, dann ist p 3n+2.
Ist die niedrigere Zahl mod3 = 1 ist p 3n+2. Die höhere Zahl ist dann 3n.

Primzahlen > 10 sind, wie alle anderen ungeraden Zahlen ≥ 9 auch, immer die Summe von drei ungeraden Primzahlen. Gerade Zahlen ≥ 6 sind immer die Summe von zwei ungeraden Primzahlen. Dies ist die Goldbachsche Vermutung. Ausführliches dazu im Anhang.

Doch zunächst noch eine Betrachtung der 4 als Systemzahl, die auch von Primzahlen umgeben ist, wie die 6.

Die Vierheit

Die Vierheit erbt von der Zweiheit, aus der sie entsteht, als Systemzahl 10_4 das Phänomen der Vertauschbarkeit von Basis und Exponent 2: $10_4^{\,2} = 2^{10_4} = 16_{10}$
So wie die 6 ist auch die 4 von Primzahlen umgeben.

$10_4 - 1$	10_4	$10_4 + 1$
p	x^2	q
3	2^2, 4	5

Eine einmalige Situation. Ein Quadrat ist umgeben von zwei Primzahlen.
Die 2 ist, je nach Betrachtung, ebenfalls umgeben von 2 Primzahlen $0^0 = 1^1$ und 3. Oder von einem Quadrat 1^2 und einer Primzahl. 2 selbst ist die Differenz/Summe zweier Quadrate:
$1^2 - i^2 = 1 + 1 = 2$

Die 4 macht aus der Addition gleicher Summanden die Multiplikation mit gleichen Faktoren unter Beibehaltung der Möglichkeit der Addition: $2 \cdot 2 = 2 + 2$. Auch die Potenz entsteht: $2^2 = 4$
War das Quadrat Bedingung für das Zahlensystem als 10 ± 1, rückt es jetzt als Systemzahl 10 in die Mitte.
Die Restklassen mod4 teilen die Zahlen in 2 Arten von geraden und ungeraden Zahlen: 4n, 2 + 4n und 1 + 4n, 3 + 4n.
Die primen Restklassen teilen die ungeraden Zahlen in potentielle Quadratzahlen 4n + 1 und Nichtquadratzahlen 4n + 3.
Ist das n der Zahlen 4n + 1 eine Zahl der Summe $\sum_{m=0}^{\infty} 2m$,
so ist diese Zahl das Quadrat einer ungeraden Zahl.

n = 0, 2, 6, 12, 20, 30, 42, 56, 72, … oder 2+4+6+8+10+12+ …
$4 \cdot 0 + 1 = 1$, $4 \cdot 2 + 1 = 9$, $4 \cdot 6 + 1 = 25$, $4 \cdot 12 + 1 = 49$, …

Dies entspricht exakt $2^3 \cdot \Delta_n + 1$, da die 2 in der Summe aus der Summe ausgeklammert werden kann zu $4 \cdot (2 \cdot \sum_{m=0}^{\infty} m) + 1$

Die Restklassen mod 4

R_0
40
36
32
28
24
20
16
12
8
4
0
PR_3 43 39 35 31 27 23 19 15 11 7 3   1 5 9 13 17 21 25 29 33 37 41 PR_1
2
6
10
14
18
22
26
30
34
38
42
R_2

4n + 1 sind in der komplexen Zahlenebene Z[i] zerlegbare Zahlen. So gesehen stehen bei $10_4 + 1$ Quadratzahlen und wir hätten ein System. In den Eisensteinzahlen Z[ω] ist die 3 aber auch eine Quadratzahl: $- \omega^2 \cdot (1- \omega)^2 = 3$

Eine Quadratzahl ist umgeben von zwei in Quadrate zerlegbare Primzahlen. Die komplexen Zahlen und die Eisensteinzahlen sind integriert. Eine komplexe Ordnung von $4n \pm 1$ und $3n \pm 1$ mit 2^2 als 10_4.

Die Collatz-Vermutung
Da 4n+1 und 4n+3 ungerade Zahlen sind, sind sie die beiden interessanten Zahlengruppen für die Collatz-Vermutung:

Jede ungerade Zahl wird mit 3 multipliziert und 1 addiert, jede gerade Zahl wird durch 2 geteilt. Alle enden in der Schleife 4, 2, 1.

Die Restklassen modulo 4 sind für die Collatz-Iteration wie eine Art Slotmachine. Egal, wo man eine Zahl wählt, wandert man mit den Iterationsvorschriften durch die Restklassen.

$(4n+1)\cdot 3 + 1 \rightarrow 4n$
$4n / 2 \rightarrow 4n$ oder $4n+2$
$(4n+2) / 2 \rightarrow 4n+1$ oder $4n+3$
$(4n+3)\cdot 3 + 1 \rightarrow 4n+2$

Alle enden früher oder später in einer 4er Potenz und damit in der Schleife 4, 2, 1.

Mit der Collatz-Iteration (ausführliche Behandlung s. Anhang) entsteht neben der „natürlichen" Emergenz der Primzahlen eine neue umfassende Anordnung der Primzahlen, die den binären Schlüssel auf komplexere Art repräsentiert. Alle Primzahlen (>2) und Primzahlprodukte erzeugen mit dem Faktor 3 eine unendliche Anzahl an neuen geraden Zahlen mit dem Faktor 3. $2^n \cdot 3 \cdot p$, wobei p Primzahl oder Primzahlprodukt sein kann. z.B. $3 \cdot 5 \cdot 2^n$ oder $3 \cdot (3 \cdot 7) \cdot 2^n$ wird nie zu 3n+1 oder 3n+2. Es wird nie eine Verzweigung geben.

Es entsteht eine synergetische sinnvolle Struktur mit zunehmender Komplexität, die sich aus Zweiheit und Dreiheit entwickelt. Auch andere Anordnungen mit Sinnstruktur sind möglich.

Die Collatz-Iteration bezieht sich zum einen auf die Raumzeit (-Struktur): 3D + T, zum anderen auf den 4-dimensionalen Raum, bei dem viele Beschränkungen und Synergien der Raumzeit (ART) nicht zwingend sind.
Jeder Iterationsschritt kann nur nacheinander erfolgen, weswegen Zeit hier involviert ist. Dennoch ist sie mit dem 4-dimensionalen Raum direkt verbunden, denn das Dreieck mit seinen 3 Eckpunkten und seinem Mittelpunkt sind ein Graph für den Tetraeder, dem ersten der 4-dimensionalen Körper.

Tetraeder

Liegen die 4 Punkte nämlich nicht in der gleichen Ebene, ergeben sich automatisch Tetraeder, nicht zwingend symmetrisch, aber dennoch in jedem Fall ein Tetraeder. Optimierte Symmetrie führt zum symmetrischen Tetraeder. In jedem Fall stehen zwei Verbindungslinien zwischen 2 Punktepaaren senkrecht zu einander, wenn auch nicht mittig.
Die Eckpunkte entsprechen rotierenden Elementarteilchen, die noch keinen Raum kennen, da sie punktförmig sind, 1D, also keine räumliche Ausdehnung haben. Erst mit 2 Punkten/Quarks entsteht eine Verbindungslinie, 2D. Mit 2 x 2 Punkten entstehen 2 Linien. Die Rotation ist eine Information. Die Bezugnahme zweier Rotationen (z.B. Winkel der Rotationsebenen zueinander) erschafft eine neue komplexere Information.
Diese Verbindungslinien sind Verschränkungen der Quarks, die selbst als Bit (Rotationsinformation) fungieren, also Qubits. Die Verschränkung von 2 Qubits ist ein V-Bit. Jedes V-Bit trägt Information. Durch die Verschränkung von 2 V-Bits ergeben sich 4 neue Verbindungslinien, die paarweise wieder V-Bits sind und so die Information komplexer gestalten. Dabei steht nicht mehr Energie als die der 4 Quarks/Bits zur Verfügung. Komplexere Information benötigt weniger Energie. Alle 6 Kanten tragen nun die komplexe Information der möglichen Kombinationen der 4 Rotationsinformationen der Eckpunkte/Quarks. Dies ist eine 4D Information, die auch in 3D „interpretiert" werden kann. Die Informationskomplexität erhöht sich um ein Vielfaches, da jede Kante nun nicht nur eine gegenüberliegende hat, sondern auch zu zwei Dreiecken gehört, also jeweils die Information aller 4 Punkte vereinigt. Die beiden ersten Qubits werden zu V-Bits mit komplexer Information.

Dieser Tetraeder mit seinen 6 Kanten verzweigt sich wieder mit 3 +1 neuen Tetraedern. Jede Ecke, die aus einem bestimmten Blickwinkel Spitze der 3-Eckspyramide ist, wird nun auch zur Spitze eines weiteren Tetraeders, der die 3 hier zusammen-laufenden Kanten fortsetzt. Er ist um $\pi/3 = 30°$ gedreht. Auf diese

Art entstehen 4 neue Tetraeder und der 4-dimensionale Raum ist mit dem Mittelpunkt des Tetraeders geschaffen.
Dieses Muster wächst in allen 4 Richtungen an jedem Tetraeder ins Unendliche weiter. Die neuen Mittelpunkte bilden wieder größere Tetraederstrukturen (2-fache Kantenlänge), ebenso wie die Mittelpunkte der 3-Ecks-Seiten der einzelnen Tetraeder: dem In-Tetraeder oder dualem Körper, um 1/3 verkleinert nach innen. In beiden Richtungen wird unendlich iteriert.
Die Kanten sind also Informationsträger der rotierenden Eckpunkte, die keinen Raum und keine Zeit haben. Durch ihre Verschränkung entsteht eine multiplikative Verknüpfung, die die Information für Raum hat: 3- und 4-dimensional!

Bevor wir zum entscheidenden Schritt, der Anwendung alles bisher Besprochenen kommen, ist die moderne Grundlage aller Betrachtungen von Zahlen, der Mengenlehre von Georg Cantor, einer eingehenderen Untersuchung - insbesondere in ihrer philosophischen Bedeutung – für die Definition der natürlichen Zahlen würdig und nötig.

John von Neumann hat die natürlichen Zahlen auf Basis der Mengenlehre von Georg Cantor definiert.

Die natürlichen Zahlen

„Jede Zahl setzt die vorhergehenden als Gründe ihres Seins voraus. Zur Zehn kann ich nur gelangen durch alle Vorhergehenden." A.Schopenhauer

John von Neumanns Definition der natürlichen Zahlen definiert die Leere Menge { } oder Ø als die 0, das Nichts, die Menge, die Nichts enthält.

0 = { } = Ø

1 = **{Ø}** = **{**{ }**}**

Rekursiv ist die 1 die leere Menge in der leeren Menge {Ø}, das Nichts im Nichts {{ }}. Die Menge enthält genau 1 Element, das „Nichts" im Nichts, das Etwas ist, ein Potential. $Ø^{Ø} = 1^1$.

Folgt man dieser Rekursion der ineinander geschachtelten leeren Mengen so ist:

1^2 = { $Ø^{Ø}$} = {{Ø}} Das Nichts im Nichts im Nichts
1^3 = {{ $Ø^{Ø}$}} Das Nichts im Nichts im Nichts im Nichts
1^4 = {{{ $Ø^{Ø}$}}} Das Nichts im Nichts im Nichts im Nichts im Nichts
etc.

1^2 kann auch als Potenzturm $(Ø^{Ø})^{Ø} = 0^{0\cdot 0}$ gesehen werden. Das wiederholte Setzen der Leeren Menge in die Leere Menge wird zur Anzahl der Nullen in der Exponentmultiplikation. $1^3 = 0^{0\cdot 0\cdot 0}$

Die Anzahl der Darstellungs- oder Ordnungsmöglichkeiten der in einander geschachtelten leeren Mengen mit den 2 Symbolen { } und Ø entspricht den natürlichen Zahlen.
Zur Vereinfachung werde ich den Potenzturm wie in der Multiplikation mit dem Symbol Ø nebeneinander schreiben.

$(Ø^{Ø})^{Ø}$ wird zu ØØØ

$1^1 = \{\emptyset\}$
$1^2 = \{\{\emptyset\}\} = \{\ \emptyset^{\emptyset}\}$ oder $\{\emptyset\emptyset\}$
$1^3 = \{\{\{\emptyset\}\}\} = \{\{\ \emptyset^{\emptyset}\}\}$ oder $\{\{\ \emptyset\emptyset\}\} = \{\emptyset\emptyset\emptyset\}$
$1^4 = \{\{\{\{\emptyset\}\}\}\} = \{\{\{\ \emptyset^{\emptyset}\}\}\}$ oder $\{\{\{\ \emptyset\emptyset\}\}\} = \{\{\emptyset\emptyset\emptyset\}\} = \{\emptyset\emptyset\emptyset\emptyset\}$
etc.

So entstehen die natürlichen Zahlen als wachsender Potenzturm der 0.

Betrachtet man die 1 mit all ihren Potenzen als Symbol für eine beliebige Schwingung mit einer Frequenz, so ist der Potenzturm die Obertonreihe dieser Schwingung.
Die einzelnen Frequenzen der Obertonreihe entsprechen der Multiplikation der natürlichen Zahlen mit der Grundfrequenz. Alle Schwingungen/Frequenzen überlagert, mathematisch alle summiert, erzeugen eine individuelle Schwingung mit einer eigenen Farbe. (Die Fourier-Analyse zerlegt die überlagerten Schwingungen in die einzelnen Frequenzen.)
Die individuelle Färbung entsteht durch die Auswahl der Darstellung. Ein geometrisches Analogon ist die Wahl jeweils eines Eckpunktes des n-Ecks. Diese Bewegung im Kreis nimmt an Komplexitätsmöglichkeiten mit steigendem n stetig zu.
Sie hat in jedem Oberton (n-Eck) genau n Möglichkeiten. In der Summe der Möglichkeiten ergeben sich die Fakultäten von n. Eine sehr schnell wachsende Entwicklung:

1!	2!	3!	4!	5!	6!	7!	8!	9!	
1,	2,	6,	24,	120,	720,	5040,	40320,	362880,	etc.

Bei gleicher Grundfrequenz gibt es in der dritten Oktave ($8=2^3$) bereits 8! (8 Fakultät = $1\cdot2\cdot3\cdot4\cdot5\cdot6\cdot7\cdot8$) Möglichkeiten der Färbung, oder 8! Möglichkeiten von jeweils einem Eckpunkt eines n-Ecks zu einem Eckpunkt eines (n+1)-Ecks zu gehen. Die Auswahl bestimmt in dieser Darstellung die Intensität des Obertons. Je größer die Distanz, desto energiereicher die Schwingung. Bei gleicher Grundfrequenz gibt es also unendlich viele Möglichkeiten der Färbung oder Individualisierung.

Die erste oder andere Art der Rekursion

Die Basis ist die gleiche, das Nichts und das Nichts-im-Nichts:

0 = { } = Ø

1 = **{**Ø**}** = **{**{ }**}**

Beide (alle) bisherigen Elemente 0 und 1 werden nun rekursiv zusammen in eine neue leere Menge getan.
Die 2 ist die leere Menge { }, in der die Leere Menge Ø und (Λ) die Leere Menge in der leeren Menge {Ø} ist. Also die Anzahl 2 der Elemente der Menge.

2 = **{**Ø, {Ø}**}** = Ø Λ {Ø} = {0, 1}

2 ist dann das „Nichts" und das Nichts-im-Nichts im Nichts. Die Polarität von Nichts und Etwas im Nichts.

3 = **{** Ø, {Ø}, {Ø, {Ø}} **}** = Ø Λ {Ø} Λ {Ø, {Ø}} = {0, 1, 2} = {0, 2}

3 ist das Nichts-im-Nichts mit dem „Nichts" im Nichts und das Nichts-im-Nichts und das „Nichts" alle zusammen im Nichts.
3 verschiedene Möglichkeiten der Darstellung des Nichts aus der Rekursion, so dass der nächste Iterationsschritt alle vorherigen Iterationsschritte beinhaltet.

4 = **{** Ø, {Ø}, {Ø, {Ø}} , { Ø, {Ø}, {Ø, {Ø}} } **}** =
Ø Λ {Ø} Λ {Ø, {Ø}} Λ { Ø, {Ø}, {Ø, {Ø}} } = {0, 1, 2, 3} = {0 , 3}

Das Nichts wird mit 2 Elementen strukturiert, dem a = 0, dem Nichts Ø und b = 1, dem Nichts im Nichts {Ø}, die 2-wertige Logik.
So wie die 4 die 3, 2, 1 und 0 enthält, enthält die 5 die 4 mit ihren 4 Elementen.

4 = { a, b, {a,b}, {a, b, {a,b}} }
5 = { a, b, {a,b}, {a, b, {a,b}}, { a, b, {a,b}, {a, b, {a,b}} } }

Das Seiende, die natürlichen Zahlen, die wir darauf anwenden Seiendes in seiner Menge oder Anzahl zu beschreiben, ist folglich nur die unterschiedliche Struktur des Nichts.

Mathematisch ausgedrückt sind es 3 Eigenschaften, die eine natürliche Zahl als eine Menge n definiert, für die folgendes gilt:

(E1) Für alle $x \varepsilon n$ gilt $x \subset n$.

(E2) Für alle $x, y \varepsilon n$ gilt entweder $x \varepsilon y$ oder $y \varepsilon x$ oder $x = y$.

(E3) Wenn $z \varepsilon n$ oder $z = n$, dann gilt entweder $z = \{ \}$ oder es gibt ein $y \varepsilon z$, sodass $x \subset y$ für alle $x \varepsilon z$ gilt.

E1 definiert: x ist eine Teilmenge von n

E2 definiert: für zwei verschiedene Zahlen gilt, dass die eine Teilmenge der anderen ist, ansonsten sind sie gleich.

E3 definiert: die kleinere Zahl ist Teilmenge einer größeren Zahl, die Teilmenge einer größeren Zahl ist, die Teilmenge einer größeren Zahl ist, die Teilmenge … ist, außer sie ist die leere Menge, die untere Grenze der Rekursion ins Unendliche.

$$N = \{ n \mid (E1) \wedge (E2) \wedge (E3) \}$$

bedeutet: wenn alle 3 Eigenschaften zutreffen, beschreiben wir die Menge der natürlichen Zahlen n, den Prototyp einer aktualen Unendlichkeit, die das Nichts mit dem Nichts strukturiert.

Mit der Anzahl 3, den 3 Eigenschaften der natürlichen Zahlen, ist also die erste Unendlichkeit definiert. Ihre Ordnung wird durch das Abzählen definiert, das 5 Bedingungen hat und damit die Addition definiert.

Das Abzählen oder wiederholte 1-Addition erfordert 5 Bedingungen der Ordnung:

(N_0) 0 ist eine natürliche Zahl.

(N_1) Keine natürliche Zahl hat mehr als einen Nachfolger:
Für m, n ε N folgt aus $m^+ \neq n^+$ zwingend $m \neq n$.
oder
Jede natürliche Zahl n hat genau einen Nachfolger n^+.

(N_2) Der Nachfolger einer natürlichen Zahl ist stets eine natürliche Zahl (durch die Definition von N mit E1, E2, E3.)
Wenn n ε N, dann n^+ ε N.

(N_3) Die Zahl 0 kommt als Nachfolger einer natürlichen Zahl nicht in Frage: Für alle n ε N gilt $n^+ \neq 0$.

(N_4) Zwei verschiedene natürliche Zahlen können nicht denselben Nachfolger haben:
Für m, n ε N folgt aus $m \neq n$ zwingend $m^+ \neq n^+$.

(N_5) Es sei M eine Teilmenge von N, $M \subset N$, mit folgenden zwei Eigenschaften:
(a) Es gilt 0 ε M.
(b) Für alle m ε M gilt m^+ ε M.
Dann muss bereits M = N gelten.

(N_5) ist das Prinzip der vollständigen Induktion, die die grundlegende Form Logik ist.

Da 1 der erste natürliche Nachfolger von 0 ist, ist die 1 der Prototyp des Nachfolgers, der das Prinzip der Nachfolge 0^+ gestaltet:

$0^+ = 0 + 1$ $1^+ = 1 + 1 = 2$ $2^+ = 2 + 1 = 3$ etc.

Mit den 5 Bedingungen für die Menge der natürlichen Zahlen haben wir eine Form aus dem Nichts oder im Nichts geschaffen.

Ohne die Definition der natürlichen Zahlen ist keine weitere mathematische Operation möglich, denn alle Operationen beziehen sich letztlich auf die natürlichen Zahlen. Alle Verknüpfungen von allen Arten von Zahlen basieren auf der Ordnung der natürlichen Zahlen.

Ihre Entstehung beginnt mit dem Nichts, der Leeren Menge. Es gibt 2 Schreibweisen, die für die Anschaulichkeit der Zahlen notwendig ist: { } und Ø
Dabei ist die geschweifte Klammer eine Art Grenze, die etwas umfasst. Gleichzeitig wird damit das Umfasste vom Nichtumfassten getrennt.
Interessant ist, dass das Umfasste unendlich ist, in zweierlei Hinsicht, als Menge der natürlichen Zahlen N und als Menge 1^n.
Und das Umfasste ist umgeben vom Unendlichen.
Wir betrachten also beim Blick in die leere Menge die Unendlichkeit in mehrerlei Hinsicht.
Betrachten wir Zahlen, betrachten wir also ausschließlich Strukturen im Nichts.

Warum das alles?

Wo zeigt sich die Unendlichkeit als Abspaltung vom Unendlichen durch Durchdringung im menschlichen Dasein?
Es sind die Emotionen und später auch das Denken, in denen die gleiche komplexe Logik gilt, wie die Logik des Unendlichen.

In den Axiomen des Unendlichen zu Beginn des Buches kann Unendlich einfach durch Emotion ersetzt werden und wir erhalten sinnvolle Aussagen über das emotionale Sein.

Axiome einer ∞-wertigen Logik
Axiome einer emotionalen Logik

1 *Alles entsteht aus und vergeht im Unendlichen (∞).*
Alles entsteht aus Emotionen und vergeht in Emotionen.
oder
Alles entspringt dem Unendlichen (∞) und fällt in es zurück.
Alles entspringt dem Emotionalen und fällt in es zurück.

2 *Das Unendliche (∞) bezieht sich nur auf sich selbst.*
Das Emotionale bezieht sich nur auf sich selbst.
- *Das Unendliche (∞) birgt das Unendliche (∞), ebenso das Nichts, das selber unendlich ist.*
- Das Emotionale birgt das Emotionale, ebenso das Nichts, das selber emotional ist. (0 ist die Existenzangst)
- *Das Unendliche (∞) erstreckt sich auf alles.*
- Das Emotionale erstreckt sich auf alles.
- *Es gibt nur das Unendliche (∞), ohne Einheit, ohne Bezug auf ein Anderes als sich selbst.*
- Es gibt nur das Emotionale, ohne Einheit, ohne Bezug auf ein Anderes als sich selbst.

3 *Die unendliche Bewegung durchdringt das Unendliche (∞) in allen möglichen Arten.*
Die emotionale Bewegung durchdringt das Emotionale in allen möglichen Arten.
Alles ist (permanent) in allen möglichen Arten in Bewegung.
Nichts im Unendlichen (∞) bewegt sich nicht.
Nichts im Emotionalen bewegt sich nicht.

Veränderung ist die einzige Ausdrucksform des Unendlichen (∞).
Veränderung ist die einzige Ausdrucksform des Emotionalen.

Emotion ist Drang zur Veränderung. Eine Kraft, die zunehmende Komplexität fordert. Mit zunehmender Komplexität stabilisiert sich der Drang und erhält in seiner Bewegung Richtung. Das

Verständnis der Richtung ist Geist, der aus der Form Sinn entnimmt und gleichzeitig der Form Sinn gibt. Mit dem Geben von Sinn stabilisiert es das Unendliche mit Struktur und damit den Weg/die Richtung der Komplexitätszunahme mit Sinnstrukturen.

Primzahlen sind Träger von emotionaler Information.

Jede beliebige Zahl lässt sich in Primfaktoren mit Potenzen zerlegen. Im Unendlichen sind alle Primzahlen miteinander multipliziert mit allen möglichen Exponenten und Kombinationen jeder einzelnen Primzahl und Hochzahl. Dies ist eine Möglichkeit das Unendliche komplex mit unseren Zahlensymbolen und Verknüpfungen zu beschreiben.

$$\infty = \prod p^x = 1^a \cdot 2^b \cdot 3^c \cdot 5^d \cdot 7^e \cdot 11^f \cdot 13^g \cdot 17^h \cdot 19^i \cdot 23^j \cdot 29^k \cdot 31^l \cdot 37^m \cdot 41^n \cdot \ldots$$

All diese möglichen unendlichen Produkte interagieren. Dadurch herrscht permanente Bewegung.

Warum ist die 1, die keine Primzahl ist, enthalten? Sie ist rein mathematisch das neutrale Element der Multiplikation, verändert das Produkt nicht. Gleichzeitig ist sie der einzige Faktor für die Primzahl-Definition. Vielmehr ist sie aber als Potenzturm - wie im Kapitel über die natürlichen Zahlen beschrieben – eine Art Grundstruktur, eine Grundschwingung, die Grundstruktur der Seele. Dieser Potenzturm ist die Obertonreihe der Grundfrequenz, der Identität, der 1, die mit allem über das PZP interagiert. Das Individuum in seiner Anlage ist eine Struktur, mental und aus dem Mentalen heraus auch physisch. Es ist eine Struktur, die mit der Zahl e zusammenhängt. Die Eulersche Zahl e ist die Summe aller reziproken Fakultäten.

$$e = \sum_{n=0}^{\infty} \frac{1}{n!} = 1 + \frac{1}{1} + \frac{1}{1 \cdot 2} + \frac{1}{1 \cdot 2 \cdot 3} + \frac{1}{1 \cdot 2 \cdot 3 \cdot 4} + \ldots = 2.71828182846\ldots$$

Von Zahl zu Zahl entlang der natürlichen Zahlen fällt eine Entscheidung zu welchem Punkt des (n+1) Ecks weitergegangen wird. Es entsteht eine einmalige Struktur. Mögen viele anfänglich noch gleich sein, entsteht eine Individualisierung mit zunehmender Distanz zur 1 mit immer größerer Wahrscheinlichkeit. Die Summe aller möglichen Entscheidungen und damit aller möglichen Formen drückt die Zahl e aus, eine transzendente Zahl, deren Nachkommastellen keinerlei wiederholende Rhythmik bis ins Unendliche hat. Sie beschreibt die unendlichen Erscheinungsformen der Obertonstruktur der 1.

Die Struktur der 1 interagiert über die Multiplikation mit allen Primzahlen und deren Potenzen in allen Kombinationen. Dies entspricht der Erzeugung von Schwingungen je eines Obertons und damit der Aktivierung einer Resonanz in der Obertonstruktur. Die Seelenstruktur, die die Heredität, das ererbte oder selbst Gestaltete in der Vergangenheit, mit sich bringt ist nicht fix, sondern dient in der Interaktion mit dem PZP gleichzeitig als Speicher aller Information, wie auch als Resonanzkörper, der die Schwingungsverhältnisse individuell bewertet. Dabei verändert sich die Struktur. Diese Interaktion der 1 mit dem PZP ist der aktive Lebensprozess, das Seelenleben, das unser Fühlen, Denken und Handeln bestimmt.

Es ist eine multiplikative Matrix, die unsere Erfahrung gestaltet, und als Erinnerung und Entwicklung in die Struktur der 1 eingeht. Sie verändert sich durch das Leben, das Austausch mit der Umwelt im Kleinen, z.B. sozialem Leben, oder dem Großen ist, der Eingebettetheit in die Heliosphäre mit den gesamten Massenverhältnissen, die sich in unserem Planetensystem in großen Zyklen ganz langsam verändern. Hier gibt es keine ganzzahligen Verhältnisse, sodass es permanent Reibung gibt. Diese Reibung in großen Zyklen oder Rhythmen erleben wir als Entwicklungszyklen, wie es die Planetenzyklen in Jahren (Umläufe der Erde um die Sonne) beschreiben.
Dabei werden die einfachen Figuren in der Regel deutlicher wahrgenommen als komplexe, aber komplexe Strukturen

reagieren auch auf höhere Teilungen. Die Sensibilität bzw. Sensitivität für diese langsamen Prozesse nimmt mit bewusster Erfahrung zu.

Das PZP ist also der Sensor, auf den unsere Seelenstruktur (1^n) reagiert. Die Gestimmtheit und Kraftwirkung des Anderen erleben wir als Vergleich der Potenzen der Primzahlen im PZP. Wir erleben Ähnlichkeit und Unähnlichkeit, Vertrautheit und Fremdes, Bedrohliches und Angenehmes.
Wir reagieren unterbewusst als geerbte Fähigkeit unserer Bewusstseinsentwicklung sehr schnell auf geringe Reize und sortieren sie nach bedrohlich, angenehm und irrelevant. Relevanter Reiz – egal ob bedrohlich oder angenehm – erreicht unser Bewusstsein und erfordert aktive Entscheidung und evt. auch Handlung. Die Intensität drückt sich in der Höhe der Exponenten aus. Relevanz entsteht bei großem Unterschied. Ein Schwellwert wird überschritten und unsere Wahrnehmung aktiviert das Bewusstsein.
Die eigene Struktur der 1 wird auf das PZP übertragen, sodass ein komplexes variables Feld entsteht. Der Sensor PZP rechnet in Logarithmen zu den unterschiedlichen Basen. Anregung fordert zur Entscheidung auf wie die Differenz der Exponenten bewertet und behandelt wird. Generell streben wir zu Stabilität, die, ob wir wollen oder nicht, nur durch Veränderung der Struktur (1^n) erreicht werden kann. Diese Anpassung bedeutet eine Zunahme an Komplexität, die wir als Erfahrung speichern, um in ähnlichen Situationen den Schwellwert erhöht zu haben.

Durch beliebige Gruppierung der Faktoren entstehen Themenkomplexe. Ein temporäres Nullsetzen des Exponenten führt zur Erhöhung des Exponenten der 1, der per se ∞ ist. Nichts geht verloren, der Fokus richtet sich auf das endliche Produkt.

Emotionen und mentale Formen sind als Partialprodukte Themenkomplexe, die durch Klammerung und Vertauschung der Faktoren des unendlichen Produktes entstehen.

$1^a \cdot (2^b) \cdot 3^c \cdot 5^d \cdot 7^e \cdot (11^f) \cdot 13^g \cdot 17^h \cdot 19^i \cdot 23^j \cdot (29^k) \cdot 31^l \cdot 37^m \cdot \ldots$
$=$
$1^a \cdot (2^b \cdot 11^f \cdot 29^k) \cdot 3^c \cdot 5^d \cdot 7^e \cdot 13^g \cdot 17^h \cdot 19^i \cdot 23^j \cdot 31^l \cdot 37^m \cdot \ldots$

Die Klammerung kann beliebig vorgenommen werden. „Sinnvolle“ Strukturen ergeben sich durch inhaltliche Zusammenhänge. Einzelne Primfaktoren kommen in mehreren (∞) Klammerungen vor. Deshalb überschneiden/überlagern sich die Emotionen auch.

Interagieren zwei solcher unendlichen Produkte, werden nur die Exponenten verglichen. Dies ist reine Logarithmenrechnung und wird durch das Weber-Fechner-Gesetz belegt. Die Unterschiede verändern beide Produkte als jeweiliges Streben zur Stabilität, die nur durch Komplexitätszunahme erreicht werden kann.

Primzahlen sind zwar dadurch definiert, dass sie nur als Produkt von 1 und sich selbst existieren, viel aufschlussreicher ist aber, dass sie nur die Summe aus geraden und ungeraden Zahlen sein können. Im einfachsten Fall jeweils eine von beiden. Die ungeraden müssen in jedem Fall in einer ungeraden Anzahl vorhanden sein. Die Primzahlen selbst sind also endliche Summen. Damit ist das Spektrum der Rechenarten abgedeckt. Mit der Analogie von Emotion und dem Unendlichen ist das Primzahlprodukt bereits dem mentalen Bereich der Existenz zugeordnet, denn Emotion ist mental, auch wenn sie physisch Auswirkung hat. Die erste Emotion, die Existenzangst, beginnt auf der untersten Stufe der Komplexität von Bewusstsein, der 2. Die einzige Möglichkeit die Struktur von $\prod p^x$ aufzulösen ist die Multiplikation mit 0. Dies bedeutet die Rückkehr ins ∞, physisch den Tod. Dies symbolisiert die allem Lebenden gemeinsame Angst, die Existenzangst, der Antrieb zu Handeln, um zu überleben.

Mit der 7 entsteht die Fähigkeit zur Sinn-Entnahme. Alle höheren Primzahlen sind also Sinnstrukturen mit ihrer eigenen Logik. Sie füllen Lücken im $2^n \cdot 3n$ Basissystem der primen Expansion. Sie tragen dazu bei die unendliche Komplexität von $\sum_{n}^{\infty} 1^{n}$ zu strukturieren und durch erkannte Zusammenhänge = Sinn zu stabilisieren. Mit zunehmenden Primzahlen füllt sich das System der unendlichen 1 Addition immer abschnittsweise zur Reihe der natürlichen Zahlen. Im Unendlichen füllt das unendliche Primzahlprodukt diese Reihe komplett und ist mit ihr komplexer strukturiert identisch. Mit der Struktur hat die Unendlichkeit an Festigkeit gewonnen. Die Logik der möglichen Bewegungen, die sich in der Raumzeit manifestieren können, wie auch im Geistigen, sind im Unendlichen vorgezeichnet.

Das Denken ist primär Sinn in Strukturen zu erkennen. Denken findet aber nicht ohne emotionalen Einfluss statt. Je abstrakter das Thema und je intensiver die Gedanken, desto höher sind die Potenzen der am Thema beteiligten Primzahlen. Je komplexer das Thema, desto mehr und höhere Primzahlen sind am Thema beteiligt. Dennoch hat jede Primzahl einen emotionalen Gehalt, was spätestens dann, wenn sie sich im Produkt mit der 2 (Streben) oder der 3 (Freude) befindet, sichtbar wird. Da dies die Grundkonstellation allen emergierenden Bewusstseins ist, auf dem der Geist als Emergenz aufbaut, ist der Ausschluss von Emotion im Denken quasi unmöglich, da sonst auch der Antrieb zum Denken fehlen würde, den die Spaltung der 2 initiiert hat.

Was ich in diesem Buch tue

Ich trage Beobachtungen zusammen und versuche sinnvolle Zusammenhänge der einzelnen Phänomene zu einem komplexen Ganzen zu ordnen, dessen Struktur sich mit zunehmender Größe entsprechend komplexer gestaltet. Die Emergenz der Primzahlen aus 1, 2 und 3 ist an Komplexitätszunahme bei jedem Schritt einzigartig, da sie kontinuierlich zunimmt und mit jeder neuen Primzahl ein eigenes Muster entsteht, das die vorherigen überlagert und gleichzeitig die Notwendigkeit für neue Primzahlen schafft.

Die Zunahme der Komplexität entspricht dabei optisch der Zunahme der Komplexität der Überlagerung der Sternfiguren der Primzahlen. Diese erfassen wir als Bild holistisch. D.h., mit zunehmender Größe der Primzahlen wird das Bild immer dichter und komplexer.

Bald wird das Linienbild schwarz erscheinen. Die Verbildlichung ist dennoch ein gutes Mittel, um sich die Komplexitätszunahme zu versinnbildlichen, dem visuellen Sinn zugänglich zu machen.

Die 2er Potenzen bilden optisch einen Strahlenstern, dessen Strahlen alle durch den Mittelpunkt die 1 gehen, ohne ihn zu bemerken, da sie im Kreis um den Mittelpunkt herumgehen. Aus einer 2D-Perspektive entsteht der Strahlenstern. Die einfache Rotation, die 2 erscheint wie ein Hin- und Herbewegen von einem Ende zum anderen der Linie mit zu- und abnehmenden Tempo rund auf die Mitte zu und von der Mitte weg; quasi 1D.

Akustisch wäre es ein zunehmend komplexer Akkord, der sich in einen Cluster der Obertöne entwickelt. Basierend auf einer 1^n als Grundfrequenz, wobei der Exponent die Frequenz bedeutet, steht die Oktave 2, die Quinte 3, die Durterz 5, die Septe 7, etc. Die 2er Potenzen, die Oktaven, bilden akkustisch einen Bezugsrahmen für die Intervalle der Primzahlen. Ohne sie verändert der Akkord stetig seinen Charakter.

Kurzer Ausblick

Ich werde im Folgenden alles, was sich scheinbar zufällig an Ähnlichkeiten, Übereinstimmungen in meiner Betrachtung der Zahlen ergibt, auflisten und versuchen sinnvoll zusammenzuführen. Dazu benutze ich alle bisher vorgestellten mathematischen Methoden, Operationen und versuche die Symbole, die eine Verbindung durch die Operationen miteinander haben, in der Symbolik der Sprache auszudrücken.

Sprache ist Rhythmus, Melodie und Klang in einer syntaktischen Verbindung, die Sinnstrukturen enthält und von unserem Bewusstsein kreiert wurde, genauso wie die mathematischen Symbole.

Es gibt also, da Symbol immer Symbol also Kraft bleibt, eine Möglichkeit der Zuordnung, auch wenn die 2-wertige Logik der mathematischen Symbole/Operationen dies nicht zulässt, als dritte Möglichkeit die Zunahme an Komplexität in einer ganz anderen Richtung. Lässt man diese dritte Möglichkeit aber zu, ergibt sich eine mehrwertige Logik, in der es mehrere valide Größen gibt, die Sinn und Bedeutung haben.

Anhand der Reise durch die Primzahlen und den Eigenschaften, die mathematisch beschreibbar sind, werde ich Charaktere formulieren, die im PZP multiplikativ verknüpft sind und Eigenschaften des Bewusstseins sind, das diese Symbole geschaffen hat. Diese Projektion mit ihren komplexen Strukturen zu untersuchen geht am besten, wenn man die einzelnen Bausteine, die Primzahlen, einzeln untersucht und den Symbolen auch sprachlich wieder ihren Gehalt zu geben versucht.

Diese Reise durch die Primzahlen folgt auch einer Art System, das ich zunächst kurz erklären werde.

8 Ordnung -2

Im Dezimalsystem, das aus 2 und 5 entsteht, ist die 8 mit der -2 direkt gekoppelt.

$-2 \bmod 10 \equiv 8$

8 ist 2^3. Das erste Mal, dass die Potenz etwas anderes zum Ergebnis hat als Summe, Produkt oder Potenz. Die 2 alleine, nur mit sich selbst kombiniert, kann zwischen den Rechenarten nicht unterscheiden.

$2+2 = 2 \cdot 2 = 2^2 = 4.$

Erst die 3 als Exponent führt die Unterscheidung und damit eine (Rang-) Ordnung der Rechenarten herbei.

Im 8-Eck, der geometrischen Figur, gibt es genau einen Stern. Wie im 10-Eck entsteht er durch Abschreiten der Eckpunkte in

3er Schritten  bzw. in 5er Schritten in der anderen

Richtung.

2, die Symmetrieachse, und $4 = 2^2$, das Quadrat, bilden keine Sternfiguren und haben deshalb keine Stabilität durch die reine Rechtwinkligkeit des Quadrats. Erst bei $2^3 = 8$ tritt durch die dreimalige Teilung des Vollwinkels $2\pi = 360°$ durch 2 = 45° die Möglichkeit der Sternfigur in 3 bzw.-3 mod8 ≡ 5 Schritten auf. Damit steht die 8 für eine erste stabile Ordnung in der Reihe der 2er Potenzen. Alle höheren 2^n-Ecke bilden Sternfiguren mit den ungeraden Zahlen, die symmetrisch um die Hälfte geordnet sind und erhalten damit zunehmend Stabilität. Aber die 8 ist quasi der Prototyp dieser stabilen Form. Der 8 Stern taucht in allen höheren Formen wieder vervielfacht und gedreht auf, so wie das Quadrat und die Symmetrieachse im 8-Eck.

Deshalb steht die 8 für die Ordnung innerhalb der 2er Potenzen. Da wir die Zahlen im Dezimalsystem betrachten, ist der Unterschied genau 2 und in der Gleichung 8 -10 = -2 wird der Unterschied zwischen den beiden Zahlen aus Sicht der 8 deutlich. Die -2 ist die einfache Negation, die Reflexion, der Spiegel. 8 ist als 2^3 die 3-fache Reflexion oder Negation, die die Richtung von außen nach innen umkehrt.

Auch der Kehrwert zeigt das Prinzip der Ordnung.
$1/8 = 0{,}125 = 5^3/10^3$. Die QS von 0,125 ist wieder 8. Die beteiligten Ziffern schaffen ein Etwas (1) aus Streben (2) und Formgestaltung (5), eine Struktur, eine Ordnung.
Wenn wir nicht ordnen können, egal wie komplex, können wir keinen Sinn erkennen und auch Form nicht verstehen, bestenfalls wahrnehmen.
Die erste stabile Struktur oder Ordnung, die sich aus der fortgesetzten Negation als Bewusstseinsprozess ergibt, den 2er Potenzen, ist die ruhige Kraft der 3 als Exponent, die sich im Inneren der 8 als Stern stabilisierend manifestiert.

Die 2er Potenzen sind das Streben und die Anstrengung, zugleich mit der Opposition aber am nächsten an der Einheit. In der Synergie der Gegensätze zeigt sich die Dynamik des emergierenden Systems. Die Negation der Negation der Negation hat eine neue Qualität. Die Reflexion der reflektierten Reflexion ist eine Negation des Positiven. Es wechselt also eine Qualität ihre Richtung oder Orientierung.

Starten wir nun diese Folge bei $1 = n^0$, also in egal welchem System wir etwas betrachten, so kommen wir zu Folgendem :

Die Progression – 2, + 8

$-2 \bmod 10 \equiv 8$, $-8 \bmod 10 \equiv 2$

Aus der 1 entspringt durch Negation (-2) die -1, die Negation als Prinzip. Die Negation als geistiges bewusstes Prinzip der Gegensätze.

Wir betrachten bei dieser Progression geometrisch das Abschreiten vom 5-Eck mit den ungeraden Zahlen im 10-Eck, das jeweils einen Punkt überspringt, also in -2er (nach links) und +8er Schritten (nach rechts) die Richtung ändernd das Zehneck abschreitet.

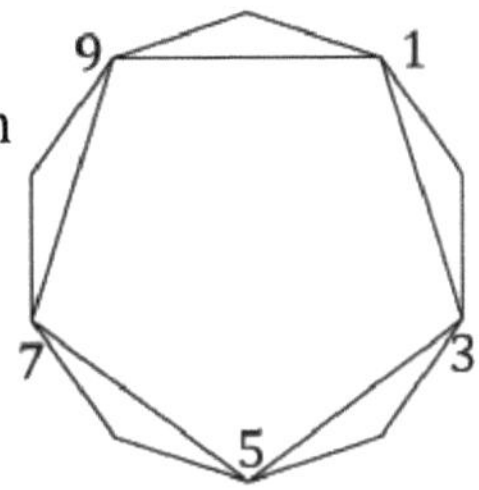

Die Reihe beginnt die dreifache Negation/ Reflexion in Form von +8 bei -1, ($-1 \bmod 10 \equiv 9$) und führt von der nach außen gerichteten Negation zur nach innen gerichteten Qualität. Wir erhalten der Reihe nach die Zahlen:

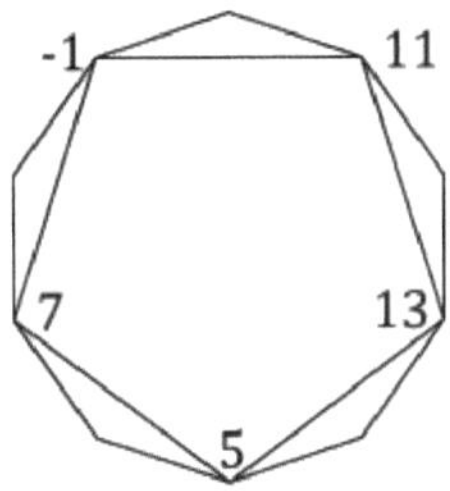

$-1 + 8 = 7$
$7 - 2 = 5$
$5 + 8 = 13$
$13 - 2 = 11$
$11 + 8 = 19$
$19 - 2 = 17$
$17 + 8 = 25$
$25 - 2 = 23$
$23 + 8 = 31$
$31 - 2 = 29$

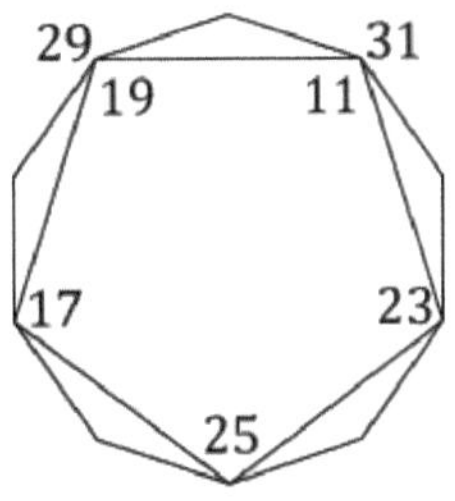

Die Zahlen sind nach den Endziffern (EZ) in diesem 5-Eck angeordnet. Bis auf die $25 = 5^2$ bewegen wir uns durch die Primzahlen.
Bei 29 QS 11 ist eine (Doppel-) Runde beendet und mit dem Schritt zur 37 beginnt eine neue.

Wir durchwandern die Primzahlzwillinge von 6n+1 zu 6n-1, von den introvertierten / geistigen zu den extrovertierten / materiell orientierten Primzahlen. Die introvertierten liefern den extrovertierten den Inhalt für die Wirkungskraft, die nach außen wirkt, auch wenn sie nicht das inhaltliche Verständnis hat, wie die Introvertierte, so hat sie doch den Kontext der inhaltlichen Strukturen als gemeinsames Thema.

Die 1 ist eine einzige Struktur der natürlichen Zahlen, die nach innen gewendet ist als $0^{0 \cdot 0 \cdot 0 \cdot 0 \cdot \ldots}$ durch die interne Strukturierung.

1 – 2 = -1

Die -1, die Negation, ist also nach außen gerichtete Wirkkraft des Geistes.

-1 + 8 = 7

System und 7

Ein System schafft Ordnungsmuster im Unendlichen. Je komplexer das System, desto komplexer sind die Strukturen, ohne jemals die Struktur des Unendlichen beschreiben zu können. Unsere materielle und geistige Wirklichkeit ist nur in ganz kleinem Anteil in den bekannten Systemen ausdrückbar, bzw. das System der Systeme und ihre synergetischen Verbindungen sind nur gering erkannt und damit bewusst. Die Gesamtheit der uns zugänglichen Information ist im unendlichen Primzahlprodukt PZP^x enthalten.

Ab 7 beginnt die mentale Welt. Multiplikationen mit 2^n, 3^n, 5^n, sind Verbindungen in die physische Welt. Alle Primzahlprodukte >= 7 sind mentale Prozesse.

Das Dezimalsystem (DS) hat 3 + 1 Ziffern als Primzahlen:
2, 3, 5 und 7.
Im DS ist 7 die Negation der 3: $-3 \bmod 10 \equiv 7$. Die Negation der stabilen dynamischen Form 11_2. Somit ist 7 der Schlüssel zur mentalen bzw. (Selbst-) Bewusstseins-Welt.

Da alle PZ = $6n\pm1$ sind, ist die mentale Kraft mit der Materie verbunden. Deswegen existiert ein Gehirn, eine physische Abbildung der höheren PZ-Produkte mit ihrer Komplexität, die sich in den Strukturen der neuronalen Netze realisieren. +6n bedeutet eine Verbindung zur Quantenebene der Materie. Die sechs Kanten des Tetraeders sind Informationsträger der vier Eckpunkte, die miteinander Wechselwirken.

Die Siebenheit ist also eine rein geistige, also nicht materielle nach innen gerichtete Aktivität des Bewusstseins, die den Sinn der Negation sucht. Mit den beiden Sternen in 2-5 und 3-4 Schritten ist das Siebeneck stabil und vereinigt das 2er und das 3er Prinzip, das zum System 10 und 12 führt. (Siehe Kapitel Siebenheit)

Die Sternfiguren der p-Ecke (Primzahl-Eck)

Eine Sternfigur entsteht aus der 2, dem Streben zu etwas Anderem. Gibt es keine einfache Opposition, die nur bei den geraden Zahlen entsteht, führt das Streben (2) zu einer Linie zu einem anderen Punkt. Diese Art Streben macht sich in der Distanz bemerkbar. Die kürzeste Strecke (2) ist von Punkt zu Punkt entlang des n-Ecks. Die längste Strecke entsteht durch Überspringen von (n-1) Punkten, was einer Schrittweite von 1 in der anderen Richtung entspricht. Die innerhalb des p-Ecks längste Strecke entsteht durch Überspringen von (n-1)/2 Punkten oder in der anderen Richtung mit (n+1)/2 Punkten. Alle Ecken des p-Ecks werden abgeschritten, mit einer einzigen (Poly-)Linie, nur gerade Strecken, wie es das Wesen der 2 ist, zwei Punkte durch eine Strecke miteinander zu verbinden.

Nur mit der zweiten Strecke wieder zum Ursprung zurückzukehren, reicht jetzt nicht mehr aus. Das 3-Eck hat seine Kanten als Diagonalen. Deshalb strahlt es so eine Ruhe und Zufriedenheit, Stabilität aus. Das 5-Eck ist viel dynamischer mit seinem Pentagrammstern, der die Winkel in 3 Teile teilt und durch die Schrittweite 2 entsteht.

War die 2 die Rotation des Punktes, dem Kreis mit Radius 0 und ohne Raum, so ist sowohl die gerade Bewegung als auch die Kreisbewegung denkbar. Es geht nur um Polarität, das Hin und Her zwischen zwei Oppositionen. Die Erfahrung der 3, dass in jeder der beiden Richtungen 3 Schritte notwendig sind, um zum Ursprung zurückzukehren, ein Schritt in egal welche Richtung zum gleichen Bild führt, das 2 weitere Schritte erfordert und +1 Schritt = 2 Schritte in die andere Richtung bedeutet. Dies drückt sich also in der Modulorechnung mit dem Modul 3 aus:

$1 \bmod 3 \equiv 1 = -2$ oder $-1 = 2 \pmod 3$

Die Bewegung des Punktes kennt keinen Raum, also keine Zeit und erscheint uns daher mit Lichtgeschwindigkeit. Wird für die

Rückkehr zum Ursprung nicht die gleiche Strecke, aber die gleiche Zeit benötigt, erhöht sich aus unserer Raumzeit-Sicht die Energie, die Frequenz. Es entsteht eine andere Farbe, ein anderer Klang, eine andere Strahlung.

Es sind die höheren Primzahlen, die mit allen Kombinationen der Eckpunktverbindungen, den Diagonalen, die Sternfiguren bilden. Dabei sind die beiden Richtungen, die in einer Sternfigur möglich sind, durch die Summe a + b = p ausgedrückt. Für a und b gibt es je nach Größe von p $\frac{p-3}{2}$ unterschiedliche Möglichkeiten, die aber nach dem gleichen Prinzip geordnet sind: Die längste Strecke besteht zwischen dem Abschreiten des p-Ecks mit $\frac{p-1}{2}$ Schritten in der einen Richtung oder $\frac{p+1}{2}$ Schritten in der anderen Richtung. Dies ist die höchste „Frequenz" oder Energie, denn in der gleichen Nichtzeit wird ein längerer Weg zurückgelegt. Z.B. :

3 + 4 = 7 oder 15 + 16 = 31

Die Zahlen der Schrittweiten als Symbole tragen die Information des Symbols und laden es durch den Kontext weiter auf. Da es sich paarweise um gegensätzliche Richtungen handelt, sind es gegensätzliche Kräfte/Bedeutungen, die hier die gleiche Form wirken. Das aus diesen Widersprüchlichkeiten erwachsende Reflexionsthema ist jeweils Teil der Charakteristik der Primzahl. Im Wachstum der Primzahlen werden die bereits vorher vorkommenden natürlichen Zahlen immer neu in Paare zusammengefasst. Keine Kombination wird sich je wiederholen. So ergibt die Summe der Reflexionsthemen, die kontinuierlich an Kombinationen steigt, die Themen der Primzahlbedeutung.

Dies ist die emergierende Komplexität, die innerhalb der natürlichen Zahlen stabile Ordnung und Form durch Kontinuität in den natürlichen Zahlen schafft.

Die natürlichen Zahlen als Faktor einer Frequenz bildet die Obertonreihe. Hierin sind die Primzahlen die einzigen Zahlen, die neue Intervalle bilden. Primzahlprodukte sind Kombinationen der Intervalle. Alle Potenzen aller Primzahlbasen außer 2 sind eigene Stimmungssysteme, die aus der Wiederholung des gleichen Intervalls entstehen, so wie unsere 7-tönigen Skalen und den 12 chromatischen Verschiebungen aus der Wiederholung der 3-Teilung, der Quintenschichtung entstehen.

Es ist immer eine gerade Zahl, ein Streben und eine ungerade Zahl.

Die Zahlwerte der Schrittweite der Sternfiguren in den p-Ecken sind die Themen, die aus der Symbolik der Zahlen entsteht. Dabei werden alle Zahlen bis zu dieser Zahl eindeutig in Paaren geordnet. So wird die Bedingung der natürlichen Zahlen erfüllt, dass jede Zahl all ihre Vorgänger beinhaltet. (John von Neumann System mit leeren Mengen)
Die Sterne der Primzahlen (Primzahl-Ecke) bestehen als Summe immer aus einer geraden und einer ungeraden Zahl.
Die ungeraden sind entweder prim oder Primzahlprodukte. Sie tragen ihre eigene Bedeutung (PZ) oder die synergetisch verbundenen Eigenschaften der PZ im Produkt. So ist $15=3\cdot5$ das Vergnügen an Formgestaltung oder Formgestaltung des Vergnügens als $5\cdot3$.

Die geraden Zahlen sind immer geprägt von der 2, dem Streben oder Fliehen zu bzw. vor etwas Anderem. 2^n, die Oktaven, sind nur eine Bestätigung der Eigenresonanz, die ab 2^3 mit allen ungeraden Zahlen bis zu ihrer Hälfte eigene Sternfiguren zur Stabilität bildet. Dies ist die Ordnung, die das exponentielle Wachstum begleitet und zu seiner Stabilität führt.

Die Gegensätzlichkeit der ungeraden Zahl, die eine Eigenschaft verkörpert, und einem Streben zu einer Eigenschaft der geraden Zahl ist wie die zwei Seiten einer Medaille, die ohne einander nicht können. In ihrer unterschiedlichen Motivation liegt die

Qualität der Sternfigur. In der Summe der Qualitäten (der Sternfiguren) zeigt sich das zentrale Thema der Primzahl mit all den anderen Methoden, wie z.B. der unendlichen Kehrwertsumme der Periode mit ihren Faktoren.
Summen von zwei Quadraten sind immer Zahlen, die in der komplexen Zahlenebene zerlegbar sind. Ist die Wurzel eines Quadrates gleich dem Abstand zweier Zahlen, ist es eine Eisensteinzahl. So ist die Struktur einer Primzahl, die mit i und/oder ω ausdrückbar ist, jeweils stark geprägt von diesen Zahlen. Die Primzahlen der Form 11+12n sind weder als Eisensteinzahl (Z{ ω}) noch als Komplexe Zahl zerlegbar. Ihnen kommt eine große Widerstandsfähigkeit und Strukturiertheit zu: das Prinzip der Elfheit. Doppelt zerlegbar ist das Prinzip der Dreizehnheit, so wie 5 und 7 Prototypen von Zerlegbarkeit im Komplexen Zahlenraum bzw. Eisensteingitter sind.

In den 2er Potenzen vervielfachen sich die einmal entstandenen Sternfiguren gedreht bei steigender Potenz. Hat 8 nur die Sternfigur aus 3 Schritten, das 2-fache Quadrat und 4 Oppositionen, hat 16 bereits 3 Sternfiguren mit ungeraden Zahlenpaaren als Schrittweiten:
3-13, 5-11, 7-9
Die geraden Zahlenpaare 6 und 10 Schritte bilden den Stern der 8, der um einen Schritt im 16-Eck gedreht verdoppelt wird, 2-14 ist das verdoppelte 8-Eck, 4-12 sind 4 Quadrate und 8-8 sind die 8 Oppositionen im 16-Eck. So verzweifachen sich Figuren, die aus geraden Zahlen als Schrittweite entstehen, kontinuierlich.

Im 32-Eck finden wir also die 7 Sternfiguren 3-29, 5-27, 7-25, 9-23, 11-21, 13-19, 15-17.

Im 64-Eck finden wir die 15 Sternfiguren:
3-61, 5-59, 7-57, 9-55, 11-53, 13-51, 15-49, 17-47, 19-45, 21-43, 23-41, 25-39, 27-37, 29-35, 31-33.

Im 128-Eck sind es 31 Sternfiguren, etc.

Die Anzahl der ungeraden Sternfiguren in 2^n-Ecken wächst in Form von:

$(2^n-4)/4 = 2^{(n-2)}-1$

Dies sind die sogenannten Mersenne-Zahlen 2^n-1 (M_n). In binärer Schreibweise sind sie eine Folge von Einsen. Dabei bedeutet n die Anzahl der Einsen. $2^7-1 = 127 = 1111111_2$
Ist n eine Primzahl, kann M_n eine Primzahl sein. So sind die 2er Potenzen in Kombination mit der Negation von 2^2 als -4 und /4 mit bestimmten Primzahlen verbunden. (Die 4 spielt im Lucas-Lehmer-Test eine entscheidende Rolle für den Primtest.)

Die 2er-Potenzen sind ein Anwachsen der Energie des Strebens, der Grundform von Bewusstsein. Es ist immer mit dem Verlassenwollen und dem Streben zu etwas Anderem hin verbunden: das Vermeiden von Etwas, das unangenehm ist. Es steigert sich also das Unbehagen, damit aber auch der Drang oder die Not zum Verständnis.
In sich bildet dieses projektive Bewusstsein zwar stabile Strukturen aus, die Unbehaglichkeit nimmt aber gleichzeitig zu. Das Streben zur stabilen Form entsteht wieder durch Komplexität, die aus 2 und 3, hier als 2^3 entsteht.
So mischen sich die beiden Entwicklungen von Komplexität, der Emergenz der Primzahlen und der exponentielle Wachstumsdrang zur Form, in den Mersenne-(Prim-)Zahlen.

Untersuchen wir die Siebenheit und die weiteren Primzahlen nun im einzelnen mit den Mitteln, die wir bis hierher entwickelt haben.

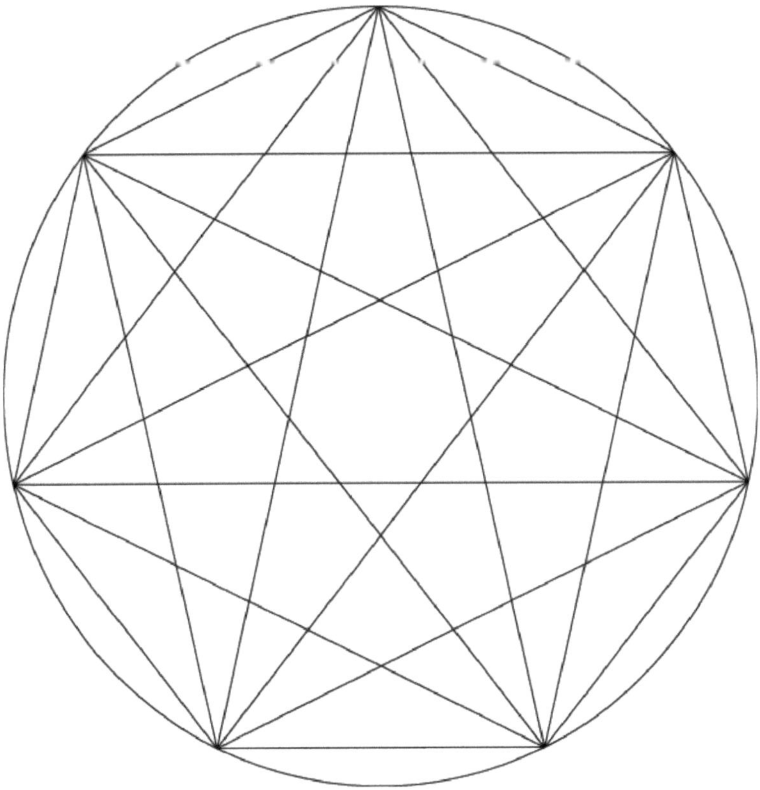

Die Siebenheit

Primzahlzwilling mit 5

6n+1 introvertiert, geistig orientiert
3n+1 zerlegbar in Z{ω}
4n+3 prim in Z{i}
2 Sternfiguren
Enthalten sind die Sterne mit den Schrittweiten:
3-4 Vergnügen und Anstrengung
2-5 Streben und Formgestaltung(-smöglichkeiten)

Das Siebeneck ist die erste geometrische Form, die sich nicht mehr mit sich selbst kombiniert zu einem geschlossenen Körper

im Raum gestalten lässt. Schon in der Fläche ist es nicht möglich mehr als 3 Siebenecke um ein zentrales zu gruppieren.
Das Siebeneck ist also nicht in der Materie zu finden. Die Siebenheit, die durch das Siebeneck symbolisiert wird, ist also rein geistig, wie alle nachfolgenden Primzahlen. Sie ist der Prototyp für 6n+1, woraus die Familie 7+6n entsteht, die geistig orientierten Primzahlen. Ihr Zwilling, die Fünfheit, ist 6n-1 und wird zum Prototyp der Primzahlen 5+6n, den Primzahlen, die, obwohl sie nicht mehr zur Formung der Materie als geometrische Figur geeignet sind, materiell oder nach außen, zur Formgestaltung hin orientiert sind.

Wie im Kapitel über die natürlichen Zahlen dargestellt, enthält jede Zahl all ihre Vorgänger. Wendet man dies auf die 7 an, birgt die Siebenheit die Zweiheit, Dreiheit, Vierheit, Fünfheit und Sechsheit in sich. Sehen wir mal wie sich das gestaltet.
In erster Linie sind es die Primzahlen selbst, da sie sich auch in Kombination zeigen. Die Schrittweiten, mit denen das 7-Eck, wie jedes andere p-Eck auch, umrundet wird, enthüllt Zusammenhänge der enthaltenen Vorgängerzahlen.
1-6 ist das 7-Eck selbst in beiden möglichen Richtungen. Die Sternfiguren entstehen also erst ab 2. Der zentrale Stern ist immer aus $\frac{(p-1)}{2}$ und $\frac{(p+1)}{2}$ Schritten in der einen oder anderen Richtung aufgebaut. Die Vorgängerzahlen sind also paarweise konstelliert, quasi als Symbole für Kräfte, die in die entgegengesetzte Richtung zeigen, obwohl sie die gleiche Figur zeichnen. Keine Konstellation wiederholt sich bei den emergierenden Primzahlen, sodass sie ein gutes Mittel sind, um die interne Spannung zu verstehen.

Die Siebenheit birgt die Zweiheit in sich.

Sie erzeugt intern 2 Sternfiguren, 2 Heptagramme. Sie entstehen durch Abschreiten des 7-Ecks in 2er Schritten oder in entgegengesetzter Richtung in 5er Schritten bzw. in 3er Schritten oder in entgegengesetzter Richtung in 4er Schritten.

Das Siebeneck enthält mit der Teilung durch die Sterne eine zweifache Verkleinerung des Siebenecks in sich, die sich jeweils um 180° dreht.

Der Innenwinkel des Siebenecks mit n = 7 (Seiten) berechnet sich nach der allgemeinen Formel:

$$\frac{n-2}{n}\cdot 180° \quad \text{, also} \quad \frac{5\cdot 180°}{7}=\frac{900°}{7}=128\frac{4°}{7} \quad = 128{,}\overline{571428}°$$

Hier taucht die Zweiheit als $2^7 = 128$ und als $\frac{2^2}{7}=\frac{4}{7}$ auf.

Es gibt keine einfache Opposition mehr, kein Gegenüber, wie in allen geradzahligen n-Eck Figuren. Die 2 als geometrische Figur wird zur Symmetrieachse. Jedes ungerade n-Eck produziert n-3 Sternfiguren intern, wobei nur die Primzahlen ausschließlich Sternfiguren bilden und nicht die Figuren der Primfaktoren gedreht wiederholen.

Die Winkel an den Ecken der beiden Sternfiguren sind jeweils 540°/7 und 180°/7. Dies entspricht dem Verhältnis von 3 zu 1.

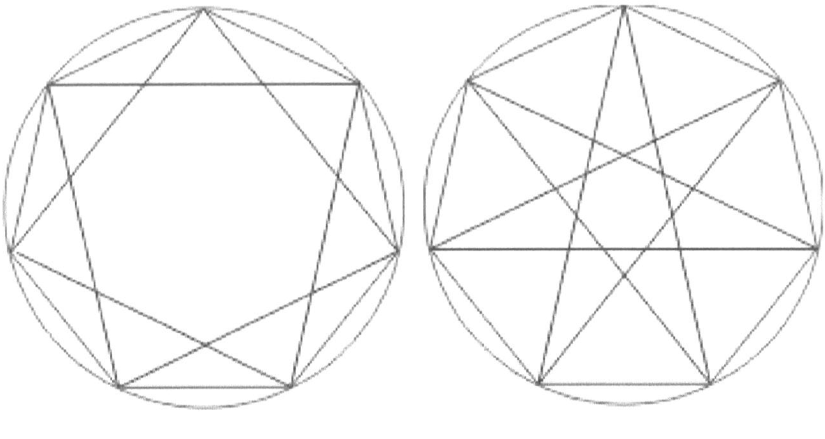

Sind beide Sternfiguren eingezeichnet, ergibt sich eine komplexe zentrierte Teilung des Siebenecks in 3-Ecke, 4-Ecke, 5-Ecke, 7-Ecke.

Alle Streckenlängen und deren Teilungen durch die Sterne sind nur noch in trigonometrischen Funktionen ausdrückbar (Sinus, Cosinus und Tangens) im Verhältnis zur Kantenlänge des 7-Ecks. Nur die Winkel bilden ganzzahlige Verhältnisse.
Alle anderen für die Struktur des Materiellen benutzten Rechenarten (Addition/Subtraktion, Multiplikation/Division, Potenzieren/Wurzelziehen) sind nicht mehr verwendbar um die Streckenverhältnisse ganzzahlig, also mit den natürlichen Zahlen, der ersten Unendlichkeit, auszudrücken. Ein weiterer Hinweis darauf, dass das Materielle verlassen wurde.

Die Siebenheit birgt die Fünfheit in sich.

Sind beide Sternfiguren eingezeichnet, ergibt sich eine 5-Teilung des Innenwinkels. Es entsteht eine Fünfheit von Dreiecken jeweils mit dem spitzen Winkel von

$\frac{1}{5\cdot 7}\cdot 900° = \frac{1}{35}\cdot 900°$ der Gesamtwinkelsumme (900°) an

jedem Eckpunkt des Siebenecks.

Der Innenwinkel mit $\frac{900°}{7} = 128\frac{4°}{7}$ $= 128,\overline{571428}°$,

geteilt in 5 gleiche Winkel ergibt $25,\overline{714285}°$ oder $25\frac{5°}{7}$.

Hier taucht die die Fünfheit als $5^2 = 25$ und $5^1/7$ auf.
Dies entspricht genau der Siebenteilung der Winkelsumme im Dreieck. Ich nenne diesen Winkel fortan Einheitswinkel des Siebenecks, kurz Einheitswinkel, da er für alle Figuren im Siebeneck als ganzzahliges Vielfaches auftaucht. Lediglich für die Berechnung der Höhe und der langen Diagonale muss er halbiert werden.
Es ergeben sich in der komplexen Figur der Sternüberlagerung insgesamt 7 gleiche Fünfecke, die 2 Seitenlängen haben, 3 kurze und 2 lange Seiten. Sie liegen unter dem zentralen Dreieck der

Winkelfünfteilung. Die 3 kurzen Seiten teilen sich in 1 + 2, die 1 (eine kurze Seite) gegenüber der 2 (2 kurze Seiten, die an einer Ecke zusammenstoßen im 5-fachen Einheitswinkel). Die langen Seiten verbinden die 3 kurzen. An den 4 Ecken der langen Seiten ist jeweils der 4-fache Einheitswinkel.
Im im Siebeneck enthaltenen Fünfeck ist die Winkelsumme genau $3 \cdot 7 = 21$ Einheitswinkel = 540°.

Insgesamt ergeben sich fünf verschiedene Dreiecke, die jeweils sieben Mal vorkommen, ergibt also zusammen $5 \cdot 7 = 35$ Dreiecke. Damit birgt die Siebenheit in der Fünfheit aber auch schon die Dreiheit, der geometrischen Figur der Dreiheit, dem Dreieck.
Mit 35 erreichen wir die 36. Zahl, eine Art erste Systemgrenze des Systems der Kombination von 2 und 3. $36 = 2^2 \cdot 3^2$.
37 eröffnet dann ein neues komplexeres Feld des Geistigen.

Die Siebenheit birgt die Dreiheit in sich.

Die Dreiecke sind nicht gleichseitig, sondern nur gleichschenkelig. Dafür entspricht die Winkelaufteilung der ganzzahligen Verteilung des Einheitswinkels 180° / 7 in:
1 + 5 + 1, 1 + 2 + 4, 3 + 1 + 3, 1 + 4 + 2, 2 + 3 + 2.
Die beiden 1, 2, 4 Kombinationen sind spiegelbildlich. Auch die 1, 5, 1 Kombination liegt spiegelbildlich vor, ist aber wegen der Symmetrie als solche nicht erkennbar.
Um die 5-Teilung des Winkels um einen Punkt des Siebenecks entstehen 5 Dreiecke. Eins in der Mitte und nach außen hin 2 Versionen von 2 verschiedenen 3-Ecken, die jeweils an der Höhe des 7-Ecks gespiegelt sind.
1 + 5 + 1, 1 + 2 + 4, 3 + 1 + 3, 1 + 4 + 2, 1 + 5 + 1.
Die inneren 3 Dreiecke zusammen als ein Dreieck hat die Winkelaufteilung 2 + 3 + 2, ebenso wie die kleinen Dreiecke um das innere Siebeneck. Verlängert man die Siebeneckskanten bis sie auf die Verlängerung der benachbarten Kante trifft, entsteht ein ebensolches Dreieck. Mit dieser Proportion wächst das Siebeneck also wesentlich langsamer als das Fünfeck.

Die Siebenheit birgt die Vierheit in sich.

Das einzig enthaltene Viereck ist auch nicht gleichseitig, sondern ist eine schiefe Raute mit zwei verschiedenen Schenkeln. Die Winkelaufteilung der ganzzahligen Verteilung des Einheitswinkels ist 5 + 3 + 3 + 3.
Zwischen den kurzen Schenkeln ist der 5-fache Einheitswinkel und an allen anderen Ecken der 3-fache.

Da alle Streckenverhältnisse *nur* in Winkelfunktionen ausgedrückt werden können, symbolisiert die Siebenheit ein Empfinden für Schwingungen, denn Sinus und Cosinus entstehen durch die Rotation um den Einheitskreis. Hierin liegt auch ein wichtiger Bestandteil der Bedeutung der Siebenheit. Die unterteilte Rotation ist ein Maß der Zeit, die Abfolge rhythmischer Prozesse. Ist die Form der Fünfheit zunächst einmal ein starres geradliniges Muster des Pentagramms, das sich im Wachstumsprozess mit dem Goldenen Schnitt vergrößert und verkleinert, sind die Winkelfunktionen runde Bewegungen, die viel flexibler sind. Sie können alle Frequenzen annehmen. Der Zeitfaktor hat hier eine ganz andere Konnotation. Nicht Expansion oder Strukturierung sondern freies Fließen in allen möglich Richtungen. Unser Bewusstsein ist ein Schwingen und ein Reagieren auf Schwingungen. All unsere Sinne, die zu geistiger Verarbeitung auffordern, werden durch Schwingungen unterschiedlichster Art angeregt.
Der Logarithmus ist die Verbindung des Bewusstseins zu den Winkelfunktionen, die Schwingungen und damit Obertöne erzeugen.

Betrachten wir die Sternfiguren mit ihren Schrittweiten und deren bisher bekannten zahlensymbolischen Bedeutungen. Die Stabilität und Ruhe der 3, dem Vergnügen, Wohlfühlen in der einen Richtung und die Anstrengung (4), das Streben im Streben(2·2), der Drang in der anderen Richtung als 2 Kräfte, die den gleichen Stern bilden, sind zusammengenommen mit der Zugehörigkeit zur Gruppe der Primzahlen, für die 3n+1 gilt, der

Verbindung zur komplexen Wurzel ω, der Drang zur Erforschung der Struktur des Geistigen. Vielmehr ist der Drang hier in seiner Negation zu sehen, als ziehende Kraft, als Sog.
7 gehört zu den Gaußschen Primzahlen, die aus Sicht der 2 und der komplexen Zahlenebene prim sind.
Ohne die Verstricktheit in die Triebkräfte des Materiellen (4n+3), dem Drang zur Materialisierung und Formgestaltung, symbolisiert durch i = $\sqrt[2]{-1}$, ist die Motivation der Energie der Sog des Geistigen, dem zunehmend Komplexen in Form der Summe der Negationen von 1, 2 und 3, symbolisiert durch ω.

$$\omega=-\frac{1}{2}+\frac{i}{2}\sqrt[2]{3}$$

Komponiert aus -1, $\frac{1}{2}$, $\sqrt[2]{-1}$, $\sqrt[2]{3}$ ist die pure Negation.

Binär dargestellt ergibt sich: $-1,\frac{1}{10_2},-1^{\frac{1}{10}},11^{\frac{1}{10}}$

i = $-1^{\frac{1}{10_2}}$ ist die pure Negation des System 0 und 1. -1 ist die Negation des Einen und die Negation der Vereinigung von 0 und 1, der 10, als Exponent $\frac{1}{10}$.

ω schreitet voran und kombiniert die möglichen Negationen, um mit der 3 mit allen Möglichkeiten der Zweiwertigkeit und führt so zu 3 + 1 = 4 ($-1,\frac{1}{10_2},-1^{\frac{1}{10}}$) + $11^{\frac{1}{10}}$

Die Komplexität der Negationen und ihren Kombinationen ist zwar vom Materiellen getrieben, die Wucht der Negationsordnung ist aber so stark, dass sie die Formgebende spaltend verdoppelnde Kraft überwiegt und die neue Qualität der Betrachtung der Struktur der Form zum Thema wird. Die erste Form, das Dreieck und das polare doppelte Streben, das Quadrieren wird potentiell als das Quadrieren von ω verstanden, das zur 3 führt.

$7 = (3+\omega)(2-\omega) = 6 - 3\omega + 2\omega - \omega^2 = 6 - \omega - \omega^2 = 6 + 1$

Die 1 wird um 6 vermehrt, 1 + 2·3, oder die 6, die Grenze des Materiellen wird um 1 vermehrt. $6 + \sqrt[6]{1}$ ist Materie + Sog zum Sinn.

Das Dreieck ist in einer speziellen Form, bestehend aus 7 Punkten und 7 Linien, auch als Fano-Ebene der projektiven Geometrie bekannt. (s.Anhang)

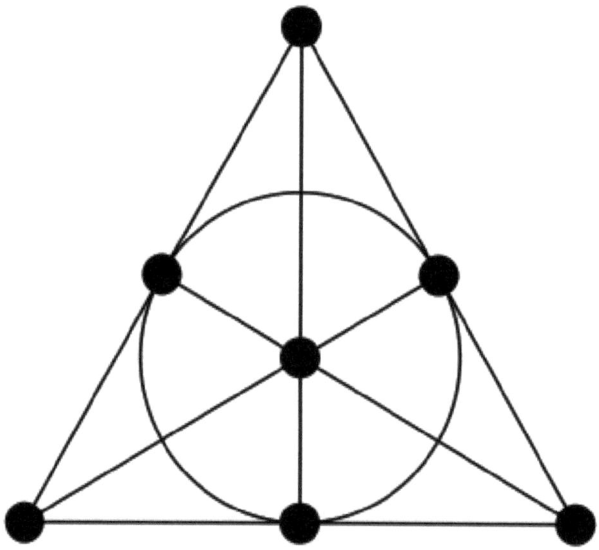

Autor: Wikipedia/someone on the internet

All die sich öffnenden Möglichkeiten von Komplexitätszunahme sind also die treibende Kraft innerhalb der Siebenheit; der Sog zu den emergierenden Strukturen der Dreiheit, in der die Zweiheit dynamisch waltet und die Dreiheit hervorbringt und stabilisiert. Dies ist das Streben in 2 Richtungen zur gleichen Zeit Λ weg von der Symmetrieachse, sodass der „spliting point" ständig seine Position ändern muss, da das offene Ende des Dreiecks durch Polarität geschlossen werden will. ∠ und ⦣. Das chaotische

Oszillierende hat Wahrscheinlichkeitsstruktur durch die umgebenden Einflüsse, die auch alle ständig in Bewegung sind.

Der 2-5 Stern ist die Verbindung zur Fünfheit. Es ist eher der 5-2 Stern mit der -2. Formgestaltung und Negation des Bewusstseinsdranges der 2. Erst durch die Negation, die -2, entsteht der Sog zur Form im Sinne des Verstehen Wollens.

Zusammenfassend können wir also sagen, das die Siebenheit mit ihren Symbolen 7 und dem Siebeneck mit den beiden Sternen die Suche nach Bedeutung, dem Sinn, der Kraft innerhalb von Strukturen und Ordnungen unter der Oberfläche der erscheinenden projizierten Formen zum Inhalt oder als Bedeutung hat.

Die Siebenheit, die Sechsheit und die Zehnheit

Die 7 ist die erste Zahl deren Kehrwert im Dezimalsystem eine Periode hat, die länger ist als zwei Stellen, nämlich p - 1 = 6 Stellen. Damit birgt sie die Sechsheit in sich. Eine Sechsheit von Ziffern unter Ausschluss der Faktoren von 3.

$$\frac{1}{7} = 0,\overline{142857}$$

Indem man die unendliche Summe bildet, deren Summanden die aufsteigenden 5er Potenzen · 7 sind und jedes mal um 1 Stelle nach rechts rückt (· 10^{-1}), ergibt sich die Periode (rechts)

$2^1 \cdot 7 = 14$
$2^2 \cdot 7 = 0028$
$2^3 \cdot 7 = 000056$
$2^4 \cdot 7 = 00000112$
$2^5 \cdot 7 = 0000000224$
$2^6 \cdot 7 = 000000000448$
$2^7 \cdot 7 = 00000000000896$
...

$0,\ \overline{14285714285}\ \ldots$

$5^0 \cdot 7 = 000000000007$
$5^1 \cdot 7 = 00000000035$
$5^2 \cdot 7 = 0000000175$
$5^3 \cdot 7 = 000000875$
$5^4 \cdot 7 = 00004375$
$5^5 \cdot 7 = 0021875$
$5^6 \cdot 7 = 021875$
...

$0,\ \overline{\ldots\ 7142857}$

Alternativ kann man die Periode auch von links beginnen (links) und immer um zwei Stellen weiter nach rechts rücken mit den Summanden $7 \cdot 2^n$ (· 10^2), für n = 0 bis ∞.

$$\sum_{n=0}^{\infty} 2^n \cdot 7 \cdot 10^{2n}$$

$$\frac{\sum_{n=0}^{\infty} 5^n \cdot 7}{10^n}$$

2 und 5 sind die alternativen Richtungen, was wiederum die direkte Verknüpfung als jeweiligem Kehrwert im Dezimalsystem veranschaulicht.

Für die dritte Alternative kann man die Periode auch von rechts beginnen und immer um zwei Stellen weiter nach links rücken mit den Summanden $57 \cdot 4^n$, für n = 0 bis ∞.

Für die vierte Alternative kann man die Periode auch von rechts beginnen und immer um drei Stellen weiter nach links rücken mit den Summanden $857 \cdot 6^n$, für n = 0 bis ∞.

Für die fünfte Alternative kann man die Periode auch von links beginnen und immer um drei Stellen weiter nach rechts rücken mit den Summanden $142 \cdot 6^n$, für n = 0 bis ∞.

Für die sechste Alternative kann man die Periode auch von links beginnen und immer um vier Stellen weiter nach rechts rücken mit den Summanden $1428 \cdot 4^n$, für n = 0 bis ∞.

Für die siebte Alternative kann man die Periode auch von rechts beginnen und immer um vier Stellen weiter nach links rücken mit den Summanden $2857 \cdot 2^n$, für n = 0 bis ∞.

Für die achte Alternative kann man die Periode auch von links beginnen und immer um fünf Stellen weiter nach rechts rücken mit den Summanden $14285 \cdot 5^n$, für n = 0 bis ∞.

Für die neunte Alternative kann man die Periode auch von rechts beginnen und immer um fünf Stellen weiter nach links rücken mit den Summanden $42857 \cdot 3^n$, für n = 0 bis ∞.

Für die zehnte Alternative kann man die Periode auch von rechts beginnen und immer um sechs Stellen weiter nach links rücken mit den Summanden $142857 \cdot 1^n$, für n = 0 bis ∞. Dies erscheint banal, rundet aber die Betrachtung der Siebenheit unter dem Aspekt des Dezimalsystem ab. Wenn eine Ziffer, ein Symbol des Systems, für das Geistige innerhalb dieses Systems steht, dann erscheint es auch logisch, dass sich das System selbst abbildet. Hier in Form der Möglichkeiten die Periode mit systemischen Mitteln zu erzeugen.
Die 7 als Ziffer wird in Primzahlen, die größer als die Systemzahl sind, immer wieder zur Endziffer und beeinflusst damit den Charakter dieser Primzahlen. 1, 3, 9 bilden auch jeweils eine Art Familie, was sich in den Formeln für die Berechnung der Summenformeln der Perioden zeigt. (s.Anhang)

Die QS der Periode 142857 ist $27/9 = 3^3/3^2$.

Als eigenständige Zahl gelesen, als Mantisse, ist die Primfaktorzerlegung aufschlussreich:

$3^3 \cdot 11 \cdot 13 \cdot 37 = 27 \cdot 37 \cdot 11 \cdot 13 = 999 \cdot 143$

Die fehlenden Faktoren der 3 tauchen hier als dritte Potenz der 3 auf, die Systemzahl 11, die binär 3 bedeutet, die 13, die ein Spiegelbild der 7 an der 10 ist 7 = 10-3 und 13 = 10+3 und die 37, die letzte Primzahl vor der Hälfte des nächst höheren Systems 10_{82} mit den Ziffern 3 und 7. Wir werden darauf zurückkommen.

Gehen wir in der Progression weiter.

7 - 2 = 5

Der Primzahlzwilling 7 und 5 umgibt die 6, das Streben nach Vergnügen oder das Vergnügen im Streben. Dies ist beiden gemeinsam, nur aus verschiedenen Blickwinkeln. Die 7 sucht die verborgene Bedeutung, ein Streben, das mit Vergnügen unterwegs ist, während die 5 in der Formgestaltung eher ein Streben zum Vergnügen ist, damit die Form einen Sinn bekommt.

Die Fünfheit ist die Formgestaltung(smöglichkeit), die die potentielle verborgene Bedeutung quasi voraussetzt, damit die Entscheidung in der Formgestaltung oder Wahl von Form nicht rein zufällig bleibt, sondern nach einem „sinnhaften“ Prinzip erfolgt. Dieses potentiell Sinnhafte liefert die Siebenheit mit ihrer Gerichtetheit und wird von der Fünfheit als gegeben angenommen. Der Sinn muss zur Formgestaltung aber nicht wirklich verstanden sein um zum Vergnügen streben zu können. Trial and error können genauso zum Ergebnis führen.

Die Fünfheit wurde ja schon ausgiebig besprochen am Ende des zweiten Teils, sodass wir in der Progression weiter voranschreiten können.

5 + 8 = 13

Wir erreichen den nächsten Primzahlzwilling mit 13 und 11, wieder mit der Polarität der Orientierung:
13 introvertiert / geistig und 11 extrovertiert /materiell.
6n±1 geht in die nächste Runde, n ist jetzt 2.

Beide umgeben die 12 = 3·4 = 2·6, also die Anstrengung für Vergnügen oder das Vergnügen an der Anstrengung oder dem Streben nach Vergnügen am Streben oder dem Streben nach Streben für Vergnügen. Die Erforschung des Innen und Außen geht in eine neue komplexere Runde, zu der eine gewisse Risikobereitschaft gehört, die sowohl der Elfheit als auch der Dreizehnheit zukommen.

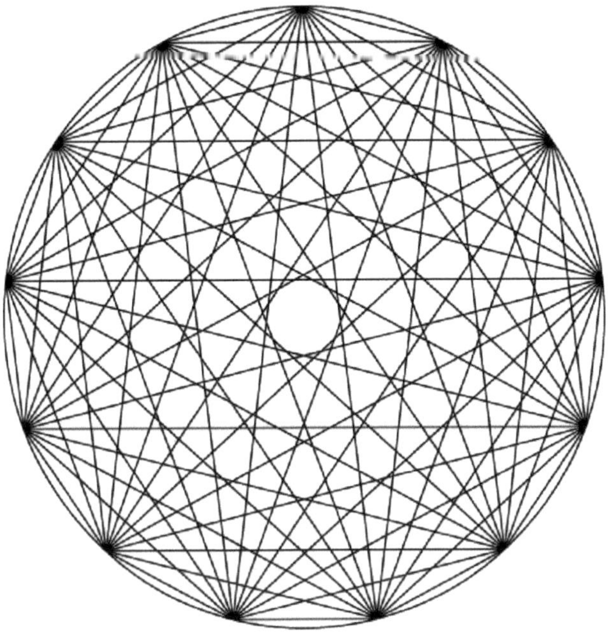

Dreizehnheit 13

13 QS 4 ist Primzahlzwilling mit 11
7+6n = 6n+1 introvertiert, geistig orientiert
3n+1 doppelt zerlegbar (3−ω)(4+ω)
4n+1 doppelt zerlegbar (3+2i)(3-2i)
5 Sternfiguren

$$\frac{1}{13}=3\cdot\sum_{n=0}^{\infty}\frac{4^n}{10^n}=\sum_{n=0}^{\infty}\frac{4^n\cdot 3}{10^n} = 0,\overline{076923}$$

Enthalten sind die Sterne mit den Schrittweiten:
6-7 Freude im Streben (Sex) und Suche nach Bedeutung
5-8 Formgestaltung und Ordnung
4-9 Anstrengung und Freude
3-10 Vergnügen und Streben nach Form
2-11 Streben und Sturheit

13 ist die erste Primzahl, die größer als 10 ist und die Endziffer (EZ) 3 hat. Die Endziffern bilden quasi Familien der Primzahlen. Dies zeigt sich in den Formeln für die periodische Dezimalbruchdarstellung der Kehrwerte.

$$\frac{1}{13} = 3 \cdot \sum_{n=0}^{\infty} \frac{4^n}{10^n} = \sum_{n=0}^{\infty} \frac{4^n \cdot 3}{10^n}$$

13 und 7 sind mit einander verbunden als Spiegelbild an der 10, 10+3 und 10-3. Augenfällig wird dies, wenn man die Perioden der Kehrwerte als eigenständige Zahlen betrachtet, als Mantisse. In der Primfaktorzerlegung zeigt sich die Symmetrie:
$142857 = 3^3 \cdot 11 \cdot 13 \cdot 37$
$076923 = 3^3 \cdot 11 \cdot 7 \cdot 37$
Sie haben die gemeinsamen Faktoren 3^3, 11 und 37 und die 7 erhält die 13 als Faktor und die 13 die 7.

Die Verwandtschaft zeigt sich auch darin, dass sie beide 6n+1 sind, nach innen, auf geistige Entwicklung gerichtet, introvertiert. 13 versucht ähnlich wie die 7 generell die (eigene) innere Form, den Sinn – hier den des eigenen Seins - zu ergründen. Diese Selbsterforschung ist aber mit einer gewissen Instabilität verbunden. War die 7 als 4n+3 prim und damit stabil in Hinsicht auf die Gerichtetheit nach innen (3n+1), ist die 13 durch die Summe von zwei widersprüchlichen Quadraten, deren beider Basis im Komplexen ruht, also der extrovertierten -1 und der introvertierten, hin und her gerissen.

$2^2 + 3^2 = 13$, $(3+2i)(3-2i)$, $(3-\omega)(4+\omega)$

Die Introspektion erhält einen extrovertierten Charakter, einen Energieschub, der die Ruhe der 7 energetisch auflädt. Die Risikobereitschaft steigt im Inneren wie im Äußeren. Die inneren Abgründe zu erforschen gehört genauso dazu wie Abenteuerlust im Handeln. Die Dreizehnheit ist trotz ihres extrovertierten Anteils grundsätzlich introvertiert, neigt also nicht zur kriegerischen Handlung, sondern eher zur Flucht. Die

Erforschung der „zwei Seelen (Quadrate) ach in einer Brust", 2^2 + 3^2, erfordert Mut. Die bewussten widersprüchlichen Themen sind die beiden Grundkräfte 2 und 3, Streben und Ruhe, Anspannung und Vergnügen, jeweils als Quadrate, also das Streben im Streben, die Anstrengung, das bewusste Streben und das Vergnügen am Vergnügen, das bewusste Vergnügen, die Freude.

Beide zusammen ergeben in der Suche nach dem Sinn die fragile Struktur der Dreizehnheit, die dynamisch zwischen diesen beiden Prinzipien abenteuerlustig zu den Grenzen der Komplexität streben muss. Introspektion auf hohem Niveau, das zu wagemutigem Handeln führen kann.

Je nachdem welchem Pfad gefolgt wird (2 oder 3), führt er zur – 1 und i oder ω, den komplexen Wurzeln der beiden Quadrate mit den unterschiedlichen Ausrichtungen des Geistigen. Das Introvertierte wird extrovertiert und das Extrovertierte wird introvertiert. Deswegen ist ein Schutz nach Außen nötig. 1 und 3 sind und wirken nach außen stabil und wirken wie Masken, die eine Stabilität vorgeben, die im Inneren so nicht vorhanden ist. Das Wesen die QS=4 ist instabil, Anstrengung. Nach außen ist sie der Symmetrie der 11, dem Zwilling, an Stabilität unterlegen und zeigt mit einer 3, eine Einheit einer ruhenden Form, die dem Inhalt nur bedingt entspricht, eine Maske, eine Rolle.

Die doppelte Zerlegbarkeit kann zu Übermut führen und damit zu einer Risikobereitschaft, wenn das Doppelquadrat aktiviert wird. Es entsteht eine Art Sicherheit über die Grundkomponenten, obwohl sie widersprüchlich sind. Man kann sich auf das eine oder das andere beziehen und es erwächst daraus der Mut, der – bestätigt - zur weiteren Risikobereitschaft führt. Die Erkenntnis, dass beide Wege zur Negation, der -1, als Wurzel führen, beflügelt ebenfalls das Thema Übermut.
Der Reiz, die Anziehung der -1, sowohl als i^2 und ω^3 , ist die Möglichkeit mit dem negativen/imaginären Neuen in Kontakt zu

kommen. Der Spiegel ist die Null, das Nichtsein, die Gefahr. Als doppelter Sog ist die -1 auch Suchtpotential.

Betrachtet man die Schrittweiten der Sterne im 13-Eck, die die unterschiedlichen Richtungen der wirkenden Kräfte anzeigen, ergeben sich Gegensatzpaare der beiden Grundrichtungen, in- bzw. extrovertiert:

6-7 Vergnügen am Streben oder Streben zum Vergnügen ist extrovertiert und die Suche nach verborgener Bedeutung ist introvertiert.

5-8 Formgestaltung und Ordnung, 5+8=13 5, 8 und 13 sind 3 aufeinanderfolgende Fibonacci-Zahlen. 13 ist die siebte Fibonacci-Zahl womit wieder eine Verbindung zur 7 besteht.

4-9 Anstrengung und Freude

3-10 Vergnügen und Streben nach Form(-gestaltung)

2-11 Streben und Perfektionismus

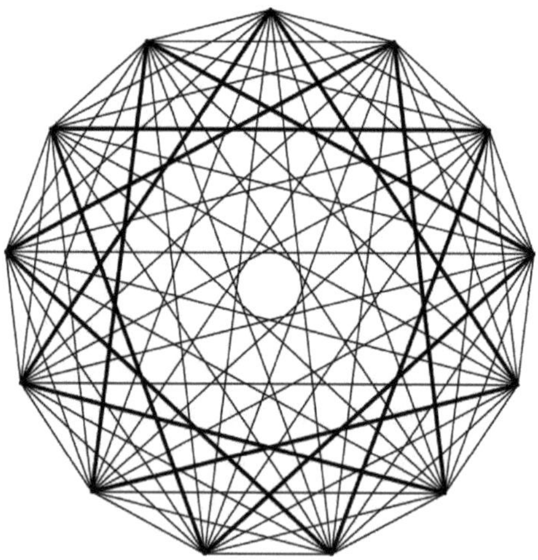

12 und 14 als umgebende gerade Zahlen der 13 zeigen mit der 14 = 2·7 dem Streben zur Suche nach der verborgenen Bedeutung die geistige Ausrichtung, dem Streben im Leben.

Wir ziehen das Streben einer Anstrengung vor, ist die Anstrengung doch Streben im Streben, also der höhere Energieaufwand. Das Streben erreicht das Ziel schneller als die Anstrengung. Deshalb zieht es die 13 zur 14 und die 11 zur 10. Bei 11 ist es die 10, das Streben zur Formgestaltung.

Der polare Zwilling der Dreizehnheit, die Elfheit, verkörpert also Gegensätze, der eben gefunden Eigenschaften, ist also nach außen gerichtet, extrovertiert, aggressiv, aktiv, Stabilität durch Struktur und ins Materielle orientiert.

Gehen wir in der Progression weiter.

13 - 2 = 11

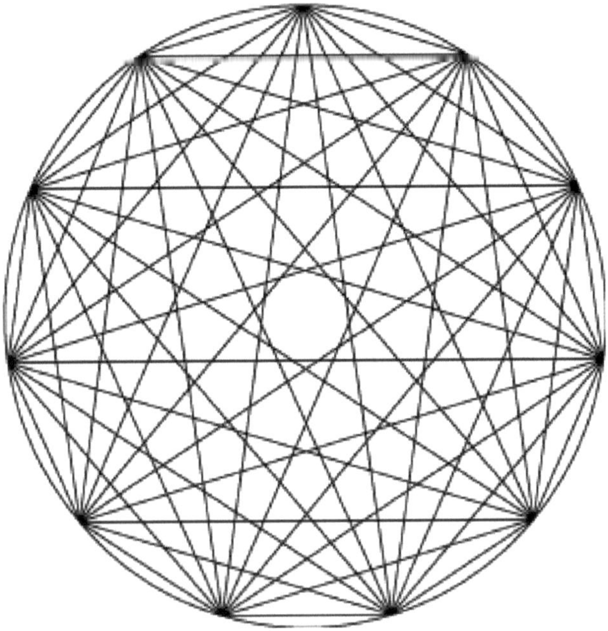

Elfheit 11

Primzahlzwilling 11 QS 2 – 13

5+6n = 6n-1	extrovertiert, materiell orientiert
3n+2	doppelt prim
4n+3	doppelt prim
8n+3	

4 Sternfiguren (11-3)/2 44 Diagonalen (11*(11-3))/2

$$\frac{1}{11} = 9 \cdot \sum_{n=0}^{\infty} \frac{10^n}{10^n} = \sum_{n=0}^{\infty} \frac{10^n \cdot 9}{10^n} \quad = 0,\overline{09}$$

Enthalten sind die Sterne mit den Schrittweiten:
5-6 Formgestaltung und Streben nach Vergnügen
4-7 Anstrengung und Suche nach Bedeutung
3-8 Vergnügen und Ordnung
2-9 Streben und Freude

11 ist die erste Primzahl mit der EZ 1. Aus der Formel zur Berechnung der Periode des Kehrwertes sieht man die 9 als Spiegelbild an der 10. Für z = 11 in die Formel eingesetzt ergibt sich:

$$\sum_{n=0}^{\infty}\left[\left(\frac{(z-1)}{10}-1\right)\cdot 9+10\right]^{n}\cdot 9\cdot 10^{-n}$$

$$\frac{1}{11}=\sum_{n=0}^{\infty}\left[\left(\frac{(11-1)}{10}-1\right)\cdot 9+10\right]^{n}\cdot\frac{9}{10^{n}}=\sum_{n=0}^{\infty}[0\cdot 9+10]^{n}\cdot\frac{9}{10^{-n}}\quad=$$

$$\frac{1}{11}=\sum_{n=0}^{\infty}\frac{10^{n}\cdot 9}{10^{n}}$$

So wie die 3 die 11 (10_2 + 1) des Binärsystems ist, ist die 11_{10} eine System (bedingende) Zahl des Dezimalsystems. Die 3 hegt das exponentielle Wachstumsstreben der 2 durch Form ein. Die gleiche Funktion übernimmt die 11 für das 2·5 = 10 System.

Das Dezimalsystem ist Ausdruck des Strebens nach Form und findet in sich zur Stabilität nur die eine Sternfigur, das

Dekagramm,  das durch das Überspringen von jeweils 3 Punkten des 10-Ecks entsteht. Also entsteht das Dekagramm in 3er-Schritten in 3 Umrundungen des 10-Ecks. 3·3 = 9 gibt die innere Stabilität.

Die 11 teilt den Winkel ($147,\overline{27}$° = 147° 16‘ $21,\overline{81}$“) in 9 gleich große Winkel (16,36° = 16° 21‘ $49,\overline{09}$“).
9 = 3^2 ist die andere Systemzahl des Dezimalsystems. Somit umschließt die 11 mit einer äußeren und einer inneren Struktur die Systemzahl 10 und verleiht ihr Festigkeit.
Die innere Struktur weist wie die äußere Struktur pure Symmetrie auf.

Nach Außen ist die Ansicht von beiden Seiten 1, selbst wenn die 11 die Potenzen durchlauft, was sich im Pascalschen Dreieck sehr schön zeigt.
Das Entstehungsprinzip ist sehr einfach: die erste und die letzte Zahl jeder Reihe ist 1; die übrigen Zahlen erhält man, indem man jeweils die beiden darüberstehenden Zahlen addiert.

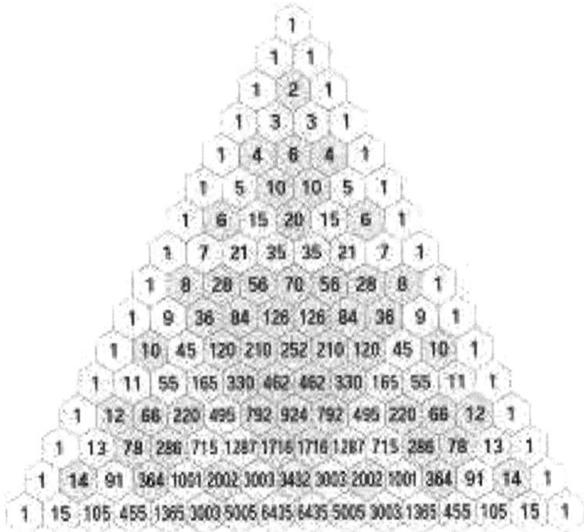

www.kapiert.de/mathematik

Es fehlen in unserem Dezimalsystem ausreichend Ziffern, damit die 11er Potenzen höher als 11^4 als „korrekte“ Zahl dargestellt wird.

$11^0 = 1$
$11^1 = 11$
$11^2 = 121$
$11^3 = 1331$
$11^4 = 14641$

Die internen Strukturen sind sehr vielfältig. Die Summe der Zeilen sind die 2er Potenzen. Gleichzeitig sind die Ziffern der Zeilen die Binominalkoeffizienten von $(a+b)^n$.

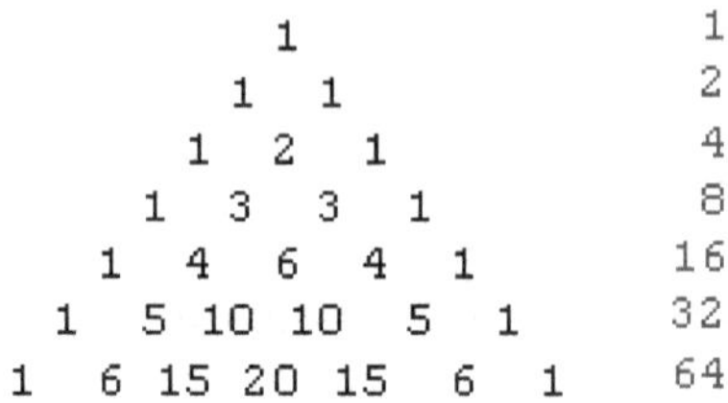

http://members.chello.at/gut.jutta.gerhard/pascaldr.htm

In den Parallelen zu den Einsen stehen die sogenannten figurierten Zahlen. In der ersten Diagonalen stehen die natürlichen Zahlen, in der zweiten Spalte die Dreieckszahlen, in der dritten Spalte die Tetraederzahlen, etc. Es sind die Ecken/Kanten und Teilungen der Polytope in verschiedenen Dimensionen.

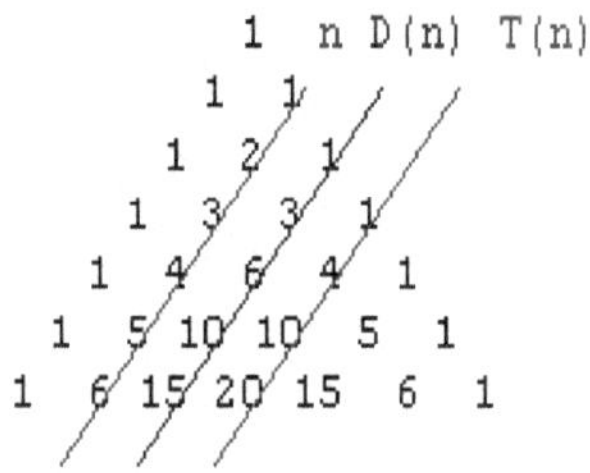

http://members.chello.at/gut.jutta.gerhard/pascaldr.htm

Die Summe der Zahlen einer schrägeren Diagonalen ergibt die Zahlen der Fibonacci-Reihe: 1, 1, 2, 3, 5, 8, 13, 21, 34, 55, …

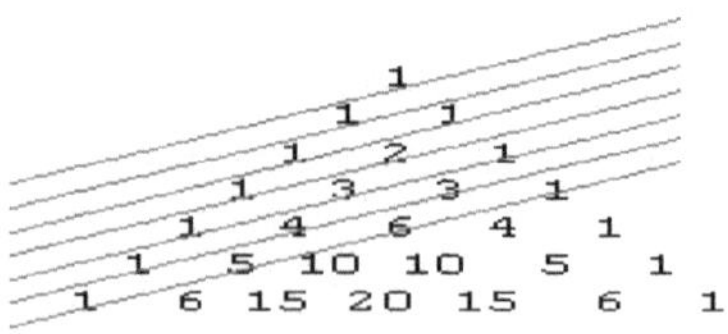

http://mondbrand.de/Bilder/pascal4.png

Die 11 weist also so viele interne Strukturen auf, dass sie über eine Stabilität verfügt, die nur das 3-Eck noch für sich reklamieren kann.

Als doppelt prime Zahl hat sie keinen Zugang zu den geistigen Wurzeln i und ω, also keinen Reflexionsdrang, der damit zusammenhängt. Alle Energie ist nach außen gerichtet.

Auf den mentalen Bereich übertragen trotzt sie jedem Angriff, der nach Instabilität sucht und wird sich mit sturer Beharrlichkeit risikobereit zur Wehr setzen. Es liegt nichts Kreatives in ihr, aber eine Festigkeit durch die inneren Strukturen, die bei fortgesetzter Spaltung der 1 in 11 und zunehmend größeren Zwischenräumen der beiden Einsen erscheinen. Die eigene Qualität der symmetrischen Spaltung als Komplexitätszunahme trägt die Elfheit auch nach außen.

Deswegen schreibe ich ihr im äußeren Wirken die Fähigkeit zur Spaltung zu ohne sich selbst in Frage zu stellen. Es herrscht ein aggressiver Unterton im Handeln.
Dies assoziiere ich u.a. mit Narzissmus, der sich selbst bespiegelt (die inneren Strukturen sind spiegelsymmetrisch) und mit Trotz und sturer Beharrlichkeit sich selbst über alles andere stellt, nur außerhalb des Systems zu bewerten, der aber alle anderen willkürlich in gut und schlecht klassifiziert und spaltet. Gleichzeitig entsteht ein Perfektionismus.

Da die Sternfiguren ja sowohl eine introvertierte als auch eine extrovertierte Größe haben, sind nur die extrovertierten Zahlen für die Elfheit von Bedeutung.

Von 5-6 Formgestaltung und Streben nach Vergnügen bleibt die Formgestaltung.
Von 4-7 Anstrengung und Suche nach Bedeutung bleibt die Anstrengung, der Hang zur Perfektion.
Von 3-8 Vergnügen und Ordnung bleibt die Ordnung, die sich im Inneren manifestiert und nach Außen dringt. Die 11 meidet die 3,

ist sie doch selbst eine Manifestation der Zweiheit. Also ist $2^3=8$ die Wahl der Schritte.
Von 2-9 Streben und Freude bleibt Streben, ein Indikator für den nach außen gerichteten Aktivitätsdrang.

Die 10 und 12 als umgebende Zahlen haben mit der $10 = 2 \cdot 5$ die größere Attraktivität als das Produkt mit der 3. Ist die 13 zur 14 hin orientiert, ist die 11 zur 10 orientiert. Die 12 als $2 \cdot 6$ kehrt durch die 2 die Bewegungsrichtung um. Die umgebenden Primzahlen streben von der 12 weg. Bei 5 und 7 war es genau anders herum.
Bei dem nächsten Primzahlzwilling wird es wieder die andere Richtung sein.

Bevor wir in der Progression fortschreiten, ist es interessant einen Blick zurück zu werfen und die entstandene Komplexität in ihrer Gesamtheit zu betrachten. So wie alle Zahlen im System der Mengenlehre ihre Vorgängerzahlen beinhalten, beinhalten auch die Primzahlen all ihre Vorgänger Primzahlen.

Dies bedeutet geometrisch alle bisher erschienenen Sternfiguren der Primzahlen übereinander zu legen.

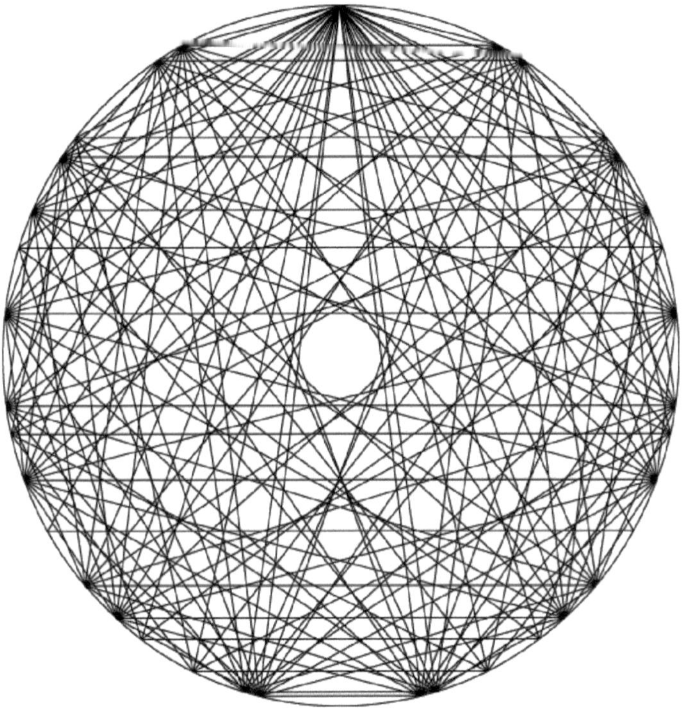

Mit allen Sternfiguren von 3 bis 13 zeigt sich erstmals die Form der Kardiode der Mandelbrotmenge, dem „Apfelmännchen". Mit zunehmender Anzahl an überlagerten Sternfiguren wird die Form immer klarer und runder. Sie erscheint in vielen geometrischen Systemen, die Komplexität abbilden.

Gehen wir weiter in der Progression.

11 + 8 = 19

Die Neunzehnheit nimmt die innere Struktur der 11, die 2er Potenzen, die sich in der QS der 11er Potenzen ergeben auf, als konstitutive Größe - ist ihr Kehrwert doch die Summe aller 2er Potenzen mit dem Dezimal-shift.

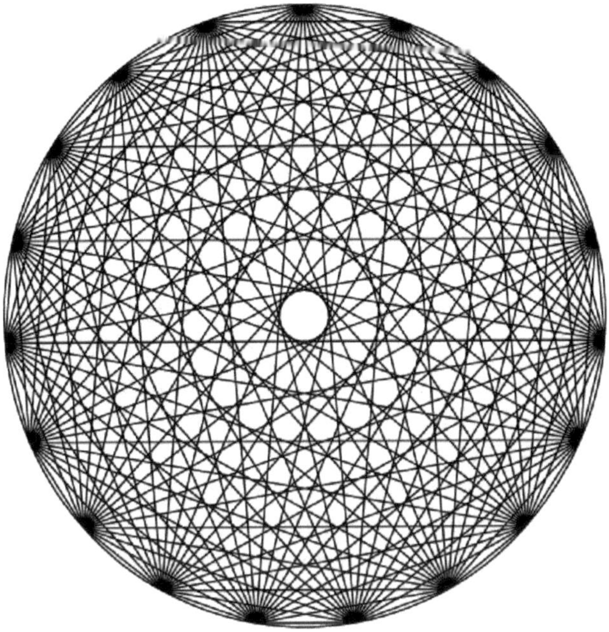

Neunzehnheit 19

Primzahlzwilling 17 – 19 QS 10/1, umgeben die 18 = $2 \cdot 3^2 = 3 \cdot 6$

7+6n = 6n+1 introvertiert, geistig orientiert
3n+1 zerlegbar in Z{ω}
4n+3 prim in Z{i}
8n+3
8 Sternfiguren
Enthalten sind die Sterne mit den Schrittweiten:
9-10 Freude und Streben nach Formgestaltung
8-11 Ordnung von 2^n und Strukturen der natürlichen Zahlen
7-12 Sinnsuche und (Vergnügen der) Anstrengung (für Genuss)
6-13 Streben nach Vergnügen und Mut zur Innenschau
5-14 Formgestaltung und Streben zur Sinnsuche
4-15 Anstrengung und Vergnügen der Formgestaltung
3-16 Vergnügen und Anstrengung (Streben nach Ordnung)
2-17 Streben und Unzufriedenheit/Werben für Veränderung

$$\frac{1}{19}=\sum_{n=0}^{\infty}\frac{2^n}{10^n} = 0,\overline{052631578947368421}$$

Die Neunzehnheit nimmt die innere Struktur der Elfheit, die 2er Potenzen, die sich in der QS der 11er Potenzen ergeben, auf als konstitutive Größe - ist ihr Kehrwert doch die Summe aller 2er Potenzen mit dem Dezimal-shift.

19 ist die erste Primzahl (PZ) mit der Endziffer (EZ) 9. 9 selber ist das Quadrat von 3 und deswegen nicht prim. Primzahlen mit der EZ 9 können als 10er Stellen nur solche Zahlen sein, die nicht durch 3 teilbar sind: 19, 29, 59, 79, 89. Die 49 bildet mit 7^2 die Ausnahme, ist keine PZ.
Die Bedeutung der 9 ist Freude, das Vergnügen am Vergnügen, die Ruhe in der Stabilität ist Freude. Alle PZ mit EZ 9 haben diesen Aspekt. Alle Zahlen mit der EZ 9 sind jeweils die letzte eines 10er-Abschnitts. Die Zahlen beginnen mit 0, also ist die 9 die zehnte Zahl, die 19 die zwanzigste, die 29 die dreißigste, etc. Im Kehrwert zeigt sich dies darin, dass die 10 durch Teilung verschwindet. Übrig bleibt die Zahl, deren Potenzen summiert werden.

Bei 19 ergibt sich eine 18-stellige Periode, $2 \cdot 3^2$ Stellen, mit allen Ziffern doppelt, außer 0 und 9, so angeordnet, dass die Addition der beiden Periodenhälften 999999999 ergibt,
9 Neunen, die 10^{10} te Zahl.
Die Summe der 2er Potenzen in Kombination mit den 10er Potenzen als Kehrwert: Alles was ist, ist vom Streben oder Getriebensein erzeugt. Die Erkenntnis über die unendliche Vielfalt der endlosen 2-Teilung oder Verdopplung ist die innere Struktur der 19. In allem wird die Urkraft des Bewusstseins, die 2, die pure kraftvolle Energie erkannt und führt als introvertierte Kraft (7+6n) zu Mitgefühl, Empathie. Die genaue Beobachtung des Außen und das Verstehen der gleichen eigenen Strukturiertheit aus der 2, 3 und 5 sind mit der Freude Anlass zur Akzeptanz des Seins wie es ist. Eine durch und durch

geerdete Kraft, verbunden mit dem Umgebenden und dennoch in einer beobachtenden abgetrennten Position.
1 und 9 sind die Grenzen der Ziffern in unserem System.
$1 = 1^2$ und $9 = 3^2$ Zwei Quadrate weisen auf erhöhtes Bewusstsein hin. Hinter der 1^2 verbirgt sich der Faktor $2 \cdot 5$ für 10^1, der Systemzahl, die das Streben nach Formgestaltung ist. Sie widerspricht dem Prinzip der reinen Freude, das aber die Grenze des Systems ist.
Als QS 1+9 = 10 sind die beiden Ziffern die Systemzahl, also das System, in dem wir bewerten. Das Wahrnehmen und Bewerten des Wahrgenommenen und das Wahrnehmen und Bewerten der Grenzen des Systems, in dem wahrgenommen und bewertet wird. Die Herstellung von Einheit durch 1+0 = 1, das Akzeptieren und Verstehen von Sein und Nichtsein im stetigen Wandel in der Strukturiertheit des Systems aus Form und Streben.
19 ist wie eine neue 1 oder 10. Die nächste 10 ist 37, die sich aus 19 +18 zusammensetzt.

19 ist wie 13 und 7 ein nach innen gekehrter Erkenntnisprozess (7+6n). 19 ist die zwanzigste Zahl.
Umgeben von den beiden geraden Zahlen 18 und 20 ruht sie inmitten des Strebens nach Freude ($18=2\cdot9$) oder dem Vergnügen am Streben zum Vergnügen ($3\cdot6$) und dem angestrengten Streben nach Formerkenntnis, Formgestaltung ($20=4\cdot5$), dem Drang zur Gestaltung. Sie ist Selbsterkenntnis, die Erforschung des Bewusstseins, dem Leben durch Beobachtung: die Wahrnehmungsvielfalt in seiner Komplexität verstehen und damit sich selbst.

19 ist 3n+1, also ist der Ursprung die 3 bzw. ω. Die Durchlässigkeit zur imaginären/geistigen Ebene entsteht aus der Ruhe, der Stabilität. $19 = (3 - 2\omega) \cdot (5 + 2\omega)$ Auch in der Darstellung als Eisensteinzahl zeigen sich die Systemzahlen 2, 3 und 5. Die 2 als polarer Faktor der 3. Wurzel aus -1, beide als Summand der PZ 3 und 5.
Als 4n+3 ist sie prim in Z{i}, hat also eine Festigkeit in Bezug auf das Streben.

Dies ist Zufriedenheit und Ruhe in der Betrachtung des Seienden an den Grenzen des Systems.
Auch die 8 Sternfiguren weisen auf die Ordnung hin, die jetzt erkannt wird, in stiller Akzeptanz des Seienden, dass aus dem 2er und 3er Prinzip emergiert. 10 + (10-1) Das Streben zur Formgestaltung und die Freude als Gegenrichtung ergeben zusammen Empathie, das Verständnis für das andere, das dem eigenen ähnlich ist. Der Abgleich mit dem Innen und dem Außen, der die Komplexität der möglichen Form aus labiler Ordnung der Binarität (8) und Festigkeit von Struktur (11) zeigt, ist genauso akzeptiert wie die die Gegensätze der Suche nach verborgener Bedeutung (7) und dem Vergnügen der Anstrengung oder der Anstrengung für Genuss (12) als Lebensprinzip: die Vereinigung der Widersprüche in Form von Akzeptanz, die zu Mitgefühl führt.

Die Figur suggeriert Rundungen in 3 bis 4 Iterationen von Innen nach Außen und damit Ruhe im Gegensatz zu allen vorherigen Figuren und dem nachfolgenden 17-Eck, die allesamt eckig erscheinen.

Als PZ-Zwilling hat die Neunzehnheit den entgegen gesetzten Charakter der Siebzehnheit, der Unzufriedenheit, dem Streben nach Verbesserung (4n+1).
Beiden gemeinsam ist die Getrenntheit, die beobachtende Position, während 11 und 13 noch mitten im Geschehen distanzlos agieren (müssen).
Beiden gemeinsam ist aber Empathie, das Mitempfinden, akzeptierend oder hadernd.

Also weiter in der Progression mit:
19 – 2 = 17

17 ist die Negation der 19, der genauen Beobachtung im Vergleich mit der eigenen Struktur, der Zufriedenheit und der Freude über die Komplexität der Erscheinungsformen. Verloren geht die Komplexität im Verständnis für sich selbst und ist deswegen mehr nach außen gerichtet.

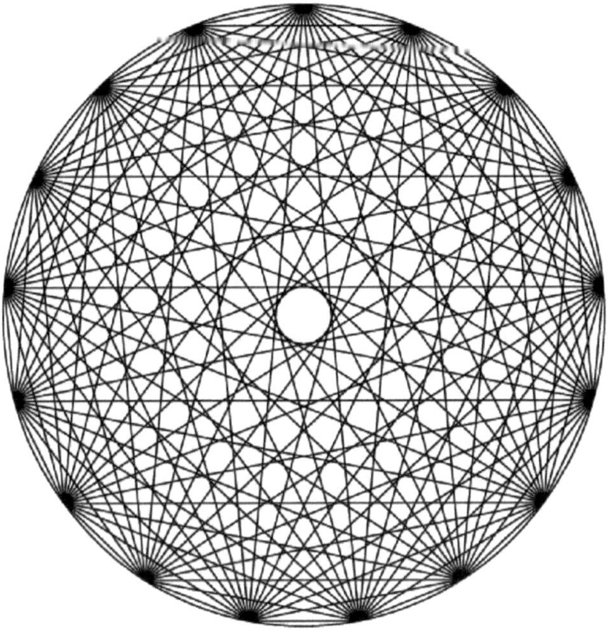

Siebzehnheit 17

17 QS 8 ist Primzahlzwilling mit 19, umgeben die 18 = $2 \cdot 3^2 = 3 \cdot 6$
5+6n = 6n-1
3n+2 prim in Z{ω}
4n+1 zerlegbar in Z{i}
7 Sternfiguren

$$\frac{1}{17} = 7 \cdot \sum_{n=0}^{\infty} \frac{12^n}{10^n} \quad = 0,\overline{0588235294117647}$$

p-1 = 16 Stellen QS der Mantisse 72/9 72 = 8·9
588235294117647 = $3^2 \cdot 11 \cdot 73 \cdot 101 \cdot 137 \cdot 5882353$

Die Siebzehnheit gehört zur Familie der Primzahlen mit der Endziffer (EZ) 7. Deswegen wird im Kehrwert die Potenzsumme mit 7 multipliziert. Die 12 ergibt sich hier aus 7+5, was wieder auf die Familienzugehörigkeit zur 7 hinweist. Dennoch ist die 12

$2^2 \cdot 3$ Anstrengung zum Vergnügen, zur Zufriedenheit, die alle Potenzen/Intensivierungen als innere dynamische Struktur der 17 durchläuft. Eine grundsätzliche Unzufriedenheit im Streben zum Vergnügen. Mit den 7 Sternen ist aber der Drang zur Suche nach der verborgenen Bedeutung ebenso ein internes Muster.

Enthalten sind die Sterne mit den Schrittweiten:
8-9 Ordnung und Freude
7-10 Sinnsuche und Streben nach Form
6-11 Vergnügen im Streben und Sturheit, Perfektionismus
5-12 Formgestaltung und Anstrengung für Genuss
4-13 Anstrengung und Mut zur Innenschau
3-14 Vergnügen und Streben zur Sinnsuche, Inspiration
2-15 Streben und Vergnügen der Formgestaltung

17 ist von 16 und 18 umgeben, dem Streben nach Ordnung ($2 \cdot 8$), aber auch die Anstrengung der Anstrengung ($4 \cdot 4$) und dem Streben nach Freude ($2 \cdot 9$). Die QS 8 enthüllt den Sinn für Ordnung, der im Widerspruch zur Freude steht, der zentrale Stern:

$8(2^3) - 9(3^2)$. Die vorhandene Ordnung und innere Geprägtheit von der Zweiheit führt nicht zur Freude. Es bedarf der Veränderung zu $8 \cdot 9 = 72$ der QS der Mantisse, der Spiegelzahl 27 der QS der Mantisse von 1/7. Das Werben für Ordnung.

7-10 ($2 \cdot 5$) Das Streben nach Formgestaltung (10) und die Suche nach verborgener Bedeutung (7) mit extrovertiertem Charakter (6n-1) zeigen eine unruhige auf Veränderung drängende Kraft. Es besteht eine Durchlässigkeit zur 2 als im komplexen zerlegbare Zahl, also eine Durchlässigkeit zur imaginären/geistigen Ebene der Materie (4+i)(4-i), die eine quadratische Dynamik/Intensität hat ($4 = 2^2 = [(1+i)(1-i)]^2$ D.h. es gibt ein tief empfundenes Gefühl für ein Ordnungsprinzip, das aber die Ordnung aus dem Vergnügen ausschließt (4n+3); die Zweiwertigkeit dominiert.

6-11 Vergnügen im Streben oder Streben zum Vergnügen steht im Widerspruch zu Sturheit und Perfektionismus. Feste unflexible Strukturen der 11 stehen dem Streben nach Verbesserung der Ordnung und damit der Zufriedenheit im Wege.

5-12 Formgestaltung und Anstrengung für Zufriedenheit: die vorhandene Form steht der Anstrengung zur Freude im Weg, der Drang zur Formänderung.

4-13 Anstrengung und Mut zur Innenschau
Der Siebzehnheit fehlt die Durchlässigkeit zu ω, der komplexen Wurzel der 3. Die Anstrengung bei dem Blick ins eigene Innere ist der Zugang zum geistigen Komplexitätstor verwehrt (3n+2)

3-14 Vergnügen und Streben zur Sinnsuche (2·7), Inspiration sind als Gegensatzpaar einander nicht so fremd, da die Sinnsuche die 7, mit ω verbunden ist. Das Streben hat also eine ähnliche Richtung.

2-15 Streben und Vergnügen der Formgestaltung oder Formgestaltung des Vergnügens widersprechen sich in der Richtung der Kraft auch nicht so sehr. Die Formgestaltung des Vergnügens hat ein Streben zur Form (5) in sich.

Siebzehnheit ist die Negation der Neunzehnheit, der genauen Beobachtung im Vergleich mit der eigenen Struktur, der Zufriedenheit und der Freude über die Komplexität der Erscheinungsformen. Es ist die Unzufriedenheit mit der Ordnung der Struktur des Umgebenden und die auch subversiv nach Veränderung strebende Kraft. Diese nach außen drängende Kraft (5+6n) ist teils narzisstisch, aber auch inspiriert von einem möglichen Sinn, einer möglichen besseren Ordnung, von der aber nicht wirklich bekannt ist, wie sie aussieht. Das Streben dahin ist der Selbstausdruck, der Wissen um Missstände projiziert und Lösungsvorschläge, Veränderungen vorschlägt, die aber von dem Übel des erzeugenden Prinzips (2^n, 4n+1) gespeist sind. Die

Komplexität hat aber gegenüber der Elfheit, die auch 5+6n ist, deutlich zugenommen. Die Kardiode wird deutlicher, aber die restliche Struktur weist noch nicht die ersten fraktalen Muster auf, die es bei der Neunzehnheit bereits existieren. Es ist die Werbung/Forderung für/nach Veränderung.

Die Sternfigur der Siebzehnheit allein wirkt wesentlich unruhiger, aggressiver als die der Neunzehnheit.

Gehen wir weiter in der Progression:

$17 + 8 = 25 = 5^2$

Die 25 ist als Negation der 23 genauso valide, wie die Primzahlzwillinge. Dies gilt für alle Primzahlen und Primzahlprodukte, die auf der einen oder anderen Seite von $6n\pm1$ stehen.
25 ist $5\cdot5$, die Formgestaltung für die Formgestaltung, das Schaffen der Möglichkeit für Kreativität. Dies ist ein nach innen gerichteter Prozess, der in der 23 nach außen gekehrt wird.

$25 - 2 = 23$

$24 = 4\cdot6 = 3\cdot8$ die Freude an der Ordnung.

Mit 25 wird die Freude an der Ordnung zur Schaffung der Möglichkeiten von Form zum Prinzip der geistigen Kreativität. Aus dem akzeptierenden und hadernden Mitgefühl entsteht die Kreativität. So wie 5 = 2+3 ist, ist 23 in der QS 5=2+3. Diesmal ist es nicht die Materie, in der sich Form(-gestaltung) zeigt, sondern es ist geistige Formgestaltung. Sprache ist wohl die beste Entsprechung für geistige Formgestaltung.

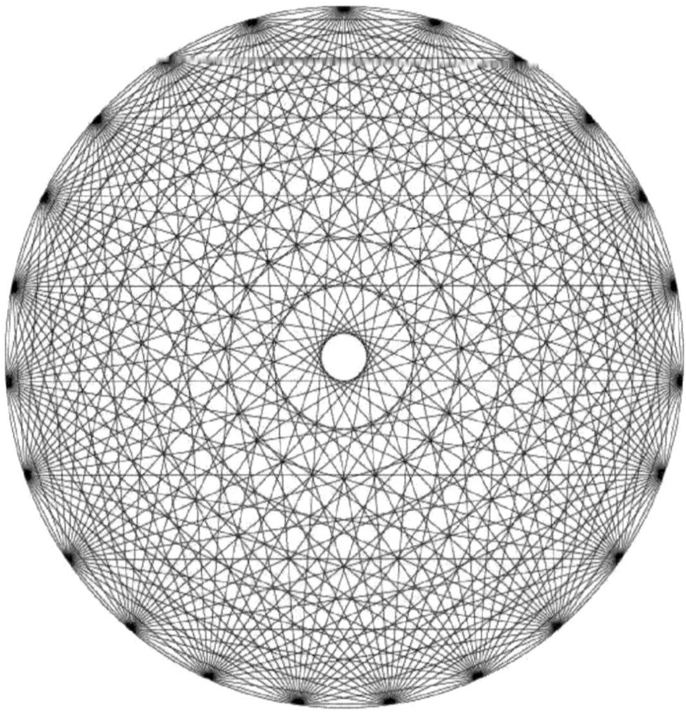

Dreiundzwanzigheit 23

5+6n	extrovertiert
3n+2	doppelt prim
4n+3	doppelt prim
11+12n	empathielose nach außen Gerichtetheit + Vergnügen der Anstrengung (n=1)

10 Sternfiguren

$$\frac{1}{23}=3\cdot\sum_{n=0}^{\infty}\frac{7^n}{10^n}=\sum_{n=0}^{\infty}\frac{7^n\cdot 3}{10^n} = 0,\overline{0434782608695652173913}$$

22 = 2·11 Stellen. Die QS der Mantisse ist 99 = 9·11. Die Summe der beiden Mantissenhälften ergibt 11 Neunen. Eine stabile Struktur.

Enthalten sind die Sterne mit den Schrittweiten:

11-12 empathielose nach außen Gerichtetheit und Vergnügen der Anstrengung
10-13 Streben nach Form und Mut zur Innenschau
9-14 Freude und Streben nach der Suche von Bedeutung
8-15 Ordnung und Freude der Formgestaltung, Formgestaltung der Freude
7-16 Sinnsuche und Streben nach Ordnung
6-17 Streben nach Vergnügen und Unzufriedenheit
5-18 Formgestaltung und Streben nach Freude
4-19 Anstrengung und Akzeptanz
3-20 Vergnügen und Drang zur Formgestaltung
2-21 Streben und Freude der Sinnsuche

Eine neue, eine rein geistige, emotional getriebene Fünfheit.

Konnte die Neunzehnheit erstmalig die Widersprüchlichkeit der Sternfigurrichtungen als zwei Erscheinungsformen ein und derselben Struktur akzeptieren, nutzt die 23 sie um Dramaturgien daraus zu entspinnen. Die Unzufriedenheit mit der Widersprüchlichkeit der Siebzehnheit dringt hier verwoben nach außen (5+6n), gefangen in den widersprüchlichen Strukturen ohne Zugang zu ihren Wurzeln (doppelt prim). Die Reflexion bezieht sich nicht auf die Herkunft, sondern auf die Strukturen (11+12n) und wie bei der 11 dringt die Energie nach außen. Der Drang zur Formgestaltung (20) + das Vergnügen (3), insgesamt nach außen gerichtet, lässt Symbole unmoralisch nach außen quellen, da sie nicht auf sich selbst, also ihren Ursprung bezogen bzw. reflektiert sind. Die innere Dynamik wird nach außen projiziert.
Die Symbole des Geistes sind in erster Linie die Sprache, die sowohl den musikalische Aspekt von Rhythmik, Klang und Melodie hat, wie auch den mathematisch logischen Aspekt der Grammatik. Die Freude am Drang der Formschaffung mit Symbolen zeigt sich Redseligkeit und der Fähigkeit im Erzählen von Geschichten über und mit den Widersprüchen der Strukturen der Sternfiguren; die Formgestaltung in den

Synergien der 23. Eine nach außen gewandte Kreativität, die die Kombination der Symbole zur Sprache nutzt.

Umgeben von 24 und 22 ist das Streben nach Struktur und Festigkeit, der Drang zur Perfektion und die Freude an der Ordnung Ausdruck der Kreativität im Drang über die erlebten Strukturen und Widersprüche zu sprechen.

Die interne Struktur der Periode, die Summe der 7er Potenzen in der Multiplikation mit der 3, zeugen von der Freude am Entschlüsseln des Sinns der Widersprüche, die logisch zusammengeführt werden in einer emotionalen Weise, die dem reinen Dezimalsystem (Streben zur Formschaffung) fremd ist, da der Aspekt der Freude (QS Periodenmantisse 99) mit 9·11 eine Beharrlichkeit im Ausdruck der Freude sucht, die emotionale Seite der Sprache.

Die Sternfigur enthält Rundungen und Eckiges neben und ineinander.

Gehen wir weiter in der Progression:

23 + 8 = 31

Einunddreißigheit 31

Primzahlzwilling 31 QS 4 und 29 QS 11/2 umgeben 30= 2·3·5
7+6n introvertiert geistig
3n+1 zerlegbar in Z{ω}
4n+3 prim in Z{i}
14 Sterne

$$\frac{1}{31} = 9 \cdot \sum_{n=0}^{\infty} \frac{28^n}{10^n} = \sum_{n=0}^{\infty} \frac{\left(2^2 \cdot 7\right)^n \cdot 3^2}{10^n} \quad = 0,\overline{032258064516129} \text{ QS } 54/9$$

15-stellige Periode. Addiert man die Dreiteilung der Periode in jeweils 5 Zahlen ergeben sich als Summe 5 Neunen:
03225 + 80645 + 16129 = 99999

Enthalten sind die Sterne mit den Schrittweiten:
15-16 Vergnügen der Formgestaltung und Streben nach Ordnung
14-17 Streben zur Suche nach Bedeutung und Unzufriedenheit
13-18 Mut zur Innenschau und Streben zur Freude
12-19 Anstrengung für Vergnügen und Akzeptanz, Empathie
11-20 Sturheit/Festigkeit und Drang zur Formgestaltung
10-21 Streben zur Formgestaltung und Vergnügen der Sinnsuche
9-22 Freude und Streben zur Perfektion
8-23 Ordnung und Gesprächigkeit
7-24 Sinnsuche und Vergnügen an der Ordnung
6-25 Streben zum Vergnügen und Formschaffung für Kreativität
5-26 Formgestaltung und Streben zum Mut der Innenschau
4-27 Anstrengung und Verzückung $2^2 - 3^3$
3-28 Vergnügen und Anstrengung in der Suche nach Bedeutung
2-29 Streben und das Spiegelbild Stolz einzigartig zu sein

Mit der 31 überschreiten wir das erste Mal eine Grenze. Die Grenze des Persönlichen, Materiehaften, aufs Ich Bezogene. Das Unterbewusste oder Unbewusste ist das, was uns alle verbindet. Wir erkennen uns in einem größeren Zusammenhang, obwohl wir in uns gefangen sind. Diese Grenze zeigt sich auch darin, dass für 30 das erste Mal 3 Primfaktoren gebraucht werden: 2·3·5. Bis hierher haben für zusammengesetzte Zahlen nur 2 Primfaktoren mit Potenzen benötigt. Die 6 Kombinationsmöglichkeiten der ersten 3 Primzahlen zeigen die Komplexität der möglichen Erscheinungsformen.
2·3·5 Das Streben zum Vergnügen der Form(-gestaltung)
2·5·3 Das Streben zur Form(-gestaltung) des Vergnügens
3·2·5 Das Vergnügen im Streben zur Form(-gestaltung)
3·5·2 Das Vergnügen in der Form(-gestaltung) des Strebens
5·2·3 Die Form(-gestaltung) des Strebens zum Vergnügen
5·3·2 Die Form(-gestaltung) des Vergnügens im Streben

Mit dem Zwilling 29 und 31 erhält die Reihe der natürlichen Zahlen eine definierte Struktur bis zur 36. Alle Zahlen sind jetzt als Primzahlen oder Primzahlprodukte eindeutig definiert.

Die Primzahlprodukte schließen die verschiedenen Potenzen mit ein, da ja nicht vorgegeben ist, dass es immer verschiedene PZ sein müssen.
$36 = 2^2 \cdot 3^2 = 6^2$ ist der Orgasmus, der aus dem Komplexeren materielle Struktur erschafft mit Verbindung zum Unterbewusstsein, der emotionalen in Materie verstrickten Struktur.

Das Extrovertierte der Dreiundzwanzigheit, die überquillt und unreflektiert sich selbst projiziert, wendet sich nach innen. Die dramaturgischen Strukturen des aufs Außen Bezogenen werden zum Anlass für die Bewusstwerdung der aufs Innen Bezogenen komplexen Strukturen (3n+1), die Dramaturgien und Verflechtungen des Inneren, die sich aus allem Vorhergehenden speisen.
Eine Art Rückschau, in was sich die Komplexität entwickelt hat. Der Blick kommt von jenseits der Grenzen des Materiellen $2 \cdot 3 \cdot 5 + 1$. Hier deutet sich der größere Zusammenhang an, in den das Sein gestellt ist. Alles ist miteinander verbunden und verwoben in dynamischer Interaktion. Der Sinn wird noch nicht erkannt, zu sehr ist das Strukturierende und der Sog in die Tiefe dominant.

Nach oben umgeben von der Anstrengung für Ordnung $32 = 2^5$, der höchsten 2er Potenz mit dem anderen Systembaustein, und nach unten von den „Zutaten" der Formgestaltung ist der Blick so sehr nach Innen gerichtet, dass das Einbettende nicht gesehen werden kann. Die Innenschau verliert sich schnell in der Unendlichkeit der Strukturen des Unterbewussten Feldes, das alle Lebewesen auf einer emotionalen Ebene miteinander verbindet. Hier strömt das Geistige in das Körperliche in Form von Emotionen. Es werden die Strukturen und synergetischen Verhältnisse der Grundstruktur zugänglich.

Wir, wie jedes andere Lebewesen, bewerten jedes Lebewesen unmittelbar als potentiellen Freund oder Feind, bedrohlich oder nicht. Dies assoziieren wir mit der uns erscheinenden Form, dem Körper, unserem eigenen als Sensor und den des Anderen als zu

bewertenden Reiz. Wir speichern dieses Bild mit allen Informationen als ein Bild ab. Diese Erfahrung/Erinnerung geht in einen kollektiven Speicher. Aus diesem kollektiven Speicher schöpfen wir wiederum unsere unterbewussten Entscheidungskriterien. Es ist das weite Feld der Emotionen und emotionalen Bewertungen, das sich kontinuierlich verändert und gesellschaftliche Grundstimmungen hervorbringt.
Die Einunddreißigheit ist also der bewusste Zugang zum Unterbewussten, dem kollektiven Unterbewusstsein, dass von Emotionen regiert wird.

Die potentierte Basis der Kehrwertsumme ist die 28 = 4·7, immer mit dem Faktor 9 versehen. Die Steigerungen (Exponenten) der Anstrengung in der Suche nach verborgener Bedeutung ist immer mit Freude (9) gepaart, einem Wohlgefühl von Geborgenheit. Das Eintauchen in emotionale Strukturen verbindet mit allen Fühlenden.

Ein 31-blättriges Muster um den vierten Ring, bei dem sich immer 3 Blätter überschneiden. 31 Ovale auf dem dritten Ring bilden deren Basis. Fortsetzung der Rundungen in mehreren Kreisen, emergierende runde Formen.

Als Spiegelzahl zu 13 hat sie die gleiche Ausrichtung 3n+1 aus der geistigen Wurzel, ist jedoch prim/fix gegenüber Z{i} mit der 2 und der 5. Die einfache Binarität reicht nicht für die geschaute Komplexität, obwohl sie sich als gemeinsame Zahl in der QS 8 als 2^3 darstellt. 1331 ist $11^3 = 11 \cdot 121$, feste Struktur mit Symmetrie. Als 3113 ist es 11·283.

Gehen wir weiter in der Progression:

31 – 2 = 29

Neunundzwanzigheit 29

Primzahlzwilling 29 QS 11/2 und 31 QS 4 umgeben 30= 2·3·5

5+6n extrovertiert, materiell orientiert
3n+2 prim in Z{ω}
4n+1 zerlegbar in Z{i}

$$\frac{1}{29}=\sum_{n=0}^{\infty}\frac{3^n}{10^n} = 0.\overline{0344827586206896551724137931} \text{ QS } 126/9$$

29 hat 13 Sternfiguren, 13 hat 5 , 5 hat 1 Sternfigur.
Stolz auf die Einzigartigkeit

Als extrovertierter Zwilling (5+6n) ist das Wissen um die Komplexität des Unterbewussten nicht wie bei der Einunddreißigheit intrinsisch. Es liegt aber eine große Ahnung davon vor. Als dreißigste Zahl, deren Periodenstruktur die 3er-Potenzen sind, komponiert aus 2 Streben (Drang zur Formgestaltung 20) und 9 Freude dominiert die EZ 9 den Charakter, obwohl der Zugang zu deren geistiger Wurzel ω (3n+2) verschlossen ist. Diese Kombination ist wie ein sich kostümieren, sich selbst schmücken und im Ausstausch auf Bestätigung aus, nicht so starr und aggressiv wie die Elfheit, aber mit genügend eitler Selbstliebe.

$\frac{1}{29}=\sum_{n=0}^{\infty}\frac{3^n}{10^n}$ als innere Struktur ist pure positive Bewertung in der 2-wertigen Entscheidung über sich selbst mit einer Differenziertheit der Innenschau, die die der Elfheit bei weitem überschreitet.

Die Extrovertiertheit richtet sich also auf das Binäre, die Ordnung und äußere Form des Überlebens (4n+1), zu der die Neunundzwanzigheit durchlässig ist. Es fehlt die Durchlässigkeit zur anderen geistigen Wurzel, dem Vergnügen im Komplexen Zugewandten. Als innere Strukturiertheit und Wirkungsprinzip ist es jedoch in allen Stärken vorhanden (3^n).

Sogar die QS der Mantisse der Kehrwertperiode zeigt die 126/9, das Prinzip der Freude im 2-wertigen.
$1 + 2 = 3, + 3! = 2{\cdot}3 = 6$, ist die Struktur der QS 9,in2er-Potenzen
$2^0 + 2^1 + 2^1{\cdot}(2^0 + 2^1) = 3^2 = 9$

Mit $4{\cdot}7 = 28$ Stellen ergeben die Addition der beiden Hälften der Periode 14 Neunen, die addiert $14{\cdot}9$ die QS 126 ergeben. Die Anstrengung der Sinnsuche endet bei sich selbst.
$126 = 2{\cdot}3^2{\cdot}7 = 7{\cdot}18$
Die Suche nach verborgener Bedeutung im Streben zur Freude ist gerne Eitelkeit.

Die Verbundenheit mit dem höheren Komplexen liegt noch nicht vor (30-1). Zusammen mit der projizierenden Beharrlichkeit (QS 11) und den komplexen Strukturen der vorhergehenden Zahlen, die alle inkorporiert sind, entsteht im Geiste des Prinzips Vergnügenssteigerung (3^n) in der Selbstbezüglichkeit (4n+1) der Stolz auf die eigene Einmaligkeit, ohne sie im Kontext mit dem Anderen zu kennen, wie es bei der 31 der Fall ist.

Eitel, ein diffuses komplexes Bild von sich projizierend, bleibt die Kenntnis vom Höheren ausgeschlossen und richtet sich auf das Materielle im egoistischen Sinn.

Enthalten sind die Sterne mit den Schrittweiten:
14-15 Streben zur Suche nach Bedeutung und Vergnügen der Formgestaltung
13-16 Mut zur Innenschau und Streben zur Ordnung von 2^n
12-17 Vergnügen der Anstrengung und Änderungswille
11-18 Sturheit und Streben zur Freude
10-19 Streben zur Formgestaltung und Akzeptanz
9-20 Freude und Anstrengung der Formgestaltung
8-21 Ordnung und Vergnügen an der Suche nach Sinn
7-22 Streben und Unzufriedenheit
6-23 Suche nach verborgener Bedeutung und Redseligkeit
5-24 Formgestaltung und Vergnügen an Ordnung
4-25 Anstrengung und Formgestaltung der Formgestaltung
3-26 Vergnügen und Streben zum Mut der Innenschau
2-27 Streben und Glückseligkeit

$2^2 + 5^2$ Anstrengung und geistige Beweglichkeit, Form der Form, sind Selbstdarstellungstriebe das eigene Styling und Verhalten zu präsentieren. Das Streben (2) mit Verzückung ($27=3^3$) und die Freude (9) mit dem Formgestaltungsdrang (20) sind mit dem Streben zur Suche nach Bedeutung (14) mit dem Vergnügen an der Formgebung (15) mächtige Werkzeuge, die Stolz – eine positive Bewertung der eigenen Eigenschaften – als Resultat haben.

Die Redseligkeit (23) und das Streben zum Vergnügen zeigen die extrovertierte Qualität. Ordnung (8) und Vergnügen an der Sinnsuche (21) beziehen sich auf das Geflecht, von dem man spürt, dass man in es eingebettet ist, ohne jedoch die Fähigkeit zu haben empathisch in dieses Feld vorzudringen. Deswegen die sture Beharrlichkeit in der positiv Wertung des Ichs.

Neunundzwanzigheit ist eine weitere Komponente des Egoismus und Narzissmus, die aber in abgeschwächter Form der Egomanie der 11 durch den kontinuierlichen Einfluss des „pleasure-principles“ zutage tritt.
Der Stolz auf sich selbst und seine Einzigartigkeit ist weicher und differenzierter als die reine Egomanie der Elfheit.

Mit dem Zwilling 29 und 31 erhält die Reihe der natürlichen Zahlen eine definierte Struktur bis zur 36. Alle Zahlen sind jetzt als Primzahlen oder Primzahlprodukte eindeutig definiert. Die Primzahlprodukte schließen die verschiedenen Potenzen mit ein, da ja nicht vorgegeben ist, dass es immer verschiedene PZ sein müssen.
$36 = 2^2 \cdot 3^2 = 6^2$ ist der Orgasmus, der aus dem Komplexeren materielle Struktur erschafft mit Verbindung zum Unterbewusstsein, der emotionalen in Materie verstrickten Struktur.

Bei 29 ist eine (Doppel-) Runde durch das Pentagon im Zehneck beendet und mit dem Schritt zur 37 beginnt eine neue.

Sex und die 6

6 ist tatsächlich ein Symbol für Sex. 6 ist $2 \cdot 3$ oder $3 \cdot 2$:
Das Streben zum Vergnügen oder das Vergnügen im Streben. Wo findet sich dieses Konstellation besser wieder als im Sex bzw. der Sexualenergie. Diese hat dazu noch eine Form (5), aber die zur Form führende Energie existiert bereits vor der Form. Hier geht es nicht um die Form, sondern um die treibende Energie, die sich die verschiedensten Formen sucht.

Die Dynamik der 2 in der Form der 3 führt bei Intensivierung der 2 zur Kontraktion der 3, damit die Form der 3 stabil bleibt.
Der Koitus ist 2, rein-raus, vor-zurück. Die Intensivierung der 2 entsteht durch die 2-wertige Bewegung. Sie provoziert die Intensivierung des Gefühls des Vergnügens. Erreicht die Kontraktion die Spannung des Quadrats ($9 = 3^2$) durch die gesteigerte Dynamik der 2, kommen wir zum Orgasmus, der Lösung der Spannung. Anstrengung oder Drang (2^2) verneunfacht (3^2) und Freude (3^2) vervierfacht (2^2) führen zu Verzückung (3^3)und Freude (3^2) (27 + 9). Das ist das, was wir beim Orgasmus empfinden. 36 ist deshalb ein Symbol für die Sexualenergie, auch Kundalini genannt.

$6 = 2 \cdot 3 = 3+3$
$6 = 3 \cdot 2 = 2+2+2$
$2 \cdot 6 = \underline{2+2+2+3+3}$
Anzahl 5 Form entsteht

$6^2 = 2^2 \cdot 3^2 =(2+2+2)^2 = 2^2+2^2+2^2+2^2+2^2+2^2+2^2+2^2+2^2$
Anzahl $9 = 3^2$ Freude

$6^2 = 2^2 \cdot 3^2 =(3+3)^2 = 3^2+3^2+3^2+3^2$
Anzahl $4 = 2^2$ Anstrengung

$6^2 = 3^3+3^2$
Verzückung und Freude

Die nächste Runde

29 + 8 = 37

Die weiteren Zahlen dieser Runde sind:
29 37 35 43 41 49 47 55 53 61 59

Hier gibt es 3 Nichtprimzahlen = Primzahlprodukte:
7·5, 7·7, 11·5.

Wir haben die PZ bisher mit der Progression -2, +8 betrachtet und sind bis zur Grenze 36 vorgedrungen. Die gleiche Reise kann man auch mit der 6 als Progression von +4 und +2 machen. Mit 1 beginnend zeichnet die Progression +4, +2 das 5-Eck und das Pentagramm in einem Zug im Zehneck.

Beide Progressionen beenden ihren Zyklus bei 30 ± 1. Deswegen gilt es darüber hinaus zu denken, aus dem System auszuscheren, den neuen Zyklus, dessen Symbole komplexere Inhalte haben, zu erforschen und sich mit den zur Verfügung stehenden Mitteln der Erkenntnis Neuem zu öffnen.

Wir treffen mit beiden Folgen zwar alle Primzahlen, aber auch die ungeraden Quadrate und nach und nach auch zunehmend Primzahlprodukte. Dennoch sind beide Folgen hilfreich zum Verständnis der Emergenz der Primzahlen und ihrer Polarität um die 6n herum. Insbesondere der Richtungswechsel bei -2 und +8 zeigt, dass man eigentlich vom Unendlichen ausgehen sollte und mit -8 und +2 zur Einheit 1 gelangen kann.

Wenn die systemischen Zusammenhänge einen Sinn haben sollen, außer dass sie reine Form sind, dann ist es wichtig sich die 10 unter dem Aspekt von 3 und 7 anzusehen und nicht nur 2, 4 und 8, die zum 5-Eck und Pentagramm führten. Mit den EZ 3 und 7, egal welche Ziffern davor stehen, gelangen wir zum einzigen Zehneckstern, indem wir die Vielfachen abschreiten.

Siebenundreißigheit 37 QS 10/1

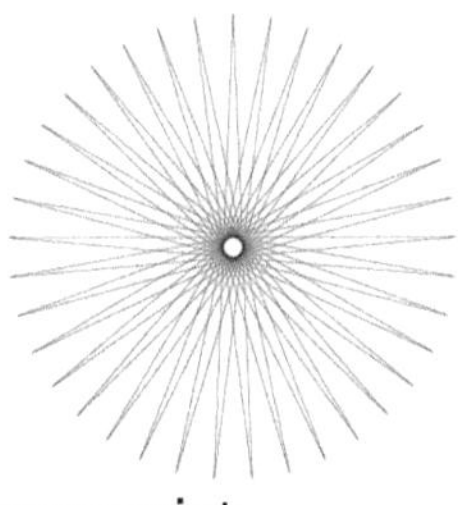

7+6n introvertiert, geistig dem Komplexen zugeneigt
3n+1 doppelt zerlegbar (6+i)(6-i)
4n+1 doppelt zerlegbar (7+3ω)(4-3ω) = 28+9

37 ist die dritte Siebenheit der Primzahlen im Dezimalsystem.
Mit 41 beginnt das nächst größere System 10_{82}.
37 hat 17 Sterne, 17 hat 7 Sterne, 7 hat 2 Sterne.
2+5 = 7+2·5 = 17+4·5 =37

Die EZ-Familie der 7 ist mit einander verbunden. Die 7 ist der Zwilling der 5 und und hat 2 Sterne. Die 5 ist in der unendlichen Summe der entscheidende Faktor als Summand in der Formel.

$$\sum_{n=0}^{\infty}\left[\left(\frac{(z-7)}{10}\right)\cdot 7+5\right]^{n}\cdot\frac{7}{10^{n}}$$

2 Ecken + 5 Ecken = 7 Ecken –> 2 Sterne
7 Ecken + 2·5 Ecken = 17 Ecken –> (2+5) 7 Sterne
17 Ecken + 4·5 Ecken = 37 Ecken–> (7+2·5) 17 Sterne

$$\frac{1}{37}=7\cdot\sum_{n=0}^{\infty}\frac{26^{n}}{10^{n}}=7\cdot\sum_{n=0}^{\infty}\frac{(2\cdot 13)^{n}}{10^{n}}=7\cdot\sum_{n=0}^{\infty}\frac{(3\cdot 7+5)^{n}}{10^{n}}\quad=0{,}\overline{027}$$

$$\frac{1}{37}=\sum_{n=0}^{\infty}\frac{27}{10^{3n}}=3^{3}\cdot\sum_{n=0}^{\infty}\frac{1}{10^{3n}}=3^{3}\cdot\sum_{n=0}^{\infty}\frac{1}{2^{3n}\cdot 5^{3n}}$$

37 QS 10 gehört zur Familie der EZ 7: die Suche nach dem Sinn (7) des emotionalen Feldes (30) eröffnet die Eingebettetheit in komplexere Zusammenhänge und macht den symbiotischen Organismus zum Symbionten eines größeren Organismusses, die Wiederverbindung mit einer spirituellen Ebene. Doppelt zerlegbar wird die geistige Strukturwelt erstmalig sinnhaft geschaut.

Ein Thema der unendlichen Summe ist 26^{n}: $7\cdot\sum_{n=0}^{\infty}\frac{(2\cdot 13)^{n}}{10^{n}}$,
die Suche nach der verborgenen Bedeutung (7) des Strebens (2) des Bewusstseins ($2^{n}\cdot$) zum potentierten Mut zur Innenschau (13^{n}) innerhalb des Systems ($\frac{1}{10^{n}}$).

$7 \cdot \sum_{n=0}^{\infty} \frac{(3 \cdot 7+5)^n}{10^n}$ Die 26 entsteht aus $3 \cdot 7+5$, also ist auch das Vergnügen an der Sinnsuche (21) und Formgestaltung (5) als polare Kraft Thema, jeweils mit der Suche nach verborgener Bedeutung verknüpft: das potenzierte Vergnügen (3^n) an der Suche der verborgenen Bedeutung der bewussten Sinnsuche (7^n) und die potenzierte Sinnsuche innerhalb von Strukturen (35^n).
Die Öffnung zur metaphysischen Welt mit der Verbindung zur emotionalen und physischen Welt aus der Innenschau heraus heißt: sich selbst in einem größeren Zusammenhang wahrnehmen oder verstehen.

Die Summe der 3er-Potenzen $(3^2 + 3^3) + 3^0 = 37$ oder auch $(3^2 + 3^3) + n^0 = 37 = 36+1 = 6^2 + 1^2$ ist die Eigenschaft als zerlegbare Komplexe Zahl, der Spaltung der 2, der Reflexion. 36 ist $2^2 \cdot 3^2$ Anstrengung und Freude als Urtriebkraft, die Sexualität, die Kundalini-Energie. Der Orgasmus + 1 ist das Bewusstsein der Zeugung mit der eigenen Schwingung, die nicht aus dem Materiellen entsteht, sondern aus dem Geistigen und sich im emotional physischen Organismus manifestiert.

Als Eisensteinzahl ist die Siebenunddreißigheit als $28+9 = 2^2 \cdot 7 + 3^2$ mit Freude und Anstrengung in der Suche nach Bedeutung verbunden. Sinnsuche (7) und Anstrengung (4) haben den Abstand des Vergnügens (3), das sich quadriert, also zur Freude (9) selbst bestätigt. Dies sind die Komponenten der Eisensteinzahl 37, die als Freude und Anstrengung in der Suche nach verborgener Bedeutung zu einer Einheit werden. Die Öffnung zur einbettenden Komplexität, die zum Verständnis Anstrengung erfordert, dafür aber Wohlbefinden schenkt: die Wiederverbindung zur ethischen Verantwortlichkeit.

37 ist auch 30+7, das kollektive Unterbewusste und die Suche nach verborgener Bedeutung. Nimmt man die 30 als Spiegel, so wie die 10 als Spiegel der 3 die 10+3=13 und 10-3=7 ergibt, ist $-3 \bmod 10 \equiv 7$. $30-3 = 27 = 3^3$.

Die Periode des Kehrwertes ist 027, die 3^3 im 3er Takt des 10er Systems: $\frac{1}{37}=027\cdot\sum_{n=0}^{\infty}\frac{1}{10^{3n}}$

Umgekehrt verhält es sich genauso: Der Kehrwert der $3^3 = 27$ zeigt die 037 im 3er Takt des 10er Systems: $\frac{1}{27}=037\cdot\sum_{n=0}^{\infty}\frac{1}{10^{3n}}$

Die Kombination von 27 und 37 führt in der Multiplikation zu $999 = 10^3-1$, der tausendsten Zahl und in der Addition zu $64 = 8^2$. $8^2 = 2^6$ Vertauscht man nun Basis und Exponent, (wie es bei 2^2 möglich ist) zu 6^2 , so ist die Summe von $6^2 + 2^6 = 6^2 + 8^2 = 10^2$.

Die beiden Kombinationen zeigen zwei Grenzen des Dezimalsystems:
$(2\cdot3)^2 + (2^3)^2 = 6^2 + 8^2 = 2^2\cdot5^2 = 100$ und $1000 = 2^3\cdot5^3 = 3^3\cdot37+1$
Bei 100 entsteht aus einer komplexen Kombination von 2 und 3 (Addition, Multiplikation, Potenz) das Quadrat der Zehnheit aus Fünfheit der Fünfheit und Zweiheit der Zweiheit. Die Summe der Quersummen von 36 und 64, 9+10 = 19 QS 10, führt zur zweiten Potenz von 10.

Alle zusammengesetzten Zahlen bis 1000 enthalten die Faktoren 2, 3 und 5. In der Zahl 1000 sind alle 3 Zahlen in einem Produkt von Potenzen vereinigt. Die 3 erhebt sich über die 2 und die 5.

$$2^3\cdot5^3 = (2\cdot5)^3$$

$2^3\cdot5^3 + 1 = 1001 = 7\cdot11\cdot13$
1001 ist das erste dynamische Feld, das ohne die Grundgefühle von 2 und 3 und der Formgestaltung 5 auskommt. Die kleinstmögliche Multiplikation von 3 Primzahlen, die keine materielle Konstruktion erlauben (2, 3, 5), oder auch die zweite Dreiergruppe von Primzahlen. Das erste dynamische rein geistige Feld. 1001 ist komponiert aus ‚1' und ‚001'.

Das Dezimalsystem, 37 und 3 sind offensichtlich mannigfaltig miteinander verbunden. 3 Schritte in die eine Richtung oder 7 in die andere zeichnet im 10-Eck den einzigen Stern des 10-Ecks und sorgt für seine Stabilität. Es gibt aber noch andere Verbindungen:

$3^1 \cdot 37 = 111$, drei Einsen.
$3^2 \cdot 37 = 333$, drei Dreien.
$3^3 \cdot 37 = 999$, drei Neunen.

Betrachtet man die drei Einsen und die Vervielfachung dieser Dreiergruppe, kommt es zu einer Verknüpfung mit dem ersten rein geistigen Feld (1001) und dessen Wiederholung der Gruppierung von 1 und 001. An die 1001 wird die 001 erneut angehängt.
Dabei spielt der 3er Takt 10^{3n} eine besondere Rolle.
$111 = 3 \cdot 37 \cdot 1$
$111111 = 3 \cdot 37 \cdot 1001 = 3 \cdot 37 \cdot (7 \cdot 11 \cdot 13)$
$111111111 = 3 \cdot 37 \cdot 1001001 = 3^2 \cdot 37 \cdot 333667$
$111111111111 = 3 \cdot 37 \cdot 1001001001 = 3^5 \cdot 37^2 \cdot 17579$
$111111111111111 = 3 \cdot 37 \cdot 1001001001001$
etc.

Teilt man die 9 Einsen durch die 9
111111111/999 = 12345679 QS 37, ergibt sich eine Aneinanderreihung der Ziffern 1-9 mit einer Ausnahme, der Lücke $8 = 2^3$. Dies ist genau die Periode des Kehrwertes von $3^4=81$.

Teilt man die Dreiergruppen von Einsen durch 3 Neunen, so entstehen Zahlen, die die Ziffern dreifach hintereinander bilden mit der letzten Ziffer als Periode:

$111/999 = 0,\overline{111}$
$111111/999 = 111,\overline{222}$
$111111111/999 = 111222,\overline{333}$
$111111111111/999 = 111222333,\overline{444}$
$111111111111111/999 = 111222333444,\overline{555}$
etc.

Betrachtet man die Zweiergruppierung von Einsen, finden wir immer den Faktor 11.

11 = 11·1
1111 = 11·101
111111 = 3·37·1001 (2·3 und 3·2 Einsergruppen kombiniert)
11111111 = 11·101·10001 = (11·101)·(73·137)
1111111111 = 11·101·11111·9091 = (11·101)·(41·271)·9091
111111111111 = 11·101·100010001 = (3·7·11·13·37·101·9901)
etc.

Bei Fünfergruppen von Einsen finden wir immer wieder die Faktoren 41 und 271.

11111 = 41·271
1111111111 = (41·271)·(10100101) = (41·271)·(11·101)·9091
111111111111111= (41·271)·10000100001 =
(41·271)·(3·37)·(31·2906161)

Es entstehen Zahlen und Primzahlen aus den Ziffern 0, 1 und 9.
31·2906161=90090991, 9091 und 9901 sind prim.

Bei der primen Anzahl von Einsen entstehen immer neue Primzahlen als Produkt.

11 = 11·1
111 = 3·37·1
1111 = 11·101
11111 = 41·271

111111 = 3·37·1001 = (3·37)·(7·11·13)
1111111= 239·4649
11111111 = (11·101)·(73·137)

111111111 = 3·37·1001001 = 3^2·37·333667
1111111111 = (11·101)·(41·271)·9091
11111111111 = 21649·513239

111111111111 = (3·37)·(11·101)·(7·13)·9901
1111111111111 = 53·79·265371653
11111111111111 = (3·37)·(41·271)·(31·2906161)

Betrachten wir die Entwicklung der Dreiergruppen von Neunen finden wir die gleichen Primzahlen wieder:

$999 = 3^3 \cdot 37 \cdot 1$
$999999 = 3^3 \cdot 37 \cdot 1001 = 3^3 \cdot 37 \cdot (7 \cdot 11 \cdot 13)$
$999999999 = 3^3 \cdot 37 \cdot 1001001 = 3^4 \cdot 37 \cdot 333667$
$999999999999 = 3^3 \cdot 37 \cdot 1001001001 = 3^3 \cdot 37 \cdot (7 \cdot 11 \cdot 13) \cdot 9901$
$999999999999999 = 3^3 \cdot 37 \cdot 1001001001001$
$1001001001001 = (41 \cdot 271) \cdot (31 \cdot 2906161) =$
$(41 \cdot 271) \cdot (90090991)$
$999999999999999999 = 3^3 \cdot 37 \cdot 1001001001001001 =$
$3^4 \cdot 37 \cdot 333667000333667 = 3^4 \cdot 37 \cdot 333667 \cdot 1000000001$
$3^4 \cdot 37 \cdot 333667 \cdot (7 \cdot 11 \cdot 13) \cdot 999001$
Bei 9 und 18 Neunen taucht die Zahl 333667 auf. Bei 18 mit drei Nullen als Bindeglied verdoppelt.
27 Neuen = $3^3 \cdot 37 \cdot 1001001001001001001001001$
1001001001001001001001001/9 =
111222333444555666777889 QS 109 =
333667·333333333666666667

Wir gruppieren unsere 10er Potenzen in Dreiergruppen, d.h. , immer wenn ein Vielfaches von 999 erscheint, gruppieren wir. Dieses Vielfache ist eine 1, an die 001 angehängt wird. Aus 1 wird 1001, daraus wird 1001001, dann 1001001001, etc.
999 + 001 = 1000
27 und 37 haben also etwas Fundamentales mit dem Dezimalsystem zu tun, dem System, in dem wir heute gewohnt sind Zahlen zu denken.
In der Abfolge von Dreiergruppen von Einsen (111, 111111, ...) erhöht sich bei der Faktorisierung jeweils der Exponent der 3 in der Multiplikation mit der 37 und der Progression 1'+'001.

In den Viergruppen der Einsen sind 11 und 101 wiederkehrende Faktoren und in den Fünfergruppen sind es 41 und 271. 11 und 101 erzeugen die Spiegelzahl 73 und $10 \cdot 11 + 3^3 = 137 = 100 + 37$. ($10001 = 73 \cdot 137$)
Das System arbeitet sich in die Komplexität mit 0, 1, 3 und 7 vor.

Die 3, die wesentlich an dem Konstrukt des Dezimalsystems beteiligt ist, zeigt als Potenz ihrer selbst in der Kombination mit der 37, der Kombination von 3 Quadraten ($2^2 \cdot 3^2 + 1^2$), das Quadrat $(3+5)^2 = (2^3)^2$ einer dritten Potenz der 2 oder dem Quadrat der Summe der beiden anderen Primzahlen aus der ersten Dreiergruppe als 64 QS 10/1 und die dritte Potenz der Multiplikation von 2 und 5 in der 1000. 3 und 7 sind nicht nur in der Summe 10, sondern haben in ihrer Kombination als 3^3 und $30+7 = 2 \cdot 3 \cdot 5 + 7$ die Funktion der Begrenzung in Dreiergruppen als Einheit.

Die Bedeutung der Siebenunddreißigheit weist also auf die größeren Zusammenhänge hin, in die wir eingebunden sind, indem sie ein Verständnis suchendes Bewusstsein über das kollektive Unterbewusste und seine vielen Spielarten eingrenzt.

Enthalten sind die Sterne mit den Schrittweiten:

18–19 Streben nach Freude oder Freude des Strebens und Empathie/Akzeptanz, Verbundenheit mit dem System
17-20 Werben für Veränderung und Drang zur Formgestaltung
16-21 Streben zur Ordnung 2^n und Vergnügen der Sinnsuche
15-22 Vergnügen an Formgestaltung und Sturheit im Streben
14-23 Streben zur Sinnsuche oder Sinnsuche im Streben und Redseligkeit, sprachliche Kreativität
13-24 Mut zur Innenschau und Systemzahl $8 \cdot \Delta_2$ Vergnügen an der Ordnung 2^n
12-25 Vergnügen der Anstrengung oder Anstrengung/Drang zum Vergnügen und Formgestaltung der Formgestaltung, der geistigen Formgestaltung

11-26 Sturheit, starre Strukturiertheit, Perfektionismus und Streben zum Mut zur Innenschau, *Risikobereitschaft*

10-27 Streben zur Formgestaltung oder Formgestaltung des Strebens und Verzückung

9-28 Freude und Anstrengung in der Sinnsuche

8-29 Ordnung 2^n und Stolz der Einmaligkeit

7-30 Suche nach verborgener Bedeutung und das emotionale Feld, das kollektive Unterbewusste

6-31 Streben nach Vergnügen oder Vergnügen des Strebens und der Zugang zum kollektiven Unterbewussten

5-32 Formgestaltung und Anstrengung zur Ordnung von 2^n

4-33 Anstrengung und Vergnügen an Sturheit, strukturierter Festigkeit, Perfektion

3-34 Vergnügen und Streben zum Werben für Veränderung

2–35 Streben und 35 Sinnsuche innerhalb von Strukturen

Alle Sternfiguren von 3 bis 37 (Abb. n. S.) übereinandergelegt, zeigt die Kardiode des Apfelmännchen und die fraktale Musterbildung der Blattfiguren in sehr ausgeprägter Form.

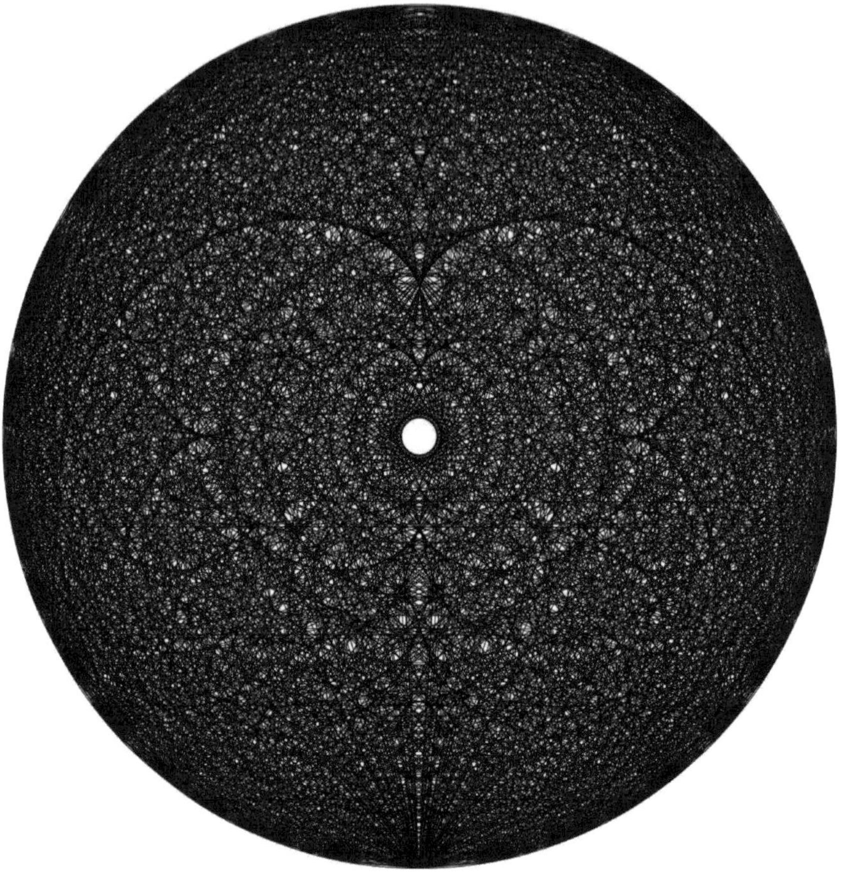

Sternfiguren von 3 bis 37

Weiter mit der Progression: 37 – 2 = 35

35 = 7·5 Die Suche nach verborgener Bedeutung innerhalb der Form, Struktur und den Formgestaltungsmöglichkeiten inspiriert von der Verbundenheit mit dem Komplexen Größeren (37). QS 8 ist Ordnung, die mit Formgestaltung (5) das Unterbewusste Feld (30) beschreiben will.

Weiter mit der Progression: 35 + 8 = 43

Dreiundvierzigheit 43

7+5n geistig orientiert, introvertiert
3n+1 zerlegbar in Z{ω} (6-ω)(7+ω) = 42+1
4n+3 prim in Z{i}
20 Sterne

$$\frac{1}{43}=3\cdot\sum_{n=0}^{\infty}\frac{13^n}{10^n}=93\cdot\sum_{n=0}^{\infty}\frac{40^n}{10^{2n}} = 0.\overline{023255813953488372093}$$

(p-1)/2 = 21-stellige Periode mit QS 90, 93=3·31
$3^3 \cdot 37 \cdot 239 \cdot 1933 \cdot 4649 \cdot 10838689 = 23255813953488372093$

Wie bei der Einunddreißigheit addiert man die Dreiteilung der Periode - jetzt in Zahlen mit jeweils 7 Ziffern und es ergeben sich als Summe 7 Neunen: 0232558+1395348+8372093=9999999

Das erste Mal taucht die 4 als Faktor der 10^1 auf: Anstrengung im Streben der Formgestaltung oder auch 8·5 Ordnung der Formgestaltung oder Formgestaltung der Ordnung. In jedem Fall geht es bei 40 um Struktur, die aus bewusster Gestaltung entsteht.

40 ist aber auch $40=\sum_{n=0}^{3} 3^n=3^0+3^1+3^2+3^3$ die Summe der 3er-Potenzen von 0 bis 3, also die Summe der Steigerungen des Vergnügens. Für die Primzahlen in den Vierzigern ist also entweder die Summe der Vergnügen-Steigerungen oder Ordnungsaspekte der Formgestaltung ein Kriterium, je nachdem welche Endziffer (EZ) die QS gestaltet.
In der 43 ist es die 3, die zur QS 7 führt. Wie 7 ist auch 43 eine Eisensteinzahl und in Z{ω} zerlegbar als (7+ω)(6-ω) = 42+1.

42 ist die zweite Zahl, die aus 3 verschiedenen Primfaktoren besteht 2·3·7. Insgesamt gibt es bis 100 nur 8 solcher Zahlen: 30, 42, 60, 66, 70, 78, 84 und 90.
Jede Zahl, die aus mehr als zwei Primfaktoren besteht, ist ein dynamisches Feld, in dem die drei oder mehr beteiligten Kräfte gleich valide sind in der Gestaltung der Dynamik. Potenzen von einzelnen Faktoren erhöhen den Einfluss auf die Richtung der Dynamik innerhalb des Feldes. In 30= 2·3·5 herrscht die materielle Orientierung mit den ersten drei formgebenden Primzahlen vor. In dem Feld der Zweiundvierzigheit, 42= 2·3·7, ist erstmalig die mentale Aktivität der Suche nach verborgener Bedeutung enthalten in Verbindung mit den beiden dynamisch verbundenen Grundprinzipien. 7·11·13=1001 ist das erste Feld ohne die Faktoren des Ersten.
4+2=6 ist das Prinzip, das als iterierte Summe, begonnen bei der 1, die Primzahlzwilling hervorbringt. Die 42 als Gegenrichtung der 1 erzeugen beide das 43-Eck.

Das Primzahlzwillingspaar 41 und 43 ist direkt mit 5 und 7 verwandt, nicht nur über die Quersummen (QS), sondern auch ihre Zerlegbarkeit als Komplexe bzw. Eisensteinzahl. Die Dreiundvierzigheit ist also geistig orientiert und hat in sich die Ziffern des zentralen Sterns der Siebenheit (3-4), die sich widersprechenden Prinzipien von Anstrengung und Vergnügen. Diesmal ist in die Anstrengung aber auch das Formgestaltungsprinzip (40) involviert, eine Verfestigung der projektiven Ordnung von 2^n durch Differenzierung.
Anstrengung = Formgestaltung der Stabilität des Strebens ($40=5\cdot2^3$) Vergnügen = Stabilität aus Komplexität (3 und 3n+1) Im Kontrast steht das Vergnügen, das Nicht-Streben, die Stabilität (3), die Basis der Komplexität.

Die Kehrwertsummen
Das Vergnügen (3) am potentierten Mut zur Innenschau (13^n) als innere Struktur ist geprägt von der Festigkeit gegenüber den 2er-Potenzen (4n+3) und der Durchlässigkeit zum stabilen geistigen Prinzip der Komplexität aus Dreiheit (3n+1).

Aus dieser Ruhe heraus wird die Suche nach dem Sinn der Widersprüche des Bewusstseins betrieben, die über den Zugang zu einem ersten geistig orientierten Feld ($42 = 2\cdot3\cdot7$), das von den Basisgefühlen (2, 3) und der Sinnsuche (7) geprägt ist, und dem Zugang zum emotionalen Feld ($30= 2\cdot3\cdot5$) des kollektiven Unterbewussten mit Vergnügen und Stabilität verfügt ($93= 3\cdot31$). Formgestaltung und projektives stabilisiertes Bewusstsein ($2^3\cdot5 =40$) in potenzierter Form (40^n) im 2er Takt ($1/10^{2n}$) bilden die Antithese zur unendlichen Reflexion. Die Tiefe des erreichbaren Verständnisses ist wesentlich komplexer geworden.

Dies lädt das Symbol der 7 durch die Quersumme (QS) mit neuer Bedeutung und Energie auf. Generell erhalten die Ziffern eines Systems durch die Quersumme besondere Aufladung und Vertiefung ihrer eigenen Charakteristik, da die Summe die erste Form der bewussten mathematischen Operation ist.

Die +1 bei 42+1 ist stellvertretend für ω = $\sqrt[6]{1}=\sqrt[2\cdot 3]{1}=\sqrt[3]{1-2}$.
Dies ist der Zugang zum ersten geistigen Feld, das ohne Formgestaltung (5) auskommt. Das Denken, das von den Grundbefindlichkeiten geprägt ist und zum Thema der Reflexion hat. Die Suche nach der verborgenen Bedeutung der beiden Grundgefühle. Die Reflexion über das kollektive Unterbewusste.

93=3·31 ist das Vergnügen (3) am Zugang zum kollektiven Unbewussten (31) und als Faktor der Summe von $40^n/10^{2n}$ ist es der Zugang zur Formgestaltung der projektiven Ordnung 2^n.

Es lohnt sich die 21 des zentralen Sterns genauer anzusehen: Der zentrale Stern ist 10-11, 2 der drei System gebenden Zahlen. Als 3·7 ist es das Vergnügen an der Suche nach verborgener Bedeutung. Die QS 3 bestätigt die Dreiheit. Es ist 1/3 der Periode von 7:

$0,\overline{142857}/3 = 0,\overline{047619}$

Hatte Siebenheit 10 Darstellungsmöglichkeiten für den Kehrwert als Summe, wird dieser Wert jetzt halbiert. Die Reaktion der 2 auf die Aktion der 3. Die einzelnen Ziffern werden zum Multiplikator einer unendlichen Potenzsumme des Kehrwertes, jedoch nur in einer Richtung.

$0,\overline{047619}$ ist auf 5 Arten darstellbar:
$9\cdot\Sigma\ 19^n/10^n$,
$19\cdot\Sigma\ 4^n/10^{2n}$,
$619\cdot\Sigma\ 13^n/10^{3n}$,
$7619\cdot\Sigma\ 16^n/10^{4n}$,
$\Sigma\ 47619\ /10^{6n}$

$9=3^2$, Faktor wie bei jeder Zahl mit EZ 1, ist hier mit der Summe von 19^n verknüpft, Freude an der potentierten Empathie und Akzeptanz. 19 als Faktor, deren Kehrwert $\Sigma\ 2^n/10^n$ ist, also mit den 2er-Potenzen verbunden, wird verknüpft mit 4^n der potenzierten Anstrengung im

2er Takt. Die Akzeptanz der Anstrengung als Prinzip des Seins führt zum Vergnügen an der Sinnsuche.
4^n und 16^n sind 2er-Potenzen, die um 2 bzw. 4 Stellen gerückt addiert werden: 7619=19·401 und zeigt als Faktor wieder die 19.
13^n um 3 Stellen gerückt, zeigt die komplexen Strukturen von 2er-Potenzen und komplexe Erscheinungen der Dreiheit, die gleichzeitig das Gleiche beschreiben.
13^n mit dem Faktor 10^{-3n} und 619, prim, sind die zwei verbundenen Wachstumsraten der 13er-Potenzen. Die gleiche Basis zeigt die Verbundenheit. 13 ist der Spiegel der 7 an der 10. Der Mut zur Innenschau in 3er Strukturen des Zehnersystems mit 619, einer 3n+1, 4n+3, 7+6n Primzahl mit EZ 9, einer Bestätigung des Prinzips der Dreiheit.
Zweiheit und Dreiheit mit ihrer Komplexitätsentwicklung führen im Erkenntnisprozess zu Vergnügen. Soweit zur 21.

Enthalten sind die Sterne mit den Schrittweiten:
21–22 Vergnügen der Sinnsuche und Streben nach Perfektion, Sturheit im Streben
20–23 Drang zur Formgestaltung und Redseligkeit
19-24 Empathie/Akzeptanz und Vergnügen an Ordnung, Ordnung des Vergnügens
18-25 Streben nach Freude und Formgestaltung der Kreativität
17-26 Veränderungswille und Streben zum Mut der Innenschau
16-27 Streben zur Ordnung von 2^n (Projektion) und Verzückung, Begeisterung für das Positive
15-28 Vergnügen an Form und Anstrengung in der Sinnsuche
14-29 Streben zur Sinnsuche und Stolz auf die Einmaligkeit
13-30 Mut zur Innenschau und Streben zur Form der Freude, das Unterbewusste Feld
12-31 Vergnügen der Anstrengung und Zugang zum kollektiven Unterbewussten
11-32 Sturheit, starre Strukturiertheit, Perfektionismus und Anstrengung zur Ordnung von 2^n
10-33 Streben zur Formgestaltung und Vergnügen an Sturheit, strukturierter Festigkeit, Perfektion
9-34 Freude und Streben zum Veränderungsdrang

8-35 Ordnung und Suche nach verborgener Bedeutung innerhalb der Form(-gestaltung)
7-36 Suche nach verborgener Bedeutung und Kundalini
6-37 Streben zum Vergnügen und Wiederverbindung mit der metaphysischen Ebene des Seins
5-38 Formgestaltung und Streben zur Empathie, Akzeptanz
4-39 Anstrengung, Drang und Vergnügen an Mut der Innenschau
3-40 Vergnügen und Ordnung der Formgestaltung
2–41 Streben zur 41

Der Zyklus -2, +8 hat immer die QS-Folge 875421. Als Zahl hat sie die Primfaktoren $3^3 \cdot 32423$, welch schöne Symmetrie. Und die setzt sich weiter fort. 32423 ist prim und hat die QS 14.

Das nächst höhere System ist aus den Ziffern 8 und 2 gebildet als 10_{82}. 41 ist die Fünfheit dieses Systems.

$$\frac{82}{2}-8=11\cdot 3=33 \qquad 32423 \bmod 82 = 33$$

$$\frac{82}{2}+8=7^2=49 \quad 82-49=33$$

$$\frac{82}{2}-2\cdot 7=3^3=27 \quad 41-27=14$$

$$\frac{82}{2}+2\cdot 7=11\cdot 5=55=\Delta_{11} \quad 82-27=41+14=55$$

Also weiter in der Progression:
43 - 2 = 41

Einundvierzigheit 41

Primzahlzwilling 41 und 43 umgeben die 42 = 2·3·7
5+6n extrovertiert, materiell orientiert
3n+2 prim in Z{ω}
4n+1 zerlegbar in Z{i} (5+4i)(5-4i)
19 Sterne

$$\frac{1}{41}=9\cdot\sum_{n=0}^{\infty}\frac{37^n}{10^n}=39\cdot\sum_{n=0}^{\infty}\frac{(4^2)^n}{10^{2n}}=439\cdot\sum_{n=0}^{\infty}\frac{(2\cdot 3^2)^n}{10^{3n}}=2439\cdot\sum_{n=0}^{\infty}\frac{1}{10^{5n}}=$$

$0.\overline{02439}$ $\frac{(p-1)}{8}$ = 5-stellige Periode mit QS 18/9

41 QS 5 ist eine neue Fünfheit. Eine Fünfheit eines größeren Systems, das nach den gleichen Prinzipien gebaut ist wie das Dezimalsystem, 10_{82}.
Diesmal ist die Quadratzahl 10-1 nicht 3, sondern $3^2=9$.

Die erste fünfstellige Periode einer Primzahl. Die Fünfheit entsteht aus der Entnahme der Zweiheit ($2^3=8$) von p-1, den möglichen Restwerten.
(p-1)/8 40/8=5
Für die Periode des Kehrwertes kann man vier verschiedene unendliche Potenzsummen finden. Dabei sind die 10er-Potenzen, um die die Summe verschoben wird, 1, 2, 3, und 5, die ersten Primzahlen bis 5.
Die Periode ist aus 0, 2 und $2^2=4$, 3 und 3^2 komponiert.

Der Kehrwert und die verschiedenen Summenformeln

9 und 37^n Freude an der potentierten Erkenntnis des Eingebundenseins in der Formgestaltung.
$39=3\cdot13$ und $4^2= 16^n = 2^4$ Vergnügen am Mut zur Innenschau und die Grenzen der reinen Zweiwertigkeit im exponentiellen Wachstum in der Formgestaltung
439, prim, QS 7, EZ 9, 3n+1, 4n+1 als Eigenschaften weisen auf die Präsenz der Komplexität der Dreiheit mit Sinnstrukturen (QS 7) hin als Faktor von $18^n = 2\cdot3^2$, dem potenzierten Streben nach Freude gestalten, die Formgestaltungsmöglichkeiten als innere Struktur.
$2439=3^2\cdot271$ Freude und eine Primzahl der Form 3n+1, 4n+3, 7+6n mit QS 10/1, deren Kehrwert $0,\overline{00369}$ ist, also komponiert aus den ersten drei Faktoren der 3 in einer 5-stelligen Periode, bilden zusammen die sukzessiv ersten zwei Potenzen von 2 und 3 im 5er Takt (10^{-5n}). Die Fünfheit 2+3=5 erhält eine neue komplexere Strukturierung mit synergetischen Selbstbezüglichkeiten. Die Formgestaltung beginnt im Geistigen und wird bewusst materialisiert. Kreativität, die aus dem geistigen Feld der Materie gespeist ist.

Geistige Formgestaltung, die in der Formgestaltung nach außen komplexe Strukturen materialisierend verantwortend wirkt. Die menschlichen Hände, 4+1 Finger = Finger + Daumen sind eine gute organische Entsprechung!

Es gibt 41 verschiedene Arten von Schneeflocken, die dennoch als fraktale Muster in jeder einzelnen Erscheinung unterschiedlich sind. In der Natur ist die Einundvierzigheit also als Gestaltungsprinzip enthalten.

Die Formel $n^2 + n + 41$ erzeugt für aufsteigende n eine Reihe von Primzahlen (41, 43, 47, 53, 61, 71, 83, 97, 113, ...) bis n = 40. Dann ist die Summe gleich dem Quadrat von 41 = 1681. Damit bricht die Reihe der Primzahlen. Die Dichte, d.h. die bestenfalls lückenlose Erzeugung der Primzahlen, nimmt zunehmend ab. Die erste Ausgelassene ist 59, dann 67, dann 73 und 79, dann 89, also insgesamt fünf bis 100. Danach werden die Lücken immer größer, d.h. es werden immer mehr Primzahlen ausgelassen. Dies entspricht dem Wachstum der Primzahlen insgesamt. Es ist also so etwas wie eine lokale Primzahlstruktur innerhalb der Unendlichkeit der Primzahlen. Betrachtet man die möglichen Kombinationen all dieser Symbole (41!), eröffnet sich ein weites Feld von Bedeutungen, die die geistig wirkbare Formgestaltung in Materie werken kann, das geistig gelenkte Werkzeug.

$40+1 = (5+4i)(5-4i) = 25-16i^2$

Auch hier tritt das Formgestaltungsprinzip mit dem materiell orientierten, extrovertiert strebenden Bewusstsein in Erscheinung, ein großer Druck des Bewusstseins sich Ausdruck zu verleihen.

Im Spannungsfeld zwischen 40 und 42 ist die Einundvierzigheit geprägt von Sinnstrukturen in den Grundbefindlichkeiten (42) und Strukturen des Bewusstseins in der Formgestaltung (40). Die Komplexität verschafft sich Form.

Enthalten sind die Sterne mit den Schrittweiten:
20-21 Drang zur Formgestaltung und Vergnügen der Suche nach verborgener Bedeutung
19-22 Empathie/Akzeptanz und Streben nach Perfektion, Sturheit im Streben
18-23 Streben nach Freude und Redseligkeit
17-24 Werben für Veränderung und Vergnügen an Ordnung 2^n, Ordnung des Vergnügens
16-25 Streben zur Ordnung von 2^n (Projektion) und Formgestaltung der Kreativität
15-26 Vergnügen an Form(-gestaltung) und Streben zum Mut der Innenschau
14-27 Streben zur Sinnsuche und Verzückung, Begeisterung
13-28 Mut der Innenschau und Anstrengung in der Sinnsuche
12-29 Vergnügen der Anstrengung und Stolz auf die Einmaligkeit
11-30 Sturheit, starre Strukturiertheit, Perfektionismus und das Unterbewusste Feld
10-31 Streben zur Formgestaltung oder Formgestaltung des Strebens und Zugang zum kollektiven Unterbewussten
9-32 Freude und Anstrengung zur Ordnung von 2^n
8-33 Ordnung von 2^n und Vergnügen an Sturheit, strukturierter Festigkeit, Perfektion
7-34 Suche nach verborgener Bedeutung und Streben zum Veränderungsdrang
6-35 Streben zum Vergnügen, Vergnügen im Streben und Suche nach verborgener Bedeutung innerhalb der Form(-gestaltung)
5-36 Formgestaltung und Kundalini
4-37 Anstrengung und Wiederverbindung mit dem höheren Bewusstsein, der metaphysischen Ebene des Seins
3-38 Vergnügen und Streben zur Empathie, Akzeptanz
2-39 Streben und Vergnügen am Mut zur Innenschau

Weiter in der Progression:

41 + 8 = 49

49 = 7·7 = 7^2 Die Suche nach der verborgenen Bedeutung in der Suche nach der verborgenen Bedeutung ist die Reflexion des Sinns, das Hinterfragen von Sinn, der Sinn im Sinn.

$$\frac{1}{49}=\sum_{n=0}^{\infty}\frac{5^n}{10^n}$$

$$= 0.\overline{020408163265306122448\ 979591836734693877551}$$

Dies ist der Beginn der Reflexion über die Reflexion ins Unendliche: 7^n. Im Kehrwert ist diese Reflexion die Summe der unendlichen Form der Formgestaltung intern strukturiert. Sinn und Form sind miteinander verbunden. Im 2er-Takt von links nach rechts addieren sich die 2er-Potenzen in der Periode, die Verbundenheit von 2 und 5.

Im Kehrwert von 69 = 3·23, dem Vergnügen an Sprache, wird die unendliche Reflexion 7^n in der Periode addiert :

$$\frac{1}{69}=\sum_{n=0}^{\infty}\frac{7^n}{10^n} \quad = 0,\overline{0144927536231884057971}$$

Sinn, Form und Sprache sind untrennbar miteinander verbunden.

Weiter mit der Progression: 49 – 2 = 47

Siebenundvierzigheit 47 QS 11/2

5+6n extrovertiert, materiell orientiert
3n+2 prim in Z{ω}
4n+3 prim in Z{i}
11+12n doppelt prim
22 Sterne

$$\frac{1}{47}=7\cdot\sum_{n=0}^{\infty}\frac{33^n}{10^n}=7\cdot\sum_{n=0}^{\infty}\frac{(11\cdot 3)^n}{10^n}$$ p-1 = 46-stellige Periode

$0.\overline{0212765957446808510638297872340425531914893617}$
QS= 209 = 11/2

Alles deutet auf die 11 hin: die QS, der potentierte Summand der Kehrwertformel, die Anzahl der Sterne, selbst die QS der Periode. Und dennoch gehört die 47 zur Familie der Primzahlen mit der EZ 7. Die Suche nach verborgener Bedeutung spielt also eine entscheidende Rolle. Als Spiegel der 49 (7·7), der Suche nach verborgener Bedeutung innerhalb der Suche nach Bedeutung, der puren Introvertiertheit, ist die Siebenundvierzigheit extrovertiert, wissend um die Möglichkeit der Sinnsuche im Sinn, gestaltend nach außen gerichtet.
40+7 Die Suche nach der verborgenen Bedeutung (7)und reflektiertes Streben nach Form (40) ergibt zusammen sture Beharrlichkeit im Streben nach Spaltung (11) mit Erkenntnissen aus einer komplexeren Ebene als die Elfheit 4+7, Anstrengung und Sinnsuche.
Die 11 taucht in den Zusammenhängen von 2 und 3 auf:
als 2·11 in der Anzahl der Sterne, als 3·11 in der Summenformel des Kehrwertes und als $11 + 36 = 2^2 \cdot 3^2$, der Sexualenergie und der festen Strukturiertheit der Elfheit (als Sternfigur).

Diese Elfheit hat erstmals die Sinnsuche als Ziffer. Keine vorherige Zahl mit EZ 7 hatte die QS 11, noch hatte irgendeine Zahl mit QS 11 die Ziffer 7 in sich.

Die Sturheit der Elfheit findet sich komplexer eingebunden in der QS der 29, dem Stolz auf die Einmaligkeit und wird in weiterer Komplexität zur Selbstsicherheit, die aus der Kenntnis des Wissens um das Denken über das Denken entsteht.

Ein Selbstbewusstsein dieser Art kann sehr schnell auch Arroganz zeigen oder aber auch nur als solche wahrgenommen werden.

Die Siebenundvierzigheit ist Selbstsicherheit, wissend um die Bedeutung der Reflexion des Sinns ohne diese Reflexion jedoch zu vollziehen und trägt diese Erkenntnis selbstsicher, auch als arrogant wahrgenommen, wenn zu wenig der 49 mitschwingt und die QS 11 zu dominant wird, nach außen.

Enthalten sind die Sterne mit den Schrittweiten:
23-24 Redseligkeit und Vergnügen an der Ordnung von 2^n
22-25 Sturheit im Streben und Formgestaltung der Formgestaltung
21-26 Vergnügen an der Sinnsuche und Streben zum Mut der Innenschau
20-27 Formgestaltungsdrang und Verzückung
19-28 Empathie und Anstrengung in der Sinnsuche
18-29 Streben zur Freude und Stolz auf die Einmaligkeit
17-30 Werben für Veränderung und das kollektive Unterbewusste
16-31 Streben zur Ordnung von 2^n und der Zugang zum kollektiven Unterbewussten
15-32 Vergnügen der Formgestaltung und Anstrengung zur Ordnung von 2^n
14-33 Streben zur Sinnsuche und Vergnügen an Sturheit
13-34 Mut zur Innenschau und Streben zum Werben für Veränderung
12-35 Vergnügen der Anstrengung und Suche nach verborgener Bedeutung innerhalb der Form(-gestaltung)
11-36 Sturheit und Kundalini
10-37 Streben zur Formgestaltung und Wiederverbindung mit dem höheren Bewusstsein, der metaphysischen Ebene des Seins
9-38 Freude und Streben zur Empathie
8-39 Ordnung von 2^n und Vergnügen am Mut zur Innenschau
7-40 Suche nach verborgener Bedeutung und Ordnung der Formgestaltung
6-41 Vergnügen des Strebens und das geistig gelenkte Werkzeug
5-42 Formgestaltung und das erste Feld mit Sinnsuche
4-43 Anstrengung und die Reflexion über das kollektive Unterbewusste
3-44 Vergnügen und Anstrengung in der Sturheit
2-45 Streben und Freude der Formgestaltung oder Formgestaltung der Freude

Egal welche Zahl die QS 11 hat, diese Zahl + 8 hat die QS 10/1.
11+8=19, 29+8=37, 47+8=55, 56+8=64, 65+8=73, 74+8=82, etc.

$$47+8 = 55 = 5\cdot 11 = \Delta_{10} = \sum_{n=0}^{10} n$$

Erstmals taucht die 5 als Ziffer der Zehnerpotenz auf. Jetzt sogar doppelt als EZ und Faktor der 10. $55 = 2\cdot 5^2+1\cdot 5^1$
$55 = 5\cdot 11$ Sturheit/Beharrlichkeit in der Formgestaltung oder Formgestaltung der Sturheit/Beharrlichkeit. Strukturfestigkeit oder Spaltung von Formgestaltung. Das Verständnis, wie sich komplexe Prinzipien (in Organismen) materiell verdichten.
Als zehnte Dreieckszahl, der Summe der Ziffern des Systems und der Systemzahl selbst, ist Struktur und Festigkeit entstanden.

In der Progression geht es weiter mit 55 – 2 = 53

Dreiundfünfzigheit 53 QS 8

5+6n extrovertiert, materiell orientiert
3n+2 prim in Z{ω}
4n+1 zerlegbar in Z{i} (7+2i)(7-2i)
25 Sterne

$$\frac{1}{53}=3\cdot\sum_{n=0}^{\infty}\frac{16^n}{10^n}=83\cdot\sum_{n=0}^{\infty}\frac{44^n}{10^{2n}}$$ (p-1)/4 = 13-stellige Periode

$= 0,\overline{0188679245283}$ QS 63

So wie bei 41 mit 5-stelliger Periode, lässt sich eine 13-stellige Periode auch nicht symmetrisch zerlegen.

3 und 83 sind zwei Elfheiten: 3 im Binärsystem, 83 im 10_{82}-System. Das Binärsystem mit seiner eigenen Grenze $16 = 2^4 = 4^2$ ins Unendliche potenziert (16^n), immer verbunden mit dem Vergnügen (3), und im 2er Takt Vergnügen und Ordnung (83 QS 11) verbinden sich mit der Anstrengung der Sturheit oder Sturheit in der Anstrengung (44^n) zu einem stabilen extrovertierten Kraftpotential.

Vergnügen am sturen Denken (Sinnsuche) in Ordnungsprinzipien. Gedankliche Strukturen errichten.

Als größere Spiegelzahl zu 35 sind die Komponenten verdichtet und erweitert.

$53 = 2\cdot5^2 + 3$ Vergnügen und Streben zur Formgestaltung der Formgestaltung ergeben in der QS 8, Vergnügen an symbiotischer Ordnung auf Basis der Ordnung von 2^n, dem projektiven Bewusstsein. In Resonanz mit Formgestaltung der Freude (8-45) und dem Symbiont-Bewusstsein (16-37) , mit Vergnügen an der Sinnsuche (21-32), das durch $(4n+1) \cong 49-4i^2$ seine Anstrengung in der Suche des Sinns im Sinn in die Tiefen der Projektion vordringt.
Mit 3+5=8 haben wir 3 Fibonaccizahlen, die für stabiles nicht exponentielles Wachstum stehen.
25 Sternfiguren bestätigen die Formgestaltung des Formgestaltungsstrebens als auswärts gerichtete Energie.

Dreiundfünfzigheit ist ein extrovertiertes sich Vergnügen an projektiver symbiotischer Ordnung, ein Dominanzaspekt.

Als Spiegel der $11\cdot5= \Delta_{10}$, der sturen Beharrlichkeit in der Formgestaltung oder auch der Formgestaltung der Stur- und Starrheit/Strukturiertheit, wird diese nach innen verfestigende

Energie nach außen projiziert: die eigenen Ideen (Erkenntnisse) von Ordnung anderen aufdrängen wollen.

Enthalten sind die Sterne mit den Schrittweiten:
26-27 Streben zum Mut der Innenschau und Verzückung, Begeisterung
25-28 Formgestaltung der Kreativität und Anstrengung der Sinnsuche
24-29 Vergnügen an Ordnung 2^n und Stolz auf die Einmaligkeit
23-30 Redseligkeit und das Unterbewusste Feld
22-31 Streben nach Perfektion, Sturheit im Streben und Zugang zum kollektiven Unterbewusstsein
21-32 Vergnügen der Suche nach verborgener Bedeutung und Anstrengung zur Ordnung von 2^n
20-33 Drang zur Formgestaltung und Vergnügen an Sturheit
19-34 Empathie/Akzeptanz und Streben zum Werben für Veränderung
18-35 Streben nach Freude und Suche nach verborgener Bedeutung innerhalb der Form(-gestaltung)
17-36 Werben für Veränderung und Kundalini
16-37 Streben zur Ordnung von 2^n (Projektion) und Wiederverbindung mit dem höheren Bewusstsein, der metaphysischen Ebene des Seins
15-38 Vergnügen an Form(-gestaltung) und Streben zur Empathie, Akzeptanz
14-39 Streben zur Sinnsuche und Vergnügen am Mut zur Innenschau
13-40 Mut der Innenschau und Formgestaltung der 2^n-Ordnung
12-41 Vergnügen der Anstrengung und geistige Formgestaltung, die in der Formgestaltung nach außen komplexe Strukturen materialisierend wirkt (die neue Fünfheit), geistige Gestaltung von Materie
11-42 Sturheit und Streben zum Vergnügen in der Suche nach verborgener Bedeutung
10-43 Streben nach Form und Sinnsuche im Widerspruch von Anstrengung und Vergnügen
9-44 Freude und Anstrengung zur Sturheit

8-45 Ordnung von 2^n und Freude der Formgestaltung oder Formgestaltung der Freude
7-46 Sinnsuche und Streben zur Redseligkeit
6-47 Streben zum Vergnügen und Selbstsicherheit
5-48 Formgestaltung und Systemzahl $8 \cdot \Delta_3$ Streben zum Vergnügen der Ordnung
4-49 Anstrengung und Sinnsuche in der Sinnsuche
3-50 Vergnügen und Streben zur Formgestaltung der Kreativität
2-51 Streben und Vergnügen am Werben für Veränderung

Weiter geht es in der Progression mit 53 + 8 = 61

Einundsechzigheit 61

Primzahlzwilling 61 QS 7 und 59 QS 14/5
7+6n geistig orientiert, introvertiert
3n+1 doppelt zerlegbar (5-4ω)(9+4ω) = 45+16
4n+1 doppelt zerlegbar (6+5i)(6-5i) oder (5+6i)(5-6i)
29 Sterne

$$\frac{1}{61} = 9 \cdot \sum_{n=0}^{\infty} \frac{55^n}{10^n} = 59 \cdot \sum_{n=0}^{\infty} \frac{36^n}{10^{2n}} \quad \text{p-1 = 60 Stellen}$$

$0.\overline{0163934426229508196721311475409836065573770491803278688524590}$ QS 270/9
Addiert man die erste und die zweite Hälfte der Periode, ergeben sich 30 Neuen, die zusammengezählt die QS 270 $2\cdot3^3\cdot5$ ergeben.

Umgeben von 60 und 62 ist das Thema des zentralen Sterns (30-31) das kollektive Unterbewusste und sein Zugang. In der Form der $60 = 2^2\cdot3\cdot5$ dominiert das Streben im kollektiven Unterbewussten, da die 2 in zweiter Potenz vorliegt.

Bei 60+1 ist 1 stellvertretend für i und ω, den komplexen Wurzeln und damit dem Verständnis für die zweite Form des kollektiven Unterbewusstsein, in dem das Streben dominiert. In Einerschritten oder 60er-Schritten in der anderen Richtung entsteht das 61-Eck.

Als doppelt zerlegbare Zahl mental orientiert (7+6n) mit der QS 7, der Suche nach der verborgenen Bedeutung, ist das Thema das Verständnis des kollektiven Unterbewussten in einem größeren Zusammenhang. Als verdichtende Kraft aus dem Unendlichen kommend, strukturiert sie das morphogenetische Feld des kollektiven Unterbewussten.

Auch die Kehrwertsummen zeigen diese Eigenschaften:
$55^n = (5\cdot11)^n$, Beharrlichkeit in der Formgestaltung oder Formgestaltung der Beharrlichkeit multipliziert mit 3^2, Freude, ist die Freude an der Strukturfestigkeit von Formgestaltung: das Verständnis, wie sich komplexe Prinzipien in Organismen materiell verdichten. Die Sinnsuche (QS 7) im Zugang zur Dominanz des Strebens im kollektiven Unterbewussten zeigt sich auch in den Faktoren als Eisensteinzahl: 5, 4^2, $9=3^2$, Formgestaltung, die Grenze der reinen Zweiwertigkeit und Freude. Der Abstand (4) von Formgestaltung (5) und Freude (3^2) formt die Basis des quadratischen Ausdrucks $-16\omega-16\omega^2$. 4 ist selbst Quadratzahl von 2, also bewusste (2^n) Formgestaltung mit Freude (45) von Sinnstrukturen (QS 7).

Als Primzahl in der Reihe der PZ, die aus der Summe zweier sukzessiver Quadrate steht (5^2+6^2), hat sie eine Verbindung zu ihren Vorgängern 5 (1^2+2^2), 13 (2^2+3^2) und 41 (4^2+5^2). Der erste pythagoräische Tripel ($3^2+4^2=5^2$) enthüllt die Verbindung zur 5, die in der Reihe der sukzessiven Quadrate als erster Faktor auftaucht, wenn die Zahlen nicht prim sind. Erstmalig bei 2665 (36^2+37^2) = $3 \cdot 5 \cdot 151$ taucht die 3 als Faktor auf. Bis dahin sind alle Nichtprimzahlen Produkte von Primzahlen, die aus der Summe zweier Quadrate hervorgehen. Die 37 ist also erneut das Überschreiten einer Grenze. Die im Komplexen zerlegbaren Primzahlen sind immer die Summe zweier Quadrate. Mit 221 (10^2+11^2) = $13 \cdot 17$ bricht das Alternieren von 3n+2 und 3n+1 der Primzahlen dieser Folge. Erstmals taucht an den Grenzen des Systems (10) mit 17 = (1^2+4^2) eine PZ aus nicht sukzessiven Quadraten als Faktor auf. Mit dem Fortschreiten in der Reihe wird das Muster zunehmend erweitert. Ein Phänomen, das typisch ist für zunehmende Komplexität. Das Ineinandergreifen von verschiedenen Systematiken stabilisiert die Struktur durch symbiotisches Zusammenwirken.

Im 2er Takt der Periode des Kehrwertes erscheint die Kundalini- oder Sexualenergie in potentierter Form mit einer Verbindung zur extrovertierten Seite dieser Kraft, der Neunundfünfzigheit als Faktor. Aus der geistigen Energie entsteht das Selbstbewusste Handeln zur Fortpflanzung.

Enthalten sind die Sterne mit den Schrittweiten:

30-31 Streben zum Vergnügen der Formgestaltung, Streben zur Formgestaltung des Vergnügens, Vergnügen im Streben zur Formgestaltung, Formgestaltung des Streben zum Vergnügen, Formgestaltung des Vergnügens im Streben, das emotionale Feld, das Kollektive Unbewusste und der Zugang zum kollektiven Unbewussten.

29-32 Stolz der Einmaligkeit und Anstrengung der 2^n-Ordnung

28-33 Anstrengung in der Suche nach verborgener Bedeutung und Beharrlichkeit im Vergnügen oder dem Vergnügen an Sturheit und Perfektion.
27-34 Verzückung und Streben zum Veränderungsdrang
26-35 Streben zum Mut der Innenschau und Suche nach der verborgenen Bedeutung innerhalb der Form(-gestaltung)
25-36 Die mentale Möglichkeit der Formgestaltung und Sex / Orgasmus, die Zeugung $5^2 + 6^2$ von Form und Formgestaltung in der geistigen Form aus bewusster Zweiheit und Dreiheit
24-37 Vergnügen an der 2^n-Ordnung und Wiederverbindung zum Mentalen als Symbiont
23-38 Redseligkeit und Streben zur Empathie / Akzeptanz
22-39 Streben zur Sturheit/Perfektion und Vergnügen am Mut zur Innenschau
21-40 Vergnügen an der Suche nach verborgener Bedeutung und Formgestaltung der 2^n-Ordnung
20-41 Drang zur Formgestaltung und Geistige Formgestaltung, die in der Formgestaltung nach Außen komplexe Strukturen materialisierend wirkt. Die neue Fünfheit.
19-42 Empathie und Streben zum Vergnügen in der Suche nach verborgener Bedeutung.
18-43 Streben zur Freude und Sinnsuche im Widerspruch von Anstrengung und Vergnügen. Ein Erkenntnisaspekt
17-44 Veränderungsdrang und Anstrengung der Sturheit
16-45 Streben zur 2^n-Ordnung und Freude der Formgestaltung oder Formgestaltung der Freude
15-46 Vergnügen an Formgestaltung und Streben zur Redseligkeit, sprachlichen Begabtheit
14-47 Streben zur Sinnsuche und Selbstsicherheit
13-48 Mut zur Innenschau und Systemzahl $8{\cdot}\Delta_3$ Streben zum Vergnügen der Ordnung
12-49 Anstrengung für Vergnügen und Suche nach Sinn in der Suche nach Sinn
11-50 Sturheit/Festigkeit und Streben zur Formgestaltung für Formgestaltung.
10-51 Streben zur Formgestaltung und Vergnügen am Veränderungsdrang

9-52 Freude und Anstrengung zum Mut für die Innenschau
8-53 2^n-Ordnung und Genießen der symbiotischen Ordnung
7-54 Suche nach verborgener Bedeutung und Streben zur Glückseligkeit
6-55 Streben zum Vergnügen und Beharrlichkeit in der Formgestaltung.
5-56 Formgestaltung und Ordnung der Sinnsuche
4-57 Anstrengung und Vergnügen an der Empathie
3-58 Vergnügen und Streben zum Stolz auf die eigene Einmaligkeit
2-59 Streben und der Gegenpol als Äußerliches der 61

Weiter geht es zum Ende der zweiten Runde der Progression mit $61 - 2 = 59$

Neunundfünfzigheit 59 QS 14/5

Primzahlzwilling mit 61 QS 7

5+6n	extrovertiert, materiell orientiert
3n+2	doppelt prim
4n+3	doppelt prim
11+12n	doppelt prim

$$\frac{1}{59}=\sum_{n=0}^{\infty}\frac{6^n}{10^n}=61\cdot\sum_{n=0}^{\infty}\frac{36^n}{10^{2n}}$$ p-1 Stellen = 58 - stellige Periode

$0.\overline{0169491525423728813559322033898305084745762711864406779661}$ QS = 256= 2^8 = 13

Potentiertes Streben nach Vergnügen oder Vergnügen des Strebens (6^n) ist die innere Triebkraft. Sexualenergie (36) mit Verständnis des kollektiven Unterbewussten (61) im 2er-Takt ist die Dominanz der nach außen projektiv gerichteten Energie, die sich ihrer Eingebundenheit in einen größeren Zusammenhang bewusst ist und von Freude (9) des Strebens zur Formgestaltung der Form (50) geprägt ist.
Die Stellenanzahl 58 = 2·29: Streben zum Stolz auf die Einmaligkeit ist extrovertiert. So wie 29 die extrovertierte Seite der 31 ist, die beide die erste Form des kollektiven Unterbewussten umschließen, umschließen 59 und 61 den Aspekt des kollektiven Unterbewussten, in dem das Streben dominant wird, da aus
$2 \cdot 3 \cdot 5 = 30$
$2^2 \cdot 3 \cdot 5 = 60$ wird.
Mit 3·4·5 entsteht Stabilität in der sukzessiven Reihenfolge von natürlichen Zahlen.

Im 2er-Takt der Periode des Kehrwertes erscheint, wie bei der Einundsechzigheit, die Kundalini- oder Sexualenergie in potenzierter Form, diesmal mit einer Verbindung zur geistig orientierten Seite dieser Kraft (61) als Faktor. Doppelt prim ist das Selbstvertrauen im Werben zum sexuellen Vergnügen ungebrochen. Freude (EZ 9) und Formgestaltung (5) bzw. Streben zur Formgestaltung der Formgestaltung (50) mit Streben zur Sinnsuche (QS 14) ist es das sexuelle Werben.

Enthalten sind die Sterne mit den Schrittweiten:

29-30 Stolz der Einmaligkeit und das Kollektive Unbewusste
28-31 Anstrengung in der Suche nach verborgener Bedeutung und der Zugang zum kollektiven Unbewussten.
27-32 Verzückung/Enthusiasmus und Anstrengung der 2^n-Ordnung

26-33 Streben zum Mut der Innenschau und Beharrlichkeit im Vergnügen oder dem Vergnügen an Sturheit und Perfektion.
25-34 Die mentale Möglichkeit der Formgestaltung und Streben zum Werben für Veränderung/zur Subversivität
24-35 Vergnügen an der 2^n-Ordnung und Suche nach der verborgenen Bedeutung innerhalb der Form(-gestaltung)
23-36 Redseligkeit und Sex / Orgasmus, die Zeugung $5^2 + 6^2$ von Form und Formgestaltung in der geistigen Form aus bewusster Zweiheit und Dreiheit
22-37 Streben zur Sturheit/Perfektion und Wiederverbindung zum Mentalen als Symbiont
21-38 Vergnügen an der Suche nach verborgener Bedeutung und Streben zur Empathie / Akzeptanz
20-39 Drang zur Formgestaltung und Vergnügen am Mut zur Innenschau
19-40 Empathie und Formgestaltung der 2^n-Ordnung
18-41 Streben zur Freude und Geistige Formgestaltung, die in der Formgestaltung nach außen komplexe Strukturen materialisierend wirkt. Die neue Fünfheit.
17-42 Werben für Veränderung und Streben zum Vergnügen in der Suche nach verborgener Bedeutung.
16-43 Streben zur 2^n-Ordnung und Sinnsuche im Widerspruch von Anstrengung und Vergnügen.
15-44 Vergnügen an Formgestaltung und Sturheit in der Anstrengung
14-45 Streben zur Sinnsuche und Freude der Formgestaltung oder Formgestaltung der Freude
13-46 Mut zur Innenschau und Streben zur Redseligkeit, sprachlichen Begabtheit
12-47 Anstrengung für Vergnügen und Selbstsicherheit
11-48 Sturheit/Festigkeit und Systemzahl $8 \cdot \Delta_3$ Streben zum Vergnügen der Ordnung
10-49 Streben zur Formgestaltung und Suche nach Sinn in der Suche nach Sinn
9-50 Freude und Streben zur Formgestaltung für Formgestaltung.
8-51 2^n-Ordnung und Vergnügen am Werben für Veränderung

7-52 Suche nach verborgener Bedeutung und Anstrengung zum Mut für die Innenschau
6-53 Streben zum Vergnügen und das Genießen der symbiotischen Ordnung
5-54 Formgestaltung und Streben zur Glückseligkeit
4-55 Anstrengung und Beharrlichkeit in der Formgestaltung.
3-56 Vergnügen und Ordnung der Sinnsuche
2-57 Streben und Vergnügen an der Empathie

Hiermit schließt die zweite Runde der Progression -2 ,+8. Runde 3 geht bis 100 = 10^2 , dann sind die ersten 25 = 5^2 Primzahlen behandelt. Diese werde ich nicht mehr behandeln. Die Methoden, die hier entwickelt wurden, bieten aber die Möglichkeit ihre Bedeutung zu entschlüsseln.

Schlussgedanken

In den letzten Kapiteln dieses Buches werde ich die grundlegenden Gedanken zusammenfassen und kurz auf Anwendungen zu sprechen kommen. Der Phantasie des Lesers bleibt es überlassen diese weiter auszuführen. Die Emotionen, die unser Leben grundlegend gestalten, selbst unser Denken, sind den symbolischen Bedeutungen der Primzahlen genauso zuzuordnen wie die Persönlichkeitsentwicklung (nicht nur) des Menschen. Die Anwendung in der Astrologie als Aspekte (Winkelbeziehungen), die auf der Kreisteilung in ihrer Zahlensymbolik beruhen, erhielt in den letzten Jahren durch empirische Forschung ganz neue Impulse.

Mehrwertigkeit (der Logik) als aus sich selbst emergierende Komplexität

Mehrwertige Logik im mathematischen Zusammenhang bedeutet, dass die 2-wertige Logik um mindestens eine valide Größe erweitert und einbezogen wird. Zu den boolschen Werten 0 und 1, falsch und richtig, kommt die 10_2 oder 2_{10} als drittes Element hinzu: das Bewusstsein über das Symbol, das eine eigene Wertigkeit und damit Bedeutung hat wie 0 und 1.
Das 2-wertige System wird zum 3-wertigen System, in dem es eine Mitte gibt.
Dass Symbole eine Bedeutung haben, wenn man Sinn als Teil der 2-wertigen Logik akzeptiert, ist unbestreitbar.
Aus den verschiedensten Bereichen der Mathematik, der Sprache und wissenschaftlichen Anwendungen werden die mathematischen Symbole mit immer weiteren Bedeutungen aufgeladen. Die Symbole sind also Informationsträger, wesentlich komplexer als sie auf den ersten Blick erscheinen. Dennoch ist ihre ureigenste Kraft Dasjenige, was es ermöglicht, mit weiterer Bedeutung aufgeladen zu werden.

Wenn aus der Kombination von Symbolen neue Symbole entstehen, haben diese eine eigene Bedeutung. Ihre eigenen Bedeutungen haben als Teil die Bedeutungen ihrer sie kreierenden Symbole. So beinhaltet die 10 die Bedeutungen von 0 und 1, wahr und falsch. Die Nebeneinanderstellung der Symbole war bei den Römern noch mit der Addition/Subtraktion verbunden und ist im Stellenwertsystem des Binärsystems mit dem Potenzieren verbunden. Die Verbindung von Symbolen ist selber ein symbolischer Prozess: die Wirkung des Verbindungs-/Verknüpfungssymbols. Daraus entsteht eine neue Kraft, in der die verbundenen Kräfte zu einer neuen symbiotischen Kraft wird mit weiteren Eigenschaften, die über die Konstituierenden hinausgeht.

Die Emergenz von Komplexität ist strukturbildend. Das Gerüst der 2er-Potenzen in multiplikativer Verbindung mit den anderen Primzahlen gestaltet unsere Kontinuität im Zählen. Zweiwertigkeit ist ein ausgezeichnetes Werkzeug der Logik, ein scharfes Messer der Unterscheidung. Jedoch weiß das Messer nicht, was es schneidet. In einer mehrwertigen Logik muss die 2-wertige enthalten sein, nur eben nicht mehr mit der alleinigen Dominanz, da es jetzt mehr valide Größen gibt. Dennoch ist die Zweiwertigkeit ein gutes Mittel zu entscheiden, ob die Bedeutung weiterer Valenzen falsch ist. Dies ist sie dann, wenn sie auf zweiwertige Tests fehlgeht, d.h. mathematisch falsch ist.

Unentschiedenes in der Mathematik, das mit Zweiwertigkeit nicht entschieden werden kann, kann aber auf Möglichkeiten geprüft werden. So sind Zusammenhänge, die nicht direkt offensichtlich sind, auf ihre Richtigkeit im Detail prüfbar. Ob die scheinbare Zufälligkeit von Ansammlungen von Eigenschaften eine weitere Bedeutung trägt, ist mit Zweiwertigkeit nicht zu entscheiden, würde dies ja den Rahmen der Zweiwertigkeit sprengen. Wenn also Symbole in der Kombination von Symbolen wieder auftauchen, gibt es eine Verbindung, einen sinnhaften Zusammenhang dieser Symbole in einer mehrwertigen Logik.

Symmetrie ist ein Ideal der Zweiwertigkeit. Diese ist in den Sternfiguren der Primzahlen immer in einfacher Form enthalten. Bewusstsein ist Spiegel, Reflexion, Negation: 2, ½, 2^2, vor allem aber Projektion. Die Rekonstruktion von symbolischen Informationen zu komplexen Strukturen ist eine Art Spiegelung.

Die hier vorgestellten Methoden zur Analyse der Bedeutungen der Bausteine der Mathematik, den Primzahlen, sind alle - soweit mir möglich - auf 2-wertige Konsistenz geprüft, d.h. sie sind mathematisch / zahlentheoretisch wahr. Die Emergenz von Komplexität außerhalb der Zweiwertigkeit zu suchen entspricht dabei der Systematik der Primzahlen, die keinem 2-wertigen Modell entspricht und in die ∞-Wertigkeit führt.
Die Primzahlen als emergierende Komplexität erzeugen zunehmend valide Größen, um deren Verknüpfungen in ein theoretisch ∞-wertiges Logiksystem zu überführen. Die Mehrwertigkeit der Logik darf der Zweiwertigkeit dabei aber nicht widersprechen, sie muss sie integrieren. Deshalb sind alle zahlentheoretischen Zusammenhänge von Relevanz. Sicherlich ist deren Auflistung nicht vollständig und es ergeben sich in den Synergien neue Zusammenhänge, die weitere Erkenntnismethoden eröffnen. In diesem Sinne ist die mehrwertige Betrachtung der Mathematik und ihrer Symbole auch erkenntnisfördernd für die Zahlentheorie.

Emotionen

Was sind Emotionen?

„Emotionen werden von wahrgenommenen bedeutsamen Veränderungen ausgelöst, und zwar nach einem persönlich komparativen Wahrnehmungsraster." Aaron Ben-Ze'ev

Im Bereich der Zahlen ist Veränderung mathematische Operation. Wird sie wahrgenommen, überschreitet sie einen Schwellwert und wird logarithmisch bewertet. Je höher die Exponentenunterschiede, desto bedeutsamer, intensiver die Wahrnehmung. Dieser Logarithmus der Wahrnehmung eines bestimmten Themenkomplexes löst also eine Emotion aus. Emotion ist also die Reaktion eines Wahrnehmungsrasters. Ich würde es lieber Wahrnehmungsmuster bezeichnen. Dieses individuelle Wahrnehmungsmuster soll also vergleichbar sein. Unterschiede können in Faktoren und Hochzahlen sein. Die gemeinsame Basis sind die Primzahlen, da sie unveränderlich sind. Multiplikation und Addition bilden die komplexen Muster.

$\ldots \cdot p^x \cdot q^y \cdot r^z \cdot \ldots$

Bei der Zerlegung in Primzahlfaktoren entfällt der Faktor, da er durch andere Primzahlpotenzen ausgedrückt wird. Die persönlichen Wahrnehmungsmuster sind also Primfaktorzerlegungen mit unterschiedlichen Exponenten. Die Veränderung ist also eine Veränderung der Exponenten des persönlichen Musters. Dies geschieht durch Multiplikation/Division, Potenzieren/Wurzelziehen. Der Vergleich des Musters geschieht also im Vergleich der Exponenten. Der Unterschied ist also die Emotion.

Durch die wahrgenommene Veränderung verändert sich das Muster. Es tendiert zu Stabilität, sodass der Unterschied durch Reaktion=Aktion entsprechend des individuellen Musters die

Angeregtheit „rückgängig“ zu machen sucht. Dies gelingt nicht, aber ein „nächstmöglicher“ Zustand.

Was charakterisiert Emotionen?

Typische Merkmale von Emotionen sind nach Aaron Ben-Ze'ev:

Instabilität
große Intensität
Parteilichkeit/Einseitigkeit
Kurzlebigkeit

Die Instabilität entspricht der Reaktion auf die Veränderung des Exponenten des „umgebenden“ PZP durch das Bewusstsein. Reaktion ist die Nachbildung der Information und der Vergleich des Nachgebildeten mit der eigenen Struktur. Fällt dieser im Vergleich der Exponenten groß aus, ist eine Reaktion, eine Veränderung der eigenen Struktur zum Überleben notwendig.

Die 0-Setzung von Exponenten grenzt den betrachteten Inhalt ein, auf die Primzahlen, deren Exponent mindestens 1 ist. Dieser Prozess läuft eigentlich fortwährend, wobei das Unterbewusste viele Bereiche mit automatischen Reaktionen übernimmt. Das Unterbewusste ist die Basisstruktur, die aus Erfahrung zum Überleben zu diesem Muster geworden ist und bereits für sinnvoll erachtete Strukturen zur Verfügung hat, um zu reagieren.

Ins Bewusstsein gelangt nur hohe Intensität, die Aufmerksamkeit, eine neue Entscheidung, einen Reflexionsprozess erfordert. Der Exponent beschreibt die Intensität der Qualität der Primzahl. Im logarithmischen Vergleich wird die Intensität festgestellt, die jenseits des Schwellenwertes liegt, den das Unterbewusste abdeckt.

Aus dieser Differenzfeststellung resultiert auch die Parteilichkeit, denn die große unbekannte Intensität kann zum Schaden oder zum Wohl sein. Auf jeden Fall ist eine neue Bewertung durch das Bewusstsein notwendig.

Kurzlebigkeit resultiert aus der Komplexität, in die das „isolierte Thema“ eingebettet ist. Die Dominanz der Summe aller anderen Themen (PZP) lässt schnell eine Einordnung ins Gesamtgefüge zu und damit eine Bewertung der Relevanz für das eigene Wohl, die eigene Stabilität. Die Komplexitätszunahme durch die Integration der Erfahrung in die Struktur des Möglichen, das Bestandteil der Seelenstruktur (PZP) ist, ermöglicht eine schnelle Reduktion der angeregten = aufgewendeten Energie. Hiermit wird die Kurzlebigkeit der Emotion erklärlich.

Grundlegende Elemente der Emotionen sind
nach Aaron Ben-Ze'ev:

Wahrnehmung/Kognition
Bewertung/Evaluation
Motivation
Gefühle

„Der Unterschied zwischen typischen Merkmalen und wesentlichen Komponenten ist der, dass die Merkmale die gesamte emotionale Erfahrung kennzeichnen, während die Komponenten Ausdruck einer begrifflichen Gliederung der Elemente dieser Erfahrung sind.“ Aaron Ben-Ze'ev

Emotionen = mentaler Modus

Emotionen sind Veränderungen, die auf ein Muster wirken. Dies geschieht durch räumlich/zeitliche Veränderung des Musters, bei dem sich die äußeren Faktoren ändern. Dies ist allgemein der Kontext. Die Faktoren entsprechen dabei den einzelnen Primzahlen mit ihren Bedeutungen.
In der Wahrnehmung/Kognition wird das von außen wirkende Muster mit dem eigenen verglichen, indem es geistig

nachgebildet wird. Diese Nachbildung wird mit dem Istzustand verglichen. Die Unterschiede werden dann bewertet.

Die Gefühle

Ich habe mich bemüht, die Bedeutung der Primzahlen möglichst neutral zu formulieren. Die Charakteristik ist jedoch emotional positiv oder negativ bewertbar, ganz individuell. Dies entspricht der 2 und der 3 und ihren Potenzen.
Das kollektive Unterbewusste ist die Kombination aus 2, 3 und 5. In der 30 finden wir den multiplikativen Ausdruck dafür und mit 31 gelangt es, wie auch immer, ins Bewusstsein. Mit der PZ 31 ist der Zahlenraum bis 36 kontinuierlich abgedeckt. Dies ist das dynamische emotionale Feld, das kollektive Unterbewusste. Darin sind die Potenzen von 2 bis zur fünften Potenz, der 3 bis zur dritten Potenz und der 5 bis zur zweiten Potenz enthalten. Alle PZ und PZP innerhalb bilden die Basis mit $6^2 = (2 \cdot 3)^2$, der Sexualenergie oder Kundalini als Grenze und treibende Kraft der Bewertung. Im Vergleich wird die bewusste Ausgewogenheit der beiden Grundgefühle (2, 3) auf Resonanz geprüft. Die Form (5) dazugenommen ist die potentielle sexuelle Attraktivität, die instinktive Einschätzung des Anderen.

Bisher habe ich die 2er-Potenzen als Streben, Anstrengung (Streben im Streben) und Ordnung(s-system) beschrieben. Dabei ist der persönliche Aspekt, soweit möglich, außer Acht gelassen worden. Bei den 3er-Potenzen war die Steigerung des Vergnügens (3) zu Freude (9) und Verzückung (27) schon sprachlich nicht mehr neutral. Stabilität und Ruhe sind mögliche andere der 3 zugeordnete sprachliche Attribute, deren Steigerungen auch als Vertrauen und Sicherheit formuliert werden können.
Die 5 als Formgestaltung kann kreativ sein, aber auch zerstörerisch, denn Form zu zerstören bedeutet auch neue Form zu schaffen. Fünfheit ist also sowohl (kreativ) Erschaffen als auch Zerstören.

Als Exponent beschleunigt die 2 das Streben, oder bringt ein Streben in ein Nichtstreben (3) und damit die Intensivierung des Nichtstrebens (9).
Betrachten wir die 2^1, das Streben, als Unbehagen, steigert sich dieses Gefühl mit zunehmenden Potenzen. Das evolutionäre Überleben des Menschen basiert auf Flucht: das Streben weg vom Unbehagen, von Bedrohung der Existenz.

Mit 2^2 haben wir dann schon intensives (bewusstes) Unbehagen, Anspannung, Stress, ein sich Unwohlfühlen, dass zu intensiverer Handlung als Flucht führen kann, ein Drang zu Handeln, jedoch noch ohne Richtung.

2^3, die nächste Intensivierung ist dann schon Ärger. Das Unwohlfühlen hat eine erkennbare Struktur, auf die sich der Ärger richtet. Neben den 4 Oppositionen (4-faches Unbehagen) und 2 Quadraten (doppelter Stress) ist es die einzige Sternfigur (3-5) im 8-Eck, die in der Negation der Bedeutung der Schrittweiten Nichtvergnügen und Zerstörung bedeutet oder Vergnügen an der Zerstörung. Der Fluchtimpuls wird abgewogen. Als Alternative bietet sich der Angriff mit dem Ziel der Zerstörung des Ärger Verursachenden. Der Impuls ist aber noch nicht stark genug, um direkt Handlung auszuösen.

2^4 erhöht den Veränderungsdrang, der sich als Wut gegenüber den starren Strukturen, die unveränderlich erscheinen, äußert. Hier ist die Struktur schon dermaßen gefestigt, dass die 8 Oppositionspaare (8-faches Unbehagen), 4 Quadrate (4-facher Stress), 2 Achtecke (doppelter Ärger) die dem 16-Eck innewohnenden Sternfiguren aus 3-13, 5-11 und 7-9 auch negativ bewertet. Wir schauen nicht mit Vergnügen nach innen (3-13) oder wir schauen mit Vergnügen nicht nach innen, wollen zerstören (5), weil wir unsere Integrität (11) angegriffen sehen und suchen Sinn (7) in der Nichtfreude (9), der Rachegedanke.

2^5 erhöht die Spannung der Wut schließlich zum Hass, dem blinden Zerstörenwollen. Der Stern 5-27 ist die Verzückung an der Zerstörung.

5^2 ist die Formgestaltung der Formgestaltung, die gedankliche oder bewusste Formgestaltung, die konstruktiv, aber auch zerstörerisch sein kann. Der Tausch von Basis und Exponent der Komponenten des 2·5 Systems verbindet den Hass mit der bewussten (gedanklichen) Formgestaltung zur Zerstörung.
Als Sternfigur 7-25 wird aus der Negation der Siebenheit die Wildheit, die als Ergebnis der vergeblichen Sinnsuche zur gedanklichen Zerstörung aufstachelt.
Dies spielt sich alles im Inneren ab. Extrovertiert ergibt sich der negative Aspekt der 23, das Beschimpfen, sprachliche Herabwürdigen, Hassrede, etc.

Alle geraden Zahlen haben einen Aspekt der 2er-Potenzen. Die Kombinationen mit Primzahlen eröffnen Themen, auf die sich das Unbehagen richtet.

Die Negation ist nicht nur sprachlich darstellbar, sondern auch mathematisch. Hier wird in diesem Zusammenhang nicht die Basis (Primzahl) negiert, sondern der Exponent wird negativ. Dies führt zum Kehrwert. Aus 5^1 wird $5^{-1} = 1/5$. Die konstruktive Formgestaltung wird zur Zerlegung in Teile, der Zerstörung.
2^1 wird zu $2^{-1}= ½$, der Spaltung und die invertierte 3 verliert ihre Stabilität. Ist im Vergleich der Exponenten der negative Anteil größer, wird die neutrale/positive Bedeutung in ihr Gegenteil verkehrt und als Bedrohung wahrgenommen.

Dies gilt für alle (Prim-)Zahlen. So wird aus der Suche nach verborgener Bedeutung (7) die Unfähigkeit Sinn zu erkennen, die zu Verzweiflung und Wildheit, zielloser verzweifelter Handlung führen kann.

Das mathematische ‚-' ist gleichbedeutend mit der Multiplikation mit (-1). -1 = 1 – 2 oder -1 = 2 - 3. Die Negation des Bewusstseins führt zur Reflexion, der fortgesetzten Negation, der Multiplikation mit -1 und dem Potenzieren mit -1 und der Multiplikation mit -1 im Exponenten. Dadurch gelangen wir zu Komplexen Zahlen $(-1)^{(2^{(-1)})} = \sqrt[2]{-1}$ und den Eisensteinzahlen $(-1)^{(3^{(-1)})} = \sqrt[3]{-1}$. Die fortgesetzte Negation der Grundbefindlichkeiten ist ein Reflexionsprozess. Die Primzahlen lassen sich in 4 Gruppen einteilen. $2^2 \cdot 3^1 = 12$, der Drang zur Stabilität ist der fortlaufende Addend, der die Gruppen kennzeichnet.

Die Gruppierung in p+12n

Die vier Möglichkeiten der Verbundenheit mit der komplexen Zahlenebene ergeben sich aus den Reihen 5+12n, 7+12n, 11+12n und 1(3)+12n. Innerhalb des emotionalen Feldes gibt es jeweils drei Zahlen in den ersten zwei Reihen, die Primzahlen sind. Bei 11 sind es zwei Primzahlen, ebenso bei 13, da die 1 in diesem Zusammenhang selbst als Primzahl anzusehen ist, also insgesamt 10, die Zahl des Systems, in dem wir alles betrachten.

5 +12n sind in der Komplexen Zahlenebene zerlegbare Zahlen der Form $(a+bi)(a-bi) = a^2 - b^2i^2 = a^2 + b^2$:
5, 17, 29, 41, 53, *65*, *77*, 89, 101, 113, *125*, 137

7+12n sind als Eisensteinzahlen zerlegbar und haben die Form: $(a-c\omega)(b+c\omega) = ab - c\omega - c^2\omega^2 = ab + c^2$, für $c = b-a$ und $b>a$
7, 19, 31, 43, *55*, 67, 79, *91*, 103, *115*, 127, 139

11+12n sind die Zahlen, die keine Möglichkeit der Zerlegung im Komplexen haben.
11, 23, *35*, 47, 59, 71, 83, *95*, 107, 119, 131, *143*

13+12n (1+12n) sind die Zahlen, die im Komplexen doppelt zerlegbar sind:
1, 13, *25*, 37, *49*, 61, 73, *85*, 97, 109, *121*, *133*, *145*
In dieser Reihe stehen die Quadrate der Primzahlen ab 5

(7, 11, 13, 17, 19, 23, 29, 31, 37, 41, 43, 47, 53, 59, 61, 67, ...)
$(p^2-1) \bmod 12 \equiv 0$

5+12n ist die Reihe der Formgestaltung, die das Werben für Veränderung (das Umgehen mit Wut) (17) und den Stolz auf die eigene Form (29) innerhalb des kollektiven Unterbewussten beinhaltet.

7+12n ist die Reihe mit der Suche nach verborgener Bedeutung, der Akzeptanz der Strukturen des Seienden, das sich als Empathie äußert (19), und der Zugang zum kollektiven Unterbewussten (31), das nicht zwangsläufig entspannt ist.

11+12n ist die Reihe, die aus der Sturheit, der unreflektierten Handlung entsteht, die aber auch Strukturiertheit aufweist, die die Festigkeit ermöglicht. Der Drang zu Sprechen (23) ist für uns als soziale Wesen essentiell. Dabei ist der Sinn, die Reflektiertheit des Gesprochenen nicht erheblich, um sich selbst zu projizieren.

13+12n oder 1+12n ist die Reihe, die sich mit der Reflexion der Identität (1) beschäftigt. Der Mut zur Innenschau, die Reflexion über Streben und Vergnügen (13) und die Formgestaltung der Formgestaltung (25), das geistige Gestaltungspotential liegen innerhalb des Bereiches des kollektiven Unterbewussten.

Dass sämtliche Quadrate von Primzahlen, also die Intensivierung der Inhalte, das zum Bewusstsein über die Bedeutungen der Primzahlen führt, in dieser Reihe stehen, zeigt die Entwicklungsfähigkeit alles Organischen, insbesondere des Menschen. Alles Organische (Dynamische) hat eine Identität und ist symbiotisch synergetisch miteinander verbunden. Die Basis ist das kollektive Unterbewusste, das aus dem rein geistigen Feld gespeist wird.

Betrachten wir verschiedene Emotionen und ihre Zuordnung zu den Primzahlen. Emotion ist Reaktion auf Wahrnehmung, die auch Selbstwahrnehmung sein kann. Alle Emotionen und daraus resultierenden Handlung lassen sich auf die drei Grundfaktoren zurückführen, wobei Handlung der Fünfheit (5) entspricht im Sinne von Formgestaltung. Jede Art von Unwohlfühlen ist mit den 2er-Potenzen verknüpft und jede Art von Wohlbefinden wird mit der Dreiheit assoziiert. Die höheren Primzahlen als 31 sind die geistige Welt, die sich in den Emotionen zur Somatik verdichtet. Dabei erhalten die einfachsten Symbole komplexe Aufladung und Zusammenhänge. Im Folgenden beschränke ich mich darauf einige Emotionen in diesem Zusammenhang zu zeigen.

Attraktivität (sexuelle) und Ekel

Die erste Interaktion ist die Einschätzung der sexuellen Attraktivität. Hier handelt es sich um die Resonanz der Kombination der 2er-, 3er- und 5er-Potenzen. Die sexuelle Attraktivität ist die Basis der Arterhaltung, der Sicherstellung der weiteren Entwicklung, der möglichen Zunahme an Komplexität. Übereinstimmung, Attraktion, ist Resonanz der Faktoren, d.h. harmonische (ganzzahlige) Verhältnisse der Exponenten, die sich in Änhnlichkeit der Ängste (2), der Stabilität (3), daraus resultierendem Vertrauen, der Aussicht auf Glücksgefühle (27) und den verkörperten Formgestaltungsprinzipien (5) ergibt. Dies sind auch die Zutaten für die romantische Liebe, der die Verantwortlichkeit noch fehlt.

Die Negation davon ist Ekel, eine Emotion, die tendenziell die Zerstörung des Anderen zum Ziel hat, der Negation der Form (5), die mit Unbehagen, der Tendenz zur Flucht und Instabilität (2), dem Mangel an Vertrauen einhergeht. Dabei bewerten wir sowohl unsere eigene Attraktivität positiv(3), wie auch die des Anderen als negativ (2).

Liebe (2, 3, 5, (7, 11, 13, 17, 19, 23, 29, 31, 37, ...)) *und Hass* (5, 32)

Die Liebe, die über die romantischen Gefühle hinausgeht, ist geprägt vom Verständnis und dem Mitgefühl gegenüber der Komplexität des Anderen, die ein gewisses Maß an Selbsterkenntnis und Festigkeit voraussetzt und beim anderen kritisch positiv bewertet, dem Werben zur Veränderung in einem größeren Zusammenhang den Druck nehmen kann, die sprachlichen Fähigkeiten anerkennt, den Stolz auf die Eigenheit aus eigener Erfahrung versteht und sich im emotionalen Gewirbel verbunden fühlt, weil ein größerer verbindender Zusammenhang zumindest geahnt wird. Man könnte diesen Satz entlang der Bedeutung der weiteren Primzahlen ins Endlose fortführen und damit die verstandene Komplexität von sich und dem Anderen als Bestandteile der verallgemeinerten Liebe auflisten.

Der Hass ist hingegen relativ einfach strukturiert als 2er-Potenz, die weit über die Wut hinausgeht, da Hass pure Negation und Drang (2) zur Zerstörung (5) ist. Mit (2^5) ist das erste Stadium erreicht, weitere Steigerungen lassen sich aber durchaus denken .

Neid (2, 11^n) *und Eifersucht* (2^n, 11, 31)

Es geht um das Glück, den Wert des Anderen im Vergleich mit unserem eigenen Glück bzw. Wert.

5 als Form, die im Zusammenhang mit meinem Wohlbefinden (3) und meinem Streben (3) steht.
Etwas hat eine Form (5), nach dem ich strebe, um mich wohl zu fühlen.
Auch Beziehung ist Form, Form des Umgangs miteinander.

11 als Sturheit und Egomanie ist die Selbstverständlichkeit, dass alles, was gut ist, für mich ist: der Besitzanspruch.

Neid: der Andere besitzt (5) etwas, das ich gerne hätte, mein Streben (2) zu meinem Wohlbefinden (3).

Eifersucht: der Andere hat eine Beziehung (5) zu einer Person (Sex), die ich selbst gerne hätte, mein Streben (2) zu meinem Wohlbefinden (3). Das sexuelle Begehren (36) ist verbunden mit dem Zugang zum kollektiven Unterbewussten (31), woraus die Verbundenheit mit dem Anderen resultiert. In Kombination mit dem Besitzanspruch (11) entsteht im Vergleich die Eifersucht.

Stolz (3, 5, 11, 29) *und Bedauern* (2, 5, 7, 19),

Wenn wir stolz sind, bewerten wir unser Verhalten (5) in der Vergangenheit oder Gegenwart als gut (3). Dem wohnt eine gewisse Egomanie (11) inne. Der Stolz auf das eigene Sein zu allen Zeiten, die Individualität weiß um die Verbundenheit mit Allem, das individuell ist (29) und bewertet das eigene Sein im Vergleich mit Freude (3^2).

Wenn wir bedauern, bewerten wir unser Verhalten (5) in der Vergangenheit als schlecht (2). Wir sind auf der Suche nach der Bedeutung (7) unserer Handlung (5) zu dem Ergebnis gekommen, dass unsere Handlungen, denen möglicherweise Empathie (19) fehlte, negative Ergebnisse erzielt hat.

Hoffnung (3, 5, 13) *und Furcht* (-4^n)

Hoffnung ist eine Grundhaltung des Lebens, die auf das Angenehme (3) in der Zukunft gerichtet ist, im Gegensatz zur jetzigen Situation, die im Verhältnis eher unangenehm (2) ist. Die Hoffnung bestimmt die Handlungsweise (5), wenn sie sinnvoll oder wahrscheinlich erscheint (7).

Furcht bewertet das Unerwünschte (2) einer Situation mit einer gewissen Wahrscheinlichkeit als negativ (2^2), aus der sich Handlungsbereitschaft (5) und ein starker Veränderungswunsch ergeben. Furcht ist eine Reaktion auf die existentielle Bedrohung (4^n). Gleichzeitig ist Furcht überlebenswichtig in unserer Evolution gewesen und ist es noch, zielt sie doch auf Wohlbefinden und das Vermeiden von Bedrohung.

Mitgefühl (2, 3, 19), *Mitleid* (7, 19, 37), *Mitfreude* (3, 7, 9, 19) *Gnade* (2, 3, 5, 13, 19, 37) *und Schadenfreude* (2^n, 11, 17, 29)

19 ist Empathie, Mitgefühl involviert dazu das Streben (2), das sich Unwohlfühlen und das Vergnügen (3) des Anderen in der Reflexion.

Mitleid entsteht aus dem Verständnis für das Entstehen der Situation des Unwohlfühlens eines Anderen, den man mag, mit dem also eine überwiegend positive Resonanz der Obertöne der Seelenstruktur (1^n) und der Verwobenheit (PZP) ins Sein besteht. In diesem Bewusstsein (37) schwingt das Verständnis für größere Zusammenhänge mit. Bei Mitleid und Mitgefühl fehlt jedoch die (aktive) Handlung, eine Formgestaltung (5).

Mit Gnade tritt eine Handlungsform (5) hinzu, die von Sinn (7) geleitet ist, denn das Verständnis dafür, warum jemand Anderes einem Schaden zufügen will, bedarf mehr als der reinen Empathie, die auch zu Rache hätte führen können. Ein Hauch von (13) Mut zur Innenschau, dem Nachvollziehenkönnen der Motivation für die Schädigungsabsicht, kann durchaus beteiligt sein, ebenso die gemeinsame Verbundenheit in einem größeren Zusammenhang (37), die die eigene Handlung gegenüber dem Anderen mit Konsequenzen für sich selbst verstrickt.

In der Mitfreude geht es um das Glück des Anderen, also Empathie (19) und Freude (3^2) des Anderen. Die Rekonstruktion der wahrgenommenen Freude führt mit Empathie zur Mitfreude.

Schadenfreude ist eher das Gegenteil. Das Gegenteil von Akzeptanz (19) ist das Werben für Veränderung (17), das Gegenteil von Freude ist mindesten Stress ($4=2^2$), wenn nicht sogar Ärger ($8=2^3$). Und zwar der Ärger eines Anderen, den wir nicht mögen. Wir fühlen uns wohl, wenn unser Wunsch nach Veränderung der Situation des Anderen sich erfüllt. Diese Subversivität ist mit der Siebzehnheit, einer gewissen Rücksichtslosigkeit (11) und Eitelkeit (29) verbunden.

Hochmut (3, 11, 29) *und Verachtung* (2, 3, 5, 17)

Hochmut hat mit Selbsterhöhung, einer positiven (3) Bewertung von sich selbst zu tun. Egoismus (11) und Eitelkeit (29), die das Selbst narzisstisch über den Anderen stellen und dies mit unreflektierter Selbstverständlichkeit als gegeben annehmen (11), sind die Zutaten dieser Emotion, die im Handeln (5) Selbstkritik ausschließt.

Verachtung ist eine Steigerung bzw. Anwendung des Hochmutes in der Beziehung zu einer anderen Person. Man stellt sich selbst in der Bewertung über den Anderen (3). Diese Projektion des Selbst (2^n) ist oft verbunden mit der Schadenfreude (17) und führt zu zerstörerischer Handlung.

Glück (2, 3^n, 5) *und Traurigkeit* (-3^n, 7, -13, 19, -31)

Glück ist der positive Ausgang einer schwierigen Situation (2^n), die zur Freude (3^2) wird, insbesondere dann, wenn man nicht mit dieser Entwicklung gerechnet hat. Es entsteht eine Form (5), die unerwartet angenehm ist. Glück ist aber auch das fundamentale Streben (2) in unserem Leben zur Form (5) des Wohlfühlens (3): $2 \cdot 5 \cdot 3$.

Die Traurigkeit befasst sich mit dem eigenen Unglück, mit etwas, das bereits stattgefunden hat. Die Negation von Freude (-3) in der Innenschau (13) und der Verbindung zum kollektiven Unterbewussten (31) hat mit einem Verlust zu tun. Verlust ist Negation, die wir hinnehmen, akzeptieren (19) in einem Zustand von Machtlosigkeit.

Trauer, die höchste Form der Traurigkeit, ist mit dem Tod verbunden. Das Fehlen der Resonanz durch den Anderen, die einen selbst bestärkt hat, ist der stärkste wahrnehmbare Verlust im eigenen Schwingen.

Die Entwicklung der Persönlichkeit entlang der Primzahlen

Wenn wir geboren werden, haben wir bereits eine Seelenstruktur (1^n), aber noch kein kognitives Bewusstsein. Das muss erst im lebenslangen Lernprozess ausgebildet und verfeinert werden, denn wir haben alles, was zur Seelenstruktur geführt hat, vergessen. In diesem Lernprozess, der Interaktion der Produkte der Primzahlen mit der 1^n, wird die Seelenstruktur verändert und am Ende des Lebens vergessen wir wieder alles und es bleibt die veränderte Seelenstruktur.

Mit der Geburt beginnt das selbstständige Atmen, ein 2er-Rhythmus von Ein und Aus und der Herzschlag ist unabhängig von der Mutter in einem überwiegend triolischen Muster. Die grundlegenden Rhythmen finden sich auch in größeren Zyklen. Das Bedürfnis, dem Streben (2) nach Nahrung, führt zum Vergnügen des Saugens und zur Sattheit und Zufriedenheit (3). Nach dem Verdauungsschlaf kommt die Ausscheidung, die zweite Hälfte der Nahrungsaufnahme, der Abgabe, das loswerden Wollen, ein erneutes Streben, das wieder zur Zufriedenheit führt.

Die erste visuelle Kommunikation führt über die Spiegelneuronen zu Vergnügen und Freude, das Lächeln der Eltern, die Projektion der Freude (3^n) wird gespiegelt (2, ½).
Die Grundgefühle werden als erstes wieder aktiviert.
Das instinktive Formverständnis (5) für die Mutterbrust als Nahrungsquelle ist auch quasi unmittelbar vorhanden. Damit ist die Verbindung zum kollektiven Unterbewussten mehr oder weniger unmittelbar verfügbar. Das Formverständnis wird im Laufe der Entwicklung des Bewusstseins immer weiter ausgeprägt. „Try & error" ist der Weg zur Formgestaltung, bevor das Bewusstsein Sinnzusammenhänge (7) erkennt. Das Denken, das Verständnis für Zusammenhänge, für die Bedeutung von Etwas führt mit der Imitation (2) der akustischen Signale zur Sprache und der Möglichkeit der Frage, die Sinnstrukturen erforschen will (7). Mit einer gewissen Festigung von Wissen kommt die Trotzphase (11), die von einem weiteren

Selbstverständnis (13) abgelöst wird. Mit aufkeimender Pubertät verstärkt sich dieser Prozess und im Ablösungsprozess kommt es zum Werben für Veränderung, der Kritik an den Eltern (17). Erste Verliebtheit zeugt von Empathie für sich und Andere, wie auch der nun weit ausgebildeten Projektion. Sprachliches Vermögen und eigene Formgestaltung von Verhalten und Äußerem sind für das Werben um einen Partner genauso wichtig wie ein Selbstbewusstsein, dem Stolz auf die Eigenheit und Eigenständigkeit. Geprägt ist dieses ganze Verhalten vom Zugang zum kollektiven Unterbewussten(31), das sich in heftigen Emotionen äußert und als Ziel die Fortpflanzung, die Sexualenergie hat (36). Mit der (potentiellen) Elternschaft beginnt die Entscheidung in welchem Kontext eine Erziehung stattfinden soll. Eine bewusste Einbindung in größere Zusammenhänge ist Verantwortungsbewusstsein, das aber über keinerlei Sicherheit verfügt (37).

Sicherlich ist der hier beschriebene Entwicklungsweg sehr grob gerastert und unvollständig, zumal die verschiedenen Themen schon sehr viel früher im Leben getriggert werden. Dennoch zeigen sich Schwerpunktthemen, die in bestimmten Lebensabschnitten an Dominanz gewinnen und die Wiederverbindung mit dem PZP des Neugeborenen zum erwachsenen Menschen zeigen.

Die geistige Entwicklung, die über die reine Arterhaltung hinausgeht und zur Weiterentwicklung von Generation zu Generation führt, geht entlang der weiteren Primzahlen und ihren Bedeutungen.

Die gesamte Wiederverbindung der Seelenstruktur mit dem PZP formt die Seelenstruktur und ist der dynamische/vitale Prozess.

Astrologie und Primzahlen

Wie wir bei den Primzahlen über 30 gesehen haben, ist das Bewusstsein Teil verschiedener dynamischer Felder und der Mensch ist Symbiont und Ernährer von Symbionten. Als geistiges Prinzip, dass auch eine materielle dynamische organische Form hat, das direkt mit dem kollektiven Unterbewusstsein verbunden ist – Stichwort: Psychosomatik –, sind wir auch in größere Zusammenhänge eingebunden, quasi als Symbionten. Genauso wie die Symbionten, denen wir Lebensraum bieten, ein eigen bestimmtes Leben führen, also ein, wie auch immer geartetes Bewusstsein haben und damit ein Streben (2) und ein Wohlbefinden (3) bewerten, um zu überleben, sind wir in komplexere Organismen eingebettet.
Abhängig und gleichzeitig auf die Erde mit ihren zyklischen Veränderungen, Tag/Nacht, Ebbe/Flut, Neumond/Vollmond, etc. abgestimmt, sind wir in vielen Aspekten Symbionten der Erde.

Die Erde ist wiederum Teil des Sonnensystems, in dem sich die riesigen Massen der Materie und Strahlung und reflektierte bzw. auch abgeschattete Strahlung in den verschiedensten Frequenzbereichen zu einem komplexen dynamischen Gesamtsystem ordnen.
Frequenzen sind aber nichts anderes als Kreisbewegungen in unterschiedlichen Tempi. Auch wenn es nicht die exakte Kreisbewegung ist, sondern die Elipse mit 2 Kreismittelpunkten, erzeugen diese Bewegungen Schwingungen und Verhältnisse zueinander. Genau dies finden wir innerhalb des Sonnensystems mit sehr langsamen Frequenzen. Die Umrundungen der Planeten mit ihren Monden und den Asteroiden um die Sonne geschieht in unterschiedlich langen Zyklen. Der schnellste Zyklus ist der Mond mit ca. 27 1/3 Tagen, dann die Umrundung der Erde um die Sonne als Maßeinheit für ein Jahr, an die die inneren Planeten Merkur (0,24 Jahre) und Venus (0,615 Jahre) gekoppelt sind. Die siderische Umlaufzeit des Mars beträgt 686,980 Tage, ungefähr 1,88 Jahre. Mit der Zyklik der Erdbahn gekoppelt, ergeben sich neue Frequenzen mit der scheinbaren Vor- und Rückläufigkeit

von der Erde aus betrachtet. Jupiter hat eine knapp 12 Jahresfrequenz, Saturn ca. 29,5 Jahre, Uranus 84 Jahre, Neptun knapp 165 Jahre und Pluto gut 248 Jahre.

Die elektromagnetische Strahlung der Sonne erzeugt mit der Erdatmosphäre und der Erdoberfläche stehende Wellen. Dies sind die Schumannfrequenzen mit der Grundfrequenz 7,83 Hz, und den Obertönen 14,3 Hz, 20,8 Hz, 27,3 Hz und 33,8 Hz. Sie sind verbunden mit unseren eigenen Gehirnfrequenzen. Sie markieren Übergangsbereiche der verschiedenen Bewusstseinszustände, von Schlaf zu Wachbewusstsein, Entspannung, aktivem Handeln und aktivem nach außen gerichtetem Denken.
Wir sind also ein selbst Schwingungen erzeugender und resonierender Organismus. Die Schwingungen, die die Planetenbewegungen erzeugen, nehmen wir zwar nicht mit unseren Sinnen wahr, aber offensichtlich haben diese Zyklen etwas mit der menschlichen Existenz zu tun.
Seit Jahrtausenden beobachten Menschen die Bewegungen der Planeten und finden Übereinstimmungen mit den emotionalen und geistigen Eigenschaften, sowohl in der Prägung des Charakters als auch des Lebenslaufes.
Resonanzen werden durch die Stellungen zur Geburt und dem sich weiter bewegenden System erzeugt.
Die Entdeckungen der äußeren Planeten hat dieses Spektrum erweitert. Die neuesten Untersuchungen und Forschungen erweitern die Betrachtungen der Zusammenhänge zwischen Winkeln der einzelnen Planeten zueinander und Erscheinungsformen von Bewusstsein nun von den Zahlen 1, 2, 3 und ihren Kombinationen auf die Primzahlen bis 31.

Die Astrologie als Wissenschaft ist in ihrer Geschichte primär mit den Zusammenhängen der Persönlichkeit und den kosmischen Konstellationen und Bewegungen beschäftigt gewesen. Die Vorhersage von Ereignissen bezieht sich dabei immer nur auf ein Energiefeld, in dem sich die Persönlichkeitsstruktur befindet.

Alles andere war immer intuitive Spekulation, die sich durchaus bewahrheiten konnte, aber nicht musste.

Gab es in der klassischen Astrologie nur die Aspekte Konjunktion (1), Opposition (2), Trigon (3), Quadrat (4) und Sextil (6), wurden sie zunächst zaghaft um weitere 2er-Potenzen Oktil (8) und Trioktil (3/8) und Halboktil (16), sowie das Halbsextil (12) und Quinkunx (5/12) erweitert.

Die Zuordnungen zu den Primzahlen von David Hamblin und David Cochrane entspricht ziemlich genau dem, was mit der hier entwickelten Methodik an Interpretationen der Primzahlsymbolik erschlossen werden konnte. Die empirische Suche nach Häufungen von bestimmten Aspekten (Winkelteilungen des Kreises) in Geburtshoroskopen und den Charakterbeschreibungen und Lebensläufen der Personen ist sicherlich für die Astrologie der traditionelle Erkenntnisweg. Jedoch ähneln sich der Umgang der Interpretationen mit den mathematisch-symbolischen Eigenschaftsinterpretationen derart, dass es möglich erscheint, dass die zahlentheoretisch-symbolische Betrachtung zumindest Richtungen der unerforschten Primzahlen vorgeben könnte.

Dies ist aber gerade erst der Anfang. Liegen die Primzahlen zunächst noch sehr dicht beieinander, werden die Lücken zunehmend größer. Mit zunehmender Größe erhöht sich auch die Zahl der Sternfiguren und damit die Komplexität der Bedeutungen, die jedoch immer wieder auf eine Grundcharakterisierung reduziert werden kann.
Auch die zusammengesetzten Zahlen erhalten mit zunehmender Größe komplexere Bedeutungen, sind sie doch aus Primfaktoren zusammengesetzt. So ist die erste Zahl, die 4 verschiedene Primfaktoren (PF) benötigt 210 = 2·3·5·7.

Dies liegt astrologisch gesehen schon über den 180 Grad, in die wir den Halbkreis oder π einteilen. Deswegen würde hier die Gegenbewegung , der Quincunx oder 5/12 (=150°) statt 7/12 des

Kreises, als Winkel genommen. Dies war lange Zeit eine Grenze der berücksichtigten Winkel. Der Gegenwinkel 30° war der kleinste betrachtete Winkel. Dies hängt sicherlich mit der Betrachtung der Unendlichkeit des Kreises zusammen, der nur mit den bis dahin verstandenen Zahlen/Zahlsystemen zusammenhängt.

Denn unsere Teilung des Kreises in $360 = 2^3 \cdot 3^2 \cdot 5^1$ Grad ist schon sehr alt und verbindet die ersten 3 Primzahlen (2, 3, 5) mit den ersten 3 Zahlen (1, 2, 3) des Seins in umgekehrter Reihenfolge als Exponenten miteinander. Würden wir den Kreis mit weiteren Primzahlen und Exponenten teilen, würden wir uns der Unendlichkeit von π stetig nähern. Bisher haben wir in der Astrologie auch nur die Bewegungen innerhalb der Heliosphäre in Betracht gezogen und damit Zeit in überlagerte Zyklen eingeteilt, die wir mit unserer Lebensspanne überblicken können, selbst wenn manche Zyklen über mehrere Generationen gehen.

Zum Selbstverständnis sucht die Astronomie mittlerweile in viel größeren Zeiteinheiten unser Universum zu verstehen. Würde man die Bewegung unseres Sonnensystems in unserer Galaxie mit in Betracht ziehen, würden die Kreisprojektionen eine wesentlich feinere Einteilung des Kreises erfordern. Dass die galaktische Position eine Bedeutung hat, zeigt sich in den Sternzeichen und den Bedeutungen der sogenannten Fixsterne. Aber nichts im Universum bewegt sich nicht, nur relativ zueinander sind Bewegungen so langsam, dass sie uns als fix erscheinen. Die Präzession des Frühlingspunktes und die dazugehörigen Platonischen Jahre gehören zu einer nächst größeren Kategorie von Zyklen, die auch einen Einfluss auf unsere Existenz haben. Bisher wird er mit ca. 25.800 Jahren angegeben ($2^3 \cdot 3^1 \cdot 5^2 \cdot 43^1$). Wir werden sicherlich weitere große Zyklen in unserer Forschung entdecken und wahrscheinlich irgendwann darauf kommen, dass das Universum unendlich ist und alle denkbaren Zyklen überlagert sind, was genau dem Primzahlprodukt (PZP) mit allen möglichen Potenzen entspricht.

Wie weit wir in der Lage sind zu begreifen, was welche Wirkung auf uns hat, bzw. was diese Schwingungszyklen in uns sind, hängt davon ab, wie sehr wir uns von Determiniertheit und endlichem Denken trennen können.

Die nächst größeren Zyklen, die direkt auf unser morphogenetisches Feld wirken, sind Produkte mit mehr Primfaktoren.

2310 = 2·3·5·7·11 ist die erste Zahl mit 5 verschiedenen Primfaktoren und
30030 = 2·3·5·7·11·13 mit 6 verschieden.
510510 = 2·3·5·7·11·13·17 (7 verschiedene PF)
9699690 = 2·3·5·7·11·13·17·19 (8 verschiedene PF)
223092870 = 2·3·5·7·11·13·17·19·23 (9 verschiedene PF)
6469693230 = 2·3·5·7·11·13·17·19·23·29 (10 verschiedene PF)
200560490130 = 2·3·5·7·11·13·17·19·23·29·31 (11 versch. PF)
7420738134810 = 2·3·5·7·11·13·17·19·23·29·31·37 (12 ver. PF)

Dies sind gemessen an der Unendlichkeit kleine Zahlen, beschreiben aber schon komplexe dynamische Felder, in denen durch Variationen der Exponenten der Primfaktoren unterschiedliche Gewichtungen entstehen. Sie beschreiben aber alle auch das kollektive Unterbewusste, da die Faktoren 2, 3 und 5 enthalten sind.

Prime 7 +12n sind geistige Zahlen, die in der multiplikativen Verknüpfung Felder erzeugen, die den rein mentalen Zustand beschreiben und für unsere Entwicklung hin zu mehr Komplexität wahrscheinlich eine entscheidende Rolle spielen werden zusammen mit den primen 1+12n Zahlen, um sie auch innerlich zu finden. Prime 5+12n und 11+12n werden aus diesen Erkenntnissen mit ihrer nach außen gerichteten Energie den Menschen und die Welt formen.

Als Fazit dieser Untersuchung des Unendlichen im Endlichen bleibt die Feststellung:

Das Immaterielle, das Geistige, gestaltet sich aus der Unendlichkeit kommend in der Verdichtung in Richtung der 1, der Einheit, zu unendlich vielen dynamischen organischen Formen in Symbiose, die die Unendlichkeit in sich tragen.

Symbol

*

Da Zahlen Symbole sind, kann man ihren Symbolgehalt sprachlich fassen; soweit, wie die Sprache sich auf die Abstraktheit des Symbols einlassen kann.

Wie ich denke formt meine Sprache und ihren Inhalt, also die Art der Verknüpfung von Sprachsymbolen, die ich mit dem Symbol verbinde. Der gedankliche Rahmen bestimmt damit quasi eine Art Einheit – eine Qualität – für das Symbol. S_a oder S_b oder … z.B. das Symbol der Zahl 3 mit m/s (Meter pro Sekeunde) beschreibt eine Geschwindigkeit/Kraft oder 3D (Dimensionen) ist eine Raumbeschreibung. Die 3 ohne diese zugeordneten Qualitäten enthüllt aber weitere, die einen Bezug zu den anderen haben. In den unterschiedlichen Zusammenhängen, selbst in den verschiedenen Disziplinen der Mathematik, bekommt die 3 eine andere Bedeutung. Betrachte ich Quantitäten von 3 oder die Strukturen eines 3-Ecks, lässt sich die Verbindungen zu ganz anderen Symbolen und Gedanken herstellen. Warum sollen diese Qualitätszuordnungen der Geometrie nicht auch eine Validität und Bedeutung im Quantitativen Denken haben und in noch anderen Qualitäten der 3 als Symbol eingebettet sein.

Diese Begrenzung der Sichtweisen versperrt den Blick auf die potentiell denkbaren Qualitäten, die ein Symbol haben kann. Die Unschärfe am Rande des Symbols in einem endlichen Bezugsrahmens, dort wo Widerspruch im System auftritt, ist die Öffnung auf das Unendliche, den weiteren unendlichen Möglichkeiten von Qualitäten, die dem Symbol innewohnen. Diese sind gedanklich genauso zu erforschen wie die Qualitäten im endlichen Bezugsrahmen. Man muss ihnen eine Validität zugestehen.

Mit einem Bezug zum Unendlichen sind sie eingebettet und betten ihren Inhalt ein. Die bereits bekannten Beziehungen von

Symbolen finden im Unendlichen Resonanz, was aber nicht heißt, dass das Bekannte das Symbol umfassend erfasst hat. Es ist also Zeit, sich mit den Symbolen und ihren Verknüpfungen spielerisch zu beschäftigen.

Unendlich Denken vs. Endlich Denken

*1

*4 als Begrenztheit der 2

$2 + 2 = 4$, $2 \cdot 2 = 4$, $2^2 = 4$

Alle affirmativen Operationen der 2 mit sich selber führen zur 4. Die Chance ist aber über den Tetraeder nicht in den 3D Raum zu gelangen, sondern in den 4D Raum. Die Verdopplung einer Strecke um 90° gedreht (Multiplikation mit i) aber nicht in der gleichen Ebene, aber equidistant ($\sqrt{2}/2$ Kantenmittelpunkt zu gegenüberliegendem Kantenmittelpunkt) von allen 4 beteiligten Punkten führt zu 4 gleichseitigen Dreiecken mit 4 Symmetrieachsen!

*2

Als erste Einteilung war wohl Tag und Nacht und diese dann wieder in verschiedene Abschnitte. Längere Zyklen lieferten der Mond mit seinen Phasen und die Jahreszeiten, die sich aus der Bewegung der Erde um die Sonne ergeben. Die Einteilung eines Tages mit Tag und Nacht in 24 Stunden a 60 Minuten zu 60 Sekunden ist eingebettet in den Mondzyklus zu ca. 29,5 Tagen, der wieder in einen ca. 365,25 Tagen als Jahr. Wir zählen dann wieder Jahre ab einem willkürlich festgelegten Tag, etc. Deswegen gibt es verschiedene Kalender. Wir teilen Zeit also in verschiedene sich wiederholende Rhythmen, die wir der Natur entnommen haben. Die Zeit schreitet aber kontinuierlich fort, vom unendlich Vergangenen zum unendlich Zukünftigen. Außerdem sind die Zyklen in der Natur keine exakten Vielfachen, sondern immer ein wenig ungenau, sodass sich nichts exakt wiederholt, bestenfalls ist es ähnlich. Und Zyklen schwanken dabei auch noch, zwar mit Regelmäßigkeit, die aber nicht exakt ist.

Mathematisch ist die Einteilung in verschiedene überlagerte Rhythmen die Modulararithmetik. Über Modulararithmetik lassen sich gemeinsame Schnittpunkte verschiedener Zyklen voraus berechnen.

Ein Tag zu 24 Stunden ist die kontinuierliche Teilung der Tage in 24 Stunden, oder mod 24. Dabei betrachten wir nur die Restwerte einer Ganzzahldivision. Wir definieren 1 Tag als 24 Stunden. Jedes beliebige Vielfache vom Modul addiert zu Zahlen von 0 bis Modul-1 ergibt dividiert durch den Modul einen Restwert, der bei jedem Vielfachen gleich bleibt. 1/24 = 0 Rest 1, 25/24 = 1 Rest 1, 49/24 = 2 Rest 1, 11/24 = 0 Rest 11, etc.
Teilen wir den 24 Stunden Tag in Tag und Nacht zu 12 Stunden, rechnen wir mod 12 und unterscheiden 2 Phasen des 24 Stundentages. Auf lange Sicht gesehen ist es eine Rechnung mod 2, die 0 als Rest = Nacht bedeutet und 1 als Rest = Tag.
Nun Teilen wir die 24 Stunden in je Eine zu 60 Minuten. 1440 Minuten machen nun einen Tag. Wir teilen ihn in Intervalle von 60 Sekunden ...
Dadurch erschaffen wir die Uhrzeit.
Kleinere Teilungen in Millisekunden bis hin zu Atomschwingungen von Kristallen ...
zeigen die beliebige Fortsetzbarkeit ins unendlich Kleine. Die Reise ins unendlich Große kommt von der Beobachtung des Himmels und seinen Bewegungen dort. Der Weg der Sonne in einem Jahr, an die die Bewegungen von Merkur und Venus gekoppelt sind, dann der Marszyklus von ca. 2,5 Jahren, Jupiter mit ca. 12 Jahren, die Mondknoten mit ca 18 Jahren, Saturn mit ca. 29,5 Jahren, Uranus mit 84 Jahren, Neptun ca. 165 Jahren und Pluto ca. 248 Jahren. Schon sind wir über die Lebensspanne des Menschen hinaus und haben noch nicht einmal unser Sonnensystem gedanklich verlassen. Wir können beliebig größere Zyklen denken, also auch einen unendlich langen. Hier weigert sich unser begrenzendes Denken jedoch, da damit alle Grenzen aufgehoben würden.

Das Nichts im Unendlichen
*
„gerichtet“ versteht sich hier als Themenbezogenheit zum Anfang des Denkprozesses, der als Ergebnis etwas ganz anderes als das ursprüngliche Ziel haben kann.

Bewegungen
*
Kann man einen 5-dimensionalen Raum/Körper ohne Verdopplung der Symmetrieachsen konstruieren?
Alle Körper, die auf der 5 basieren, haben mindestens 10 Symmetrieachsen.
2 und 5 sind offensichtlich so eng miteinander verknüpft wie es die Division zeigt:
Bei 1 geteilt durch 2 steht hinten eine 5,
bei 1 geteilt durch 5 steht hinten eine 2.
Selbst bei unendlich langen Zahlen entstehen immer 2er bzw. 5er Potenzen.
5 ist die Grenze unseres 3-dimensionalen Raumes und weist auf die Höherdimensionalität mit dem Pentagramm im Pentagon als orthographische Projektion des 4D Tetraeders (5-Zell) hin, denn 6 ist die unendliche Fläche.

6 = 3! das Potential des Dreiecks, dreifache Verdopplung = dreifache Invertierung = 6 Dreiecke, die sich an den Spitzen berühren oder verdoppelte Dreifachheit, 2 Dreiecke um den Mittelpunkt um 180° = ½ Umdrehung gedreht ergeben 6 Dreiecke und ein Sechseck bestehend aus den nach innen invertierten (gespiegelten) umliegenden Dreiecken.

4! = 24 ist die kleinste symmetrische 3D Teilung des kleinsten Körpers Tetraeder, wobei 12 gleiche unregelmäßige Tetraeder entstehen, die sich jeweils selbst umgestülpt (inside out) oder gespiegelt zum Tetraeder ergänzen; die Sechsteilung des Vierteltetraeders, der aus den 4 Achsen des Tetraeders entsteht. Der 3D-Raum ist also in den 4D-Raum eingebettet.

24 ist aber auch eine Kenngröße des 4D-Raumes, das 24 Zell (24 Oktaeder, die Ergänzung zum Tetraeder) existiert nur dort, es gibt kein Pendant in 3D.

5! = 120 das 120 Zell im 4 D Raum als geometrischer Körper = 4D Pentagondodekaeder mit 720 (6!) Pentagonen dual zum 600 Zell mit 720 Kanten = 4D Ikosaeder.

Bewusstsein

*

Torkado

Selbstbeschleunigende Bewegungsmuster, die in sich selbst zurückführen, sind z.B. Rotationen um einen zentralen Punkt zwischen zwei opponierenden Attraktoren. Eine Spirale, die sich von oben, dem einen Attraktor, nach unten zum Mittelpunkt hin verjüngt, erweitert sich auf dem Weg nach unten, zum anderen Attraktor, ebenso weit wie sie oben begonnen hat sich zu verjüngen. Sie führt dann in einer umgebenden Spirale wieder nach oben, um dort wieder verjüngend nach innen geführt zu werden. Dabei entstehen um die Linie der nach innen bzw. nach außen führende inneren Spirale wiederum kleinere Spiralen, die die Richtung verstärken. Diese sind wiederum von kleineren Spiralen umgeben usw.. Mit zunehmender Verdichtung der Spirale hin zum Mittelpunkt erhöht sich die Geschwindigkeit durch die umgebenden Spiralen (Wirbel), die im Mittelpunkt auf ein Höchstmaß verdichtet sind und sich weiter nach unten wieder öffnen. Der untere Attraktor bremst in eine Kreisbewegung und schafft somit die Voraussetzung für die Umkehr in die äußere Spirale, die natürlich weiterhin von den Spiralen in den Spiralen umgeben ist.

Mit zunehmender Entfernung gewinnt der Attraktor an Anziehungskraft. Da das Ganze in eine das Ganze drehende Bewegung eingebunden ist, verändert sich die Polarität des Attraktors kontinuierlich, um dann ab der Hälfte an Abstoßung zuzunehmen. Die Rotationsgeschwindigkeit schwankt zwischen den Extrema, ist aber am Mittelpunkt groß genug, um das „System“ in Gang zu halten; die ausgeglichene Kraft zwischen Anziehung und Abstoßung und Kontinuierlicher polarer Schwingung wird mit soviel „Schwung überwunden, dass die Abbremsung der Richtung erst kurz vor der Höhe des Attraktorpunktes eine kurze Zeit in eine Kreisbahn geht, um dann mit der Abstoßung und Anziehung sich in die andere Richtung in größerem Radius zu bewegen. Es entsteht eine Art

Eiform mit Wirbel in der Mitte und Spiralform außen. Wenn die Rotationsachse eine Präzessionsbewegung macht, ergibt sich die innere Spirale quasi automatisch aus der Rotation und der Präzessionsrotation.

Dies ist nur ein einfaches Model. Denkbar sind z.B. mehr Attraktoren mit komplexeren Bewegungen und mehr Rotationsachsen auch in höherdimensionalen Räumen.
Diese bewegten Raumstrukturen haben jeweils eine eigene Frequenz, die sich aus den Rotationsgeschwindigkeiten ergeben. Es gibt eine Hauptfrequenz mit verschiedenen Nebenfrequenzen, die, je nachdem wieviele Faktoren beteiligt sind und wie sie zueinander im Verhältnis stehen, moduliert wird.
Andere schwingende „Systeme" mit gleicher o.ä. Frequenz (ganzzahlige Vielfache) resonieren wegen der spezifischen Frequenz darauf. So entsteht aus Frequenzanregung auch Reibung, weil andere Partialfrequenzen trotz gleicher Hauptfrequenz, die anregt, „disharmonisch" aufeinander treffen. Sowohl der menschliche Körper als auch der Geist resonieren auf diese Attraktorfelder, weil der menschliche Körper eine komplex zusammengesetzte Ansammlung solcher Wirbel ist, die untereinander auch noch verbunden sind und eine individuelle Eigenresonanz in ihrer Komplexität haben. (Chakren, Organe, Meridiane, …). Der ganze Körper ist ein komplex schwingendes Energiefeld, das je nach interner Struktur einen entsprechend komplexen Geist enthält. Denn der Geist ergibt sich aus den internen Strukturen. Die Stufe für Bewusstsein ist in der Komplexität der menschlichen Erscheinung soweit überschritten, dass Denken möglich ist. Denken ist das willentliche Resonieren auf geistige Attraktorfelder, das Beschleunigen auf Intuitionsgeschwindigkeit, die die Eigenresonanz auf harmonische Schwingungsfelder ausrichtet. Das Denken über das Denken bewegt die Frequenz und damit den Inhalt des geistigen Raumes.

Von oben nach unten zur Mitte Verdichtung der Spirale, Erhitzung, von der Mitte nach unten erste Ausweitung und

Abkühlung, dann aufwärts entlang der Schale bis zur Mitte Verlangsamung und Abkühlung und entlang der oberen Hälfte der Schale zunehmend Beschleunigung, Verdichtung, Erhitzung, um sich dann wieder dem Mittelpunkt zu nähern, etc.. Auch die umgekehrte Richtung ist möglich.

** 0,1, ∞* **Dirac-See**

Der **Dirac-See** ist ein theoretisches Modell, welches das Vakuum als einen unendlichen „See" von Teilchen mit negativer Energie beschreibt. Es wurde vom britischen Physiker Paul Dirac 1930 entwickelt, um die Quantenzustände negativer Energie zu erklären, die in der Dirac-Gleichung für relativistische Elektronen vorhergesagt werden. Für diese Theorie wurde auch die Bezeichnung *Löchertheorie* verwendet.
Das Positron, das Antiteilchen zum Elektron, wurde von Dirac als *Loch* im Dirac-See vorhergesagt, und auch nach seiner experimentellen Entdeckung 1932 noch jahrelang so interpretiert.
Heute werden die Zustände negativer Energie mit Hilfe der Quantenfeldtheorie als Erzeugungsoperatoren für Antiteilchen *positiver* Energie interpretiert, siehe Feynman-Stückelberg-Interpretation.

Ausgangsproblem
Der Ursprung des Dirac-Sees liegt im Energiespektrum der Dirac-Gleichung. Diese verallgemeinert die Schrödinger-Gleichung unter Berücksichtigung der speziellen Relativitätstheorie. Sie wurde von Dirac 1928 formuliert.
Obwohl die Gleichung sehr erfolgreich bei der Beschreibung der Elektronenbewegung war, besitzt sie doch eine eigentümliche Eigenschaft: Für jeden Quantenzustand mit positiver Energie + E gibt es einen korrespondierenden Zustand mit der Energie – E. Das ist unproblematisch, solange man ein isoliertes Elektron betrachtet, da dessen Energie erhalten bleibt und man einfach festlegen kann, keine Elektronen negativer Energie zu verwenden.
Problematisch wird es, wenn man die Effekte des elektromagnetischen Feldes berücksichtigen möchte. Ein Elektron mit positiver Energie könnte durch kontinuierliche Emission von Photonen Energie abgeben. Dieser Prozess könnte

beliebig fortgeführt werden, wobei das Elektron immer tiefere Energiezustände einnimmt, auch negative. Da es keine untere Grenze für diese Energiezustände gibt, könnte somit ein Elektron unendlich viel Energie abstrahlen. Reale Elektronen verhalten sich jedoch eindeutig nicht so.

Lösung
Diracs Lösung des Problems war die Verwendung des Pauli-Prinzips. Elektronen sind Fermionen und haben daher diesem Ausschlussprinzip zu folgen. Das bedeutet, dass zwei Elektronen nicht denselben Energiezustand besetzen dürfen.
Dirac nahm nun an, dass das, was wir als Vakuum betrachten, ein Zustand ist, in dem *alle* Zustände negativer Energie aufgefüllt, und alle Zustände positiver Energie leer sind. Deswegen müssen wir, wenn wir ein einzelnes Elektron betrachten, es in einen positiven Energiezustand bringen, da alle negativen Zustände besetzt sind. Unter die Grenze der Energie Null kann das Elektron nicht geraten, selbst wenn es durch Emission von Photonen Energie verliert.
Ist jedoch ein Zustand negativer Energie unbesetzt, was im Rahmen von Diracs Theorie als Positron interpretiert wird, so kann das Elektron unter Abgabe der Energiedifferenz in Form von Photonen in dieses Loch hinein fallen. Meist werden zwei Photonen mit der für diesen Vorgang typischen Energie von je 511 keV emittiert, das Elektron/Positron-Paar verschwindet dabei. Dieser Vorgang wird als Annihilation bezeichnet.
Wikipedia

Formeln für die Entwicklung der Perioden von Kehrwerten für Zahlen mit den Endziffern 1, 3, 7, 9 von Oliver Niemöller

Kehrwerte von Zahlen mit Endziffer (EZ) 1 und 9

EZ 9

Für alle Zahlen z mit der Endziffer 9 (z mod 10 = 9) sind die letzten beiden Stellen der Kehrwertperiode: (z+2) mod 100.
Die letzte Stelle ist immer 1.

Zum Aufbau der Periode von rechts nach links gibt es mindestens zwei Möglichkeiten. Bei beiden wird eine unendliche Summe gebildet.

Version 1

$$\sum_{n=0}^{\infty}\left(\frac{(z+1)}{10}\right)^{n}\cdot 10^{-n}$$

Beispiel z = 29:

$$\frac{(z+1)}{10}=\frac{(29+1)}{10}=\frac{(30)}{10}=3$$

Die Multiplikation mit 10^{-n} rückt die Zahl in der Addition jeweils um eine Stelle nach rechts. Eingesetzt in die Formel ergibt sich: Zur Verdeutlichung wird mit 10^{n} multipliziert, was die Ergebnisse nach links verschiebt. Dadurch kann auf die Wiederholung von 0,000 ... verzichtet werden.

$$
\begin{array}{lrr}
 & 3^{0}\cdot 10^{0} = & 1 \\
+ & 3^{1}\,.\,10^{1} = & 30 \\
+ & 3^{2}\,.\,10^{2} = & 900 \\
+ & 3^{3}\,.\,10^{3} = & 27000 \\
+ & 3^{4}\,.\,10^{4} = & 810000 \\
 & \ldots & \\
+ & 3^{28}\cdot 10^{28} = & \\
 & \ldots & \\
\hline
\end{array}
$$

... 0344827586206896551724137931

Version 2 $$\sum_{n=0}^{\infty}\left[\left(\frac{(z+1)}{10}\right)^2\right]^n\cdot(z+2)\cdot10^{(-2n)}$$

Beispiel z = 79:

$$\left(\frac{(z+1)}{10}\right)^2=\left(\frac{(79+1)}{10}\right)^2=8^2=64$$ (z + 2) = 81

$\Sigma\, 64^n \cdot 81 \cdot 10^{-2n}$

Die Multiplikation mit 10^{-2n} rückt die Zahl in der Addition jeweils um zwei Stellen nach rechts.

Für z > 100 ist $\left(\frac{(z+1)}{10}\right)^2>z$.

Dann gilt ebenso eine Variante der Version 2:

$$\sum_{n=0}^{\infty}\left[\left(\frac{(z+1)}{10}\right)^2-z\right]^n\cdot(z+2)\cdot10^{(-2n)}$$

EZ 1

Für alle Zahlen z mit der Endziffer 1 (z mod 10 = 1) sind die letzten beiden Stellen der Kehrwertperiode: (z-2) mod 100. Die letzte Stelle ist immer 9.

Version 1 $$\sum_{n=0}^{\infty}\left[\left(\frac{(z-1)}{10}-1\right)\cdot9+10\right]^n\cdot9\cdot10^{-n}$$

Beispiel z = 21:

$$\left(\frac{(z-1)}{10}\right)-1=\left(\frac{(21-1)}{10}\right)-1=1$$ $1 \cdot 9 + 10 = 19$

$\Sigma\, 19^n \cdot 9 \cdot 10^{-n}$

Version 2 $$\sum_{n=0}^{\infty}\left[\left(\frac{(z-1)}{10}\right)^2\right]^n\cdot(z-2)\ 10^{(-2n)}$$

Beispiel z = 41:

$$\left(\frac{(z-1)}{10}\right)^2=\left(\frac{(41-1)}{10}\right)^2=4^2=16$$

$(z - 2) = 39$

$\Sigma\ 16^n \cdot 39 \cdot 10^{-2n}$

Zahlen mit den Endziffern 1 und 9 hängen zusammen.
9 mod 10 = 9 = -1 und 1 mod 10 = 1 = -9.
Ebenso verhält es sich bei den Endziffern 3 und 7.
3 mod 10 = 3 = -7 und 7 mod 10 = 7 = -3.

EZ 3

Für alle Zahlen z mit der Endziffer 3 (z mod 10 = 3) sind die letzten beiden Stellen der Kehrwertperiode: (36 - z) mod 100.
Die letzte Stelle ist immer 3.

Beispiel z = 53 $$\sum_{n=0}^{\infty}\left[\left(\frac{(z-3)}{10}\right)\cdot 3+1\right]^n\cdot 3\cdot 10^{-n}$$

$$\left(\frac{(z-3)}{10}\right)\cdot 3+1=\left(\frac{(53-3)}{10}\right)\cdot 3+1=5\cdot 3+1=16$$

$\Sigma\ 16^n \cdot 3 \cdot 10^{-n}$

36 - 53 = -17   -17 mod 100 = 83
Die letzten beiden Ziffern der Periode sind also 83.

$53^{-1} = 0,\overline{0188679245283\ 0188679245283}$

EZ 7

Für alle Zahlen z mit der Endziffer 7 (z mod 10 = 7) sind die letzten beiden Stellen der Kehrwertperiode: (64 - z) mod 100. Die letzte Stelle ist immer 7.

Beispiel z = 77

$$\sum_{n=0}^{\infty}\left[\left(\frac{(z-7)}{10}\right)\cdot 7+5\right]^{n}\cdot 7\cdot 10^{-n}$$

$$\left(\frac{(z-7)}{10}\right)\cdot 7+5=\left(\frac{(77-7)}{10}\right)\cdot 7+5=7\cdot 7+5=54$$

$$\Sigma\, 54^{n}\cdot 7\ \cdot 10^{-n}$$

64 - 77 = -13   -13 mod 100 = 87
Die letzten beiden Ziffern der Periode sind also 87.

$77^{-1} = 0{,}\overline{012987}$

** Affirmation, Negation, Reflexion und die 2*

Bifurkation

Eine andere Art der Verzweigtheit der 2 als die der komplexen Darstellung lässt die Rationalen Zahlen durch Bifurkation entstehen, also alle ganzen Zahlen und alle Brüche.

Dazu wird die 1 in $\frac{1}{1}$ gespalten.

Nun wird dieser Ausdruck in 2 Ausdrücke gespalten. Der eine erhält den Zähler, der andere den Nenner.

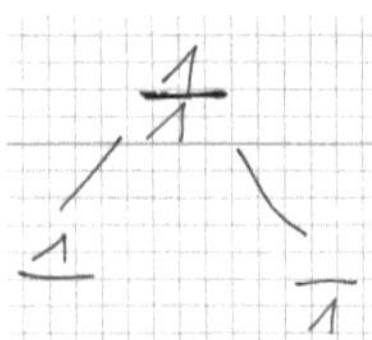

Der fehlende Zähler bzw. Nenner wird nun mit der Summe von Zähler und Nenner gefüllt.

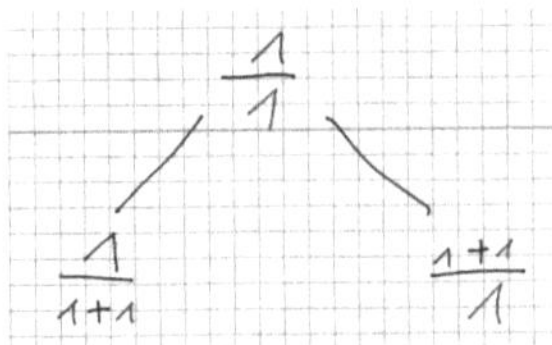

Mit den beiden neuen Brüchen wird wieder so verfahren. Zähler und Nenner spalten sich auf in Zähler und Nenner eines neuen Bruches und das jeweils fehlende ist die Summe von Zähler und Nenner.

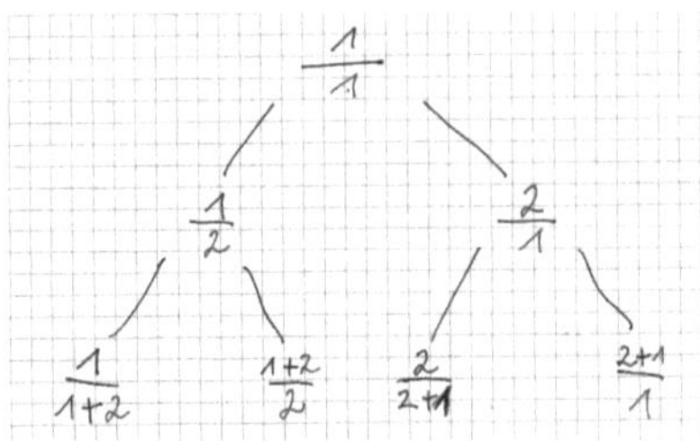

Dieses Spiel kann endlos fortgeführt werden und generiert alle möglichen Brüche und ganzen Zahlen als Bruch dargestellt.

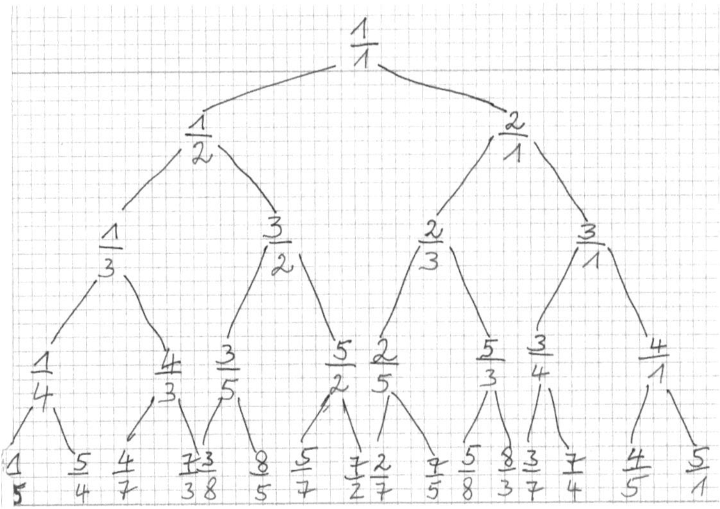

etc.

Dreieckszahlen *-1

In der Abfolge der Quersummen QS der Dreieckszahlen ist eine Art 9-stellige Periode. Sie lautet: 136163199.
Ihre Quersumme ist 39 = 3 · 13. Und wie sollte es bei Dreieckszahlen anders sein ist die QS von 39 = 12 QS 12 = 3.

Dreieckszahl Δ	Faktoren	QS (Quersumme)
$\Delta_1 = 1$	1	1
$\Delta_2 = 3$	3	3
$\Delta_3 = 6$	$2 \cdot 3$	6
$\Delta_4 = 10$	$2 \cdot 5$	10/1
$\Delta_5 = 15$	$3 \cdot 5$	6
$\Delta_6 = 21$	$3 \cdot 7$	3
$\Delta_7 = 28$	$2^2 \cdot 7$	10/1
$\Delta_8 = 36$	$2^2 \cdot 3^2$	9
$\Delta_9 = 45$	$3^2 \cdot 5$	9
$\Delta_{10} = 55$	$5 \cdot 11$	10/1
$\Delta_{11} = 66$	$2 \cdot 3 \cdot 11$	12/3
$\Delta_{12} = 78$	$2 \cdot 3 \cdot 13$	15/6
$\Delta_{13} = 91$	$7 \cdot 13$	10/1
$\Delta_{14} = 105$	$3 \cdot 5 \cdot 7$	6
$\Delta_{15} = 120$	$2^3 \cdot 3 \cdot 5$	3
$\Delta_{16} = 136$	$2^3 \cdot 17$	10/1
$\Delta_{17} = 153$	$3^2 \cdot 17$	9
$\Delta_{18} = 171$	$3^2 \cdot 19$	9
$\Delta_{19} = 190$	$2 \cdot 5 \cdot 19$	10/1
$\Delta_{20} = 210$	$2 \cdot 3 \cdot 5 \cdot 7$	3
$\Delta_{21} = 231$	$3 \cdot 7 \cdot 11$	6
$\Delta_{22} = 253$	$11 \cdot 23$	10/1
$\Delta_{23} = 276$	$3 \cdot 5 \cdot 7$	15/6
$\Delta_{24} = 300$	$2^2 \cdot 3 \cdot 5^2$	3
$\Delta_{25} = 325$	$5^2 \cdot 13$	10/1
$\Delta_{26} = 351$	$3^3 \cdot 13$	9
$\Delta_{27} = 378$	$2 \cdot 3^3 \cdot 7$	9

$\Delta_{28} = 406$	$2 \cdot 7 \cdot 29$	10/1
$\Delta_{29} = 435$	$3 \cdot 5 \cdot 29$	12/3
$\Delta_{30} = 465$	$3 \cdot 5 \cdot 31$	15/6
$\Delta_{31} = 496$	$2^4 \cdot 31$	19/1
$\Delta_{32} = 528$	$2^4 \cdot 3 \cdot 11$	15/6
$\Delta_{33} = 561$	$3 \cdot 11 \cdot 17$	3
$\Delta_{34} = 595$	$5 \cdot 7 \cdot 17$	19/1
$\Delta_{35} = 630$	$2 \cdot 3^2 \cdot 5 \cdot 7$	9
$\Delta_{36} = 666$	$2 \cdot 3^2 \cdot 37$	18/9

etc.

Diese Periode 136163199 besteht aus einer Dreiheit von Dreiheiten, die jeweils mit 1 beginnen (136 163 199). Insgesamt gibt es eine Dreiheit von Einheiten ($3 \cdot 1$) und einer Dreiheit von Zweiheiten ($2 \cdot 3$, $2 \cdot 6$, $2 \cdot 9$), den ersten 3 Faktoren (1, 2, 3) von 3. Ihre Länge ist $9 = 3^2$.
Wenn das mal nicht die perfekte Integration der 2 in der 3 ist.

Auch in den Faktoren sieht man sehr schön, wie sich die Primzahlen in den Dreieckszahlen nacheinander entfalten.

Dreieckszahlen *-2

Leibniz unendliche Summe der Kehrwerte der Dreieckszahlen:

Die von Leibniz gefundene Lösung lautet:

$$\frac{1}{\Delta_n}=\sum_{n=1}^{\infty}\frac{1}{\Delta_n}=\frac{2}{n\cdot(n+1)}=\frac{2\cdot(n+1)-2n}{n\cdot(n+1)}=\frac{2}{n}-\frac{2}{n+1}$$

$$\frac{1}{\Delta_n}=\sum_{n=1}^{\infty}\frac{1}{\Delta_n}=\frac{2}{n\cdot(n+1)}=\frac{2}{1\cdot 2}+\frac{2}{2\cdot 3}+\frac{2}{3\cdot 4}+\frac{2}{4\cdot 5}+\ldots=\frac{1}{1}+\frac{1}{3}+\frac{1}{6}+\frac{1}{10}+\ldots=2$$

Dabei wendet er den Trick an, Klammern in der Addition seines Ausdrucks anders zu setzen. $\frac{2}{n}-\frac{2}{n+1}$

$1/\Delta_1 = \frac{1}{1}$	$\frac{2}{1}-\frac{2}{2}$
$1/\Delta_2 = \frac{1}{3}$	$\frac{2}{2}-\frac{2}{3}$
$1/\Delta_3 = \frac{1}{6}$	$\frac{2}{3}-\frac{2}{4}$
$1/\Delta_4 = \frac{1}{10}$	$\frac{2}{4}-\frac{2}{5}$
$1/\Delta_5 = \frac{1}{15}$	$\frac{2}{5}-\frac{2}{6}$
$1/\Delta_6 = \frac{1}{21}$	$\frac{2}{6}-\frac{2}{7}$
...	...

Nun wird die Klammer anders gesetzt und der Klammerausdruck wird 0.

$$\left(\frac{2}{1}-\frac{2}{2}\right)+\left(\frac{2}{2}-\frac{2}{3}\right)+\left(\frac{2}{3}-\frac{2}{4}\right)\ldots+\left(\frac{2}{n-1}-\frac{2}{n}\right)+\left(\frac{2}{n}-\frac{2}{n+1}\right)=\frac{2}{1}+0+0+0+\ldots-\frac{2}{n+1}=2$$

$$\frac{2}{1}+\left(\frac{-2}{2}+\frac{2}{2}\right)+\left(\frac{-2}{3}+\frac{2}{3}\right)+\left(\frac{-2}{4}+\frac{2}{4}\right)\ldots+\left(\frac{-2}{n}+\frac{2}{n}\right)-\left(\frac{2}{n+1}\right)=\frac{2}{1}+0+0+0+\ldots-\frac{2}{n+1}=2$$

Wenn n ∞ wird, ist auch der letzte Term 0 und es bleibt als Lösung die 2.

Dreieckszahlen [*-3] **und der Tetraeder**

Schichtet man die wachsenden Dreiecke aus Kugeln Δ_1 bis Δ_n übereinander, erhält man einen Tetraeder.

$\Delta_1 = 1$.
$\Delta_2 = 1 + 2 = 3$ . .
$\Delta_3 = 1 + 2 + 3 = 6$ . . .
$\Delta_4 = 1 + 2 + 3 + 4 = 10$ . . . .
$\Delta_5 = 1 + 2 + 3 + 4 + 5 = 15$ . . . . .
etc.

Dabei passen die Kugeln immer genau in das Nest der 3 Kugeln der Schicht darunter.

Die Summe der Dreieckszahlen ergibt die Tetraederzahlen:

1, 4, 10, 20, 35, 56, 84, ...

$$\sum_{n=0}^{\infty} \Delta_n = T_n = \sum_{n=0}^{\infty} \frac{(R+1)^2-(R+1)}{2}$$

Die 2 als Summe der Kehrwerte der Dreieckszahlen $\sum_{n=1}^{\infty} \frac{1}{\Delta_n} = 2$ ist das Bewusstsein über den Raum und seine natürliche Struktur. Die erste Form ist der Tetraeder, der in seiner ersten Form aus den beiden ersten Dreieckszahlen 1 und 3 entsteht. Es bilden sich

$2 \cdot 2 = 1 + 3 = 4$ Ecken

$2 \cdot 2 = 1 + 3 = 4$ Dreiecke

und

$2 \cdot 3 = 6$ Kanten.

Alles ist entweder verbunden oder gleich weit entfernt.

An den 6 Kanten zeigt sich auch die räumliche (4-dimensionale) Bewegungsfreiheit. Sie ist an allen Kanten unterschiedlich und hat jeweils 2 Richtungen: + und -.

Die Gruppierung in 3 · 2 Kanten der Länge 1 enthüllt den rechten Winkel, denn jeweils 2 Kanten stehen im rechten Winkel zu einander. Sie liegen nur nicht in der gleichen Ebene, weswegen kein 2-dimensionales Koordinatensystem entsteht. Durch die Distanz von $\frac{1}{\sqrt{2}}=\frac{\sqrt{2}}{2}$ der beiden Kanten und ½ vom Mittelpunkt der Kante zu jeder Ecke entstehen die anderen zwei Kantenpaare und die 4 Dreiecke. Die Mittelpunkte der drei gegenüberliegenden Kanten bilden verbunden jeweils 3 zweizählige Rotationsachsen.

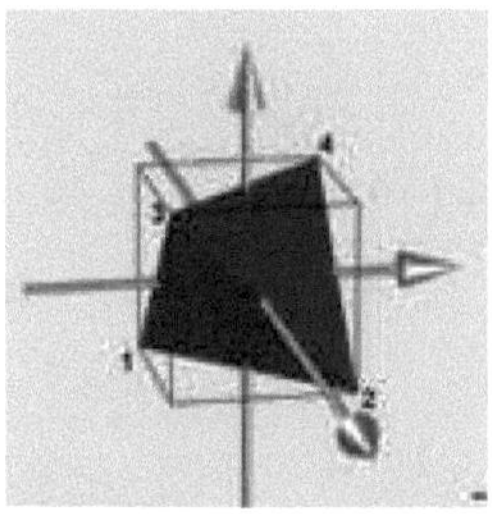

https://commons.wikimedia.org/wiki/User:Roderich_Kahn

Betrachtet man die restlichen Mittelpunkte der Kanten unabhängig von den beiden Kanten einer Rotationsachse, liegt in der Mitte des Tetraeders ein Quadrat, das den Tetraeder halbiert.

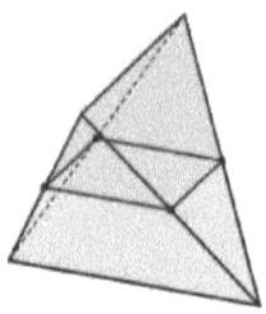

https://commons.wikimedia.org/wiki/User:Petrus3743

Und natürlich braucht der Tetraeder als Einheit wieder eine Polarität, da er als Einheit ja aus Zweiheit (und Dreiheit) entstanden ist.

Es ist der Oktaeder.

Zusammen füllen beide den unendlichen 3-dimensionalen Raum lückenlos aus und machen ihn zur Einheit einer Zweiheit mit Dreiheiten.

Das Bewusstsein, die 2, hat sich von ½ mit der 3 zur 4 entwickelt und hat durch die 3 aus der Nichtlokalität in den strukturierten Raum gefunden.

* *Fünfheit 1,* ***Durterz***

Es gibt eine Durterz, die aus Schichtung von 4 Quinten übereinander entsteht.
Das bedeutet, wenn die Quinte die 3-fache Geschwindigkeit des Grundtones $1 \cdot 3$ ist, dann ist:

die 1. Quinte $1 \cdot 3 = 3$
die 2. Quinte $3 \cdot 3 = 3^2 = 9$,
die 3. Quinte $3 \cdot 3 \cdot 3 = 3^3 = 27$,
die 4. Quinte $3 \cdot 3 \cdot 3 \cdot 3 = 3^4 = 81$

Die Oktavierung nach unten geschieht mit der nächst kleineren 2er Potenz. Dann erhalten wir die Schwingungsverhältnisse, also:

$3^0 : 2^0 = 1 : 1$	Grundton (Grundfrequenz)
$3^1 : 2^1 = 3 : 2$	Quinte
$3^2 : 2^3 = 9 : 8$	Ganzton oder None (9 : 4)
$3^3 : 2^4 = 27 : 16$	Große Sexte
$3^4 : 2^6 = 81 : 64$	Durterz

Die Frequenz dieser Durterz ist also das $\frac{81}{64}$ -fache der Grundfrequenz.

Beispiel:
Der Grundton A hat 110 Hertz (Hz = Schwingungen pro Sekunde), die Oktaven 220 Hz, 440 Hz, 880 Hz, ...)

Grundton	A =	$1 \cdot 110\,Hz$
Quinte	D =	$\frac{3}{2} \cdot 110\,Hz = 165\,Hz$
Ganzton	H =	$\frac{9}{8} \cdot 110\,Hz = 123{,}75\,Hz$
Große Sexte	Fis =	$\frac{27}{16} \cdot 110\,Hz = 185{,}625\,Hz$
Durterz	Cis =	$\frac{81}{64} \cdot 110\,Hz = 139{,}21875\,Hz$

Vergleicht man jetzt diese Durterz mit der, die aus der direkten Verfünffachung der Grundfrequenz entsteht,

$$\frac{5}{4} \cdot 110\,Hz = 137{,}5\,Hz$$

dann ergibt sich ein Unterschied von 1,71875 Hz.

Hertz ist ja Schwingung pro Sekunde. Hören wir beide Terztöne gleichzeitig, hören wir eine sogenannte Schwebung mit nicht ganz zwei Schwebungen pro Sekunde.
Die Frequenz 110 Hz liegt im Bassbereich. Oktaviert man das ganze nach oben, also Multiplikation mit 2, verdoppelt sich die Anzahl der Schwebungen bei jeder Oktave höher. Wir können die Differenz abzählen. Bei 4 Oktaven höher sind es 27,5 Schwebungen pro Sekunde, die wir als eine Art Reibung empfinden.

Die Charakteristik der Durterz aus der Verfünffachung der Frequenz ist tiefer und dominant.

Eisensteinzahl

Definition

Eine komplexe Zahl E ist eine *Eisenstein-Zahl*, wenn sie sich in der Form

$E = a + b\omega$

mit $\omega = e^{2\pi i/3} =$ $\omega = e^{\frac{2}{3} i \cdot \pi} = -\frac{1}{2} + \frac{i}{2} \cdot \sqrt{3}$

und ganzen Zahlen a und b darstellen lässt. ω ist eine (primitive) dritte Einheitswurzel und erfüllt somit die Gleichung :

$\omega^2 + \omega + 1 = 0$

Im Folgenden bezeichnet ω immer *genau die oben genannte* primitive Einheitswurzel, nicht die zu ω konjugiert komplexe *zweite* Nullstelle dieser quadratischen Gleichung.

Mit anderen Worten: Die Eisensteinzahlen bilden den Ring Z [ω], der aus dem Ring der ganzen Zahlen durch Adjunktion der primitiven 3. Einheitswurzel ω entsteht. Der Ganzheitsring des Kreisteilungskörpers, der aus Q durch Adjunktion einer primitiven 6. *Einheitswurzel*, zum Beispiel durch Adjunktion des *Hauptwertes* $-\omega^2 =_H \sqrt[3]{-1} = e^{\pi i/3}$ entsteht, $Z[-\omega^2]$, stimmt ebenfalls mit den Eisenstein-Zahlen überein.

Geometrische Bedeutung

Die Eisenstein-Zahlen bilden ein Dreiecksgitter in der gaußschen Zahlenebene. Sie entsprechen den Mittelpunkten einer dichtesten Kugelpackung in zwei Dimensionen.

Zahlentheorie

Auf den Eisenstein-Zahlen lässt sich Zahlentheorie betreiben: Die Einheiten sind genau die sechs komplexen Nullstellen der Gleichung $x^6 = 1$, die zyklische Einheitengruppe U wird also von jeder der beiden primitiven 6. Einheitswurzeln $e^{+2\pi i/6} = -\omega^2$ bzw. $e^{-2\pi i/6} = -\omega$ erzeugt. Zu jeder von 0 verschiedenen Eisensteinzahl α existieren genau sechs assoziierte Elemente, die in der multiplikativen Gruppe des Körpers $\mathbb{Q}(-3)$ eine Nebenklasse αU bilden.

Man kann Primelemente analog zu den Primzahlen in $\mathbb{Z}$ definieren und zeigen, dass die Primfaktorzerlegung einer Eisenstein-Zahl – bis auf Assoziiertheit und Reihenfolge der Primfaktoren – eindeutig ist. Die Eisensteinzahlen bilden also einen faktoriellen Integritätsbereich.
Alle ganzen Zahlen der Form $m^2 + 3n^2$ sind in den Eisenstein-Zahlen zerlegbar.

Dort sind daher die Zahlen 3, 7, 13, 19, … keine Primelemente.

Genauer treten die folgenden drei Fälle auf:[2]

3 ist ein Sonderfall: $3 = -\omega^2 \cdot (1-\omega)^2$.
Dies ist die einzige Primzahl in $\mathbb{Z}$, die durch das Quadrat eines Primelementes in $\mathbb{Z}[\omega]$ teilbar ist. Man sagt in der algebraischen Zahlentheorie, diese Primzahl sei verzweigt.

Positive Primzahlen $p \in \mathbb{Z}$, die die Kongruenz $p \equiv 2 \pmod 3$ erfüllen, bleiben auch in $\mathbb{Z}[\omega]$ prim. So eine Primzahl nennt man träge.
Die trägen Primzahlen sind also 2, 5, 11, 17, 23, ...

Positive Primzahlen $p \in \mathbb{Z}$, die die Kongruenz $p \equiv 1 \pmod 3$ erfüllen, werden in $\mathbb{Z}[\omega]$ zu Produkten von zwei zueinander komplex konjugierten Primelementen. Man sagt, solche Primzahlen seien zerlegt.

Eine Primfaktorisierung der ersten zerlegten Primzahlen lautet:

$7 = (3 + \omega) \cdot (2 - \omega)$
$13 = (4 + \omega) \cdot (3 - \omega)$
$19 = (3 - 2\omega) \cdot (5 + 2\omega)$
$31 = (6 + \omega) \cdot (5 - \omega)$
$37 = (7 - 3\omega) \cdot (4 + 3\omega)$
...

Die sechs mit einem Primelement assoziierten Elemente sind prim, ebenso das zu einem Primelement komplex konjugierte Element α .

Da die Norm $N(\alpha) = \alpha \cdot \alpha$ eines Elementes von $\mathbb{Z}[\omega]$ stets in $\mathbb{Z}$ liegt, bilden $1 - \omega$, die trägen ganzen Primzahlen und die Primelemente, die als Faktoren bei der Zerlegung der zerlegten ganzen Primzahlen auftreten, zusammen mit ihren Assoziierten die Menge aller Primelemente in $\mathbb{Z}[\omega]$.

Der Ring der Eisenstein-Zahlen ist euklidisch.

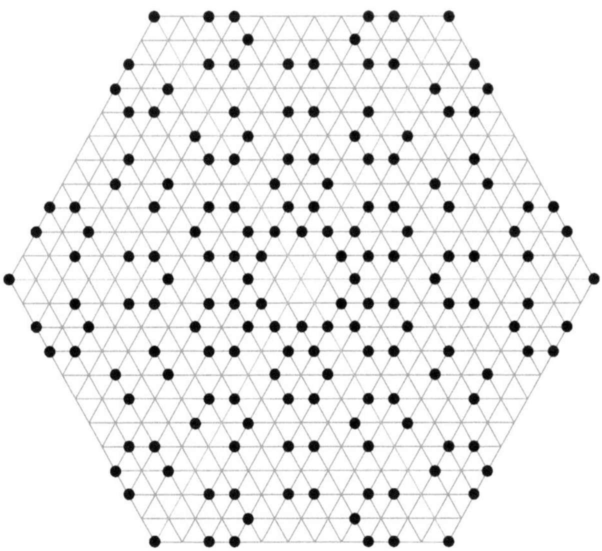

https://commons.wikimedia.org/w/index.php?title=User:Fropuff&action=edit&redlink=1

„Kleine" Primelemente unter den Eisenstein-Zahlen in der komplexen Zahlenebene. Die Rotationssymmetrie um 60° folgt aus der Existenz von sechs Einheiten in $\mathbb{Z}[\omega]$.
(Wikipedia)

Anmerkungen Teil 3

Primzahlzwillinge entstehen aus der 6.

Die 10_6 schiebt sich mit ∓ 1 zwischen die beiden untrennbaren

Ur-Primzahlen 2 und 3 .

x^2	p	p	x^2
1	2	3	4

|

| 10_2 | 10_3 |

\ | /

| 10_6 |

/ \

/ $2 \cdot 3$ \

| 10-1 | | | 10+1 |

/ | \

5 | **7**

4n+1 | 4n+3

3n+2 | 3n+1

zerlegbar/prim | prim/zerlegbar

| 10_{12} |

/ \

/ $2^2 \cdot 3$ \

| 10-1 | | | 10+1 |

/ | \

11 | **13**

4n+3 | 4n+1

3n+2 | 3n+1

doppelt prim | doppelt zerlegbar

| 10_{18} |

/ \

/ $2 \cdot 3^2$ \

| 10-1 | | | 10+1 |

/ | \

17 | **19**

4n+1 | 4n+3

3n+2 | 3n+1

prim/zerlegbar | zerlegbar/prim

| 10_{30} |
/ \
/ $5 \cdot 2 \cdot 3$ \
| 10-1 | | | 10+1 |
/ | \
29 | **31**
4n+1 | 4n+3
3n+2 | 3n+1
zerlegbar/prim | prim/zerlegbar
| 10_{42} |
/ \
/ $7 \cdot 2 \cdot 3$ \
| 10-1 | | | 10+1 |
/ | \
41 | **43**
4n+1 | 4n+3
3n+2 | 3n+1
prim/zerlegbar | zerlegbar/prim
| 10_{60} |
/ \
/ $5 \cdot 2^2 \cdot 3$ \
| 10-1 | | | 10+1 |
/ | \
59 | **61**
4n+3 | 4n+1
3n+2 | 3n+1
doppelt prim | doppelt zerlegbar
| 10_{72} |
/ \
/ $2^3 \cdot 3^2$ \
| 10-1 | | | 10+1 |
/ | \
71 | **73**
4n+3 | 4n+1
3n+2 | 3n+1
doppelt prim | doppelt zerlegbar
|

| 10_{102} |
/ \
/ $17 \cdot 2 \cdot 3$ \
| 10-1 | | | 10+1 |
/ | \
101 | **103**
4n+1 | 4n+3
3n+2 | 3n+1
zerlegbar/prim | prim/zerlegbar
| 10_{108} |
/ \
/ $2^2 \cdot 3^3$ \
| 10-1 | | | 10+1 |
/ | \
107 | **109**
4n+3 | 4n+1
3n+2 | 3n+1
doppelt prim | doppelt zerlegbar
| 10_{138} |
/ \
/ $23 \cdot 2 \cdot 3$ \
| 10-1 | | | 10+1 |
/ | \
137 | **139**
4n+1 | 4n+3
3n+2 | 3n+1
zerlegbar/prim | prim/zerlegbar
| 10_{150} |
/ \
/ $5^2 \cdot 2 \cdot 3$ \
| 10-1 | | | 10+1 |
/ | \
149 | **151**
4n+1 | 4n+3
3n+2 | 3n+1
zerlegbar/prim | prim/zerlegbar
|

| 10_{180} |
/ \
/ $5 \cdot 2^2 \cdot 3^2$ \
| 10-1 | | | 10+1 |
/ | \
179 | **181**
4n+3 | 4n+1
3n+2 | 3n+1
doppelt prim | doppelt zerlegbar
| 10_{192} |
/ \
/ $2^6 \cdot 3$ \
| 10-1 | | | 10+1 |
/ | \
191 | **193**
4n+3 | 4n+1
3n+2 | 3n+1
doppelt prim | doppelt zerlegbar
|
|
|
|
|
|

Die Goldbachsche Vermutung

Untersuchung von Oliver Niemöller 2023

1. Das Problem

Im Jahre 1742 schrieb der preussische Mathematiker Christian Goldbach (1690 – 1764) in einem Brief an Euler:

"Es scheinet wenigstens, dass eine jede Zahl größer als zwei, ein aggretum trium numerorum primorum sey."

Euler replizierte, dass sich nach seiner Kenntnis jede natürliche, gerade Zahl $n \geq 6$ als Summe von zwei ungeraden Primzahlen darstellen lasse.

In der Literatur findet man für die Goldbachsche Vermutung vorwiegend folgende Form:

(G) $n = p_1 + p_2$ ist lösbar mit ungeraden $p_1, p_2 \varepsilon \mathbb{P}$ für jedes gerade natürliche $n \geq 6$.
(U) $N = p_1 + p_2 + p_3$ ist lösbar mit ungeraden $p_1, p_2, p_3 \varepsilon \mathbb{P}$ für jedes ungerade natürliche $N \geq 9$.

mit $\mathbb{P} := \{p \varepsilon \mathbb{N} : p \text{ ist Primzahl}\}$.
Die Vermutung (G) wird auch als starke oder strenge Goldbachsche Vermutung bezeichnet, da aus ihr (U) folgt:
wenn $N - 3 = p_1 + p_2$ für ungerades $N \varepsilon \mathbb{N}$ gilt, dann auch $N = p_1 + p_2 + 3$.

Zitiert aus Konstantin Fackeldey in „Die Goldbachsche Vermutung und ihre bisherigen Lösungsversuche", Freie Universität Berlin, 2002

Alle im folgenden benutzten Variablen (n, i, A) sind natürliche Zahlen inklusive 0. p mit oder ohne Index bezeichnet immer eine Primzahl.

2. Vorüberlegungen

2.1 Die Primzahlen

Ungerade Primzahlen schaffen Lücken (Leere) indem sie Lücken (Leere) füllen.
Die 2 mit all ihren Potenzen schafft durch Teilung Lücken im einen Ganzen, dem Unendlichen, die von der 3 mit all ihren Potenzen in allen möglichen multiplikativen Kombinationen mit den 2er Potenzen gefüllt werden, um neue Lücken zu lassen, die nur durch die weiteren Primzahlen mit den multiplikativen Kombinationen gefüllt werden können.
So entstehen die natürlichen Zahlen in einem sich ständig ändernden Muster von Lücken, das mit größer werdenden Primzahlen zunehmend Kontinuität in der Reihe der natürlichen Zahlen aufweist und im Unendlichen erst geschlossen wird.
Die Emergenz der Primzahlen ist nicht-linear und nicht-algorithmisch.
Die ungeraden Primzahlen besetzen immer Lücken zwischen 4n und 4n+2 oder umgekehrt.

2.2 Die Addition

In der Addition unterscheidet man die beteiligten Zahlen mit verschiedenen Namen. Zu einer Grundzahl (Anzahl, Größe), dem Augend - der Zahl, die vermehrt wird - wird eine weitere Grundzahl, der Addend, hinzugefügt. Das Ergebnis wird als Summe bezeichnet.
In der Negation der Addition oder auch Subtraktion wird von einer Grundzahl (Anzahl, Größe), dem Minuend eine weitere Grundzahl, der Subtrahend, weggenommen und erzeugt eine neue Grundzahl (Anzahl/Größe), die Differenz.
Damit die beteiligten Zahlen wieder erscheinen, wird die Summe der Addition zum Minuend.
Die Inversion der Addition ist das Vergleichen.

3 + 4 = 7 Augend + Addend = Summe (Addition)
7 - 4 = 3 Minuend – Subtrahend = Differenz (Subtraktion)
7 | 3 = 4 Summe | Augend = Abstand (Vergleich)

Im ersten Fall ist die 3 die passive, „erleidende" Zahl, der Augend. Der Augend ist der, dem hinzugefügt wird.
Die 4 ist der Addend, die aktiv hinzufügende Zahl. Die Art der Verknüpfung, die Rechenart, - hier die Addition - gehört immer zur aktiven Zahl. 3 + alleine macht keinen Sinn. 3 schon. Also gehört das + zur 4, die etwas mit der 3 macht.
Die 7 ist das Ergebnis aus beidem, etwas Neues, Eigenes, aber Passives, da es in keiner Verknüpfung steht; die Summe aus Augend und Addend, eine größere passive Anzahl.

Im zweiten Fall, der Negation der Addition, der Subtraktion, wird der Addend 4 negiert. D.h. seine aktive gerichtete Kraft wird in der Richtung umgekehrt. Die Kraft der Zahl bleibt die gleiche. Es wird der Operator, die Verknüpfung, negiert. Aus + wird -. Die 4 bleibt die 4. In der Verbindung der 4 mit dem Operator (–) wird aus dem Addend ein Subtrahend des Minuenden, dem Ergebnis 7 der ursprünglichen Rechnung. Er wird vom Ergebnis weggenommen und es entsteht wieder unsere passive Grundzahl 3.

Im dritten Fall vergleichen wir das passive Ergebnis 7 mit der passiven Zahl 3 und kommen zu dem Unterschied 4. Jetzt betrachten wir, was die beiden passiven Zahlen miteinander verbindet und nicht was die aktive Zahl mit einer der beiden passiven Zahlen macht. Deswegen ist in der Symbolschreibweise das Minus senkrecht gestellt. Der Unterschied ist gleichzeitig eine Gemeinsamkeit, da von beiden passiven Zahlen aus gesehen der Abstand 4 ist.
Es benötigt Aktivität mit einer bestimmten Energie, um den Abstand zu überbrücken. Der Abstand ist das Ergebnis des unterscheidenden Vergleichens.

Dies wird im folgenden der wichtige Aspekt.

3. Der Lösungsansatz

Der Abstand (A) zweier ungerader Primzahlen ist immer eine gerade Zahl. Für den Fall $p_1 = p_2$ ist auch 0 eine gerade Zahl.

$p_2 - p_1 = A = 2n$

Die kleinere Primzahl p_1 + Abstand ist p_2, $p_1 + A = p_2$

sodass $2 \cdot p_1$ + Abstand zu $p_1 + p_2$ wird.

$p_1 + A + p_1 = p_1 + p_2$ oder $2 \cdot p_1 + A = 2 \cdot p_1 + 2n = p_1 + p_2$

Es reicht also alle Abstände der ungeraden Primzahlen als Folge FA zu definieren.

FA: 0, 2, 2, 4, 2, 4, 2, 4, 6, 2, 6, 4, 2, 4, 6, 6, 2, 6, 4, 2, 6, 4, 6, 8, 4, 2, 4, 2, 4, 14, 4, 6, 2, 10, 2, 6, 6, 4, 6, 6, 2, 10, 2, 4, 2, 12, 12, 4, 2, 4, 6, 2, 10, 6, 6, 6, 2, 6, 4, 2, 10, 14, 4, 2, 4, 14, 6, 10, 2, 4, 6, 8, 6, 6, 4, 6, 8, 4, 8, 10, 2, 10, 2, 6, 4, 6, 8, 4, 2, 4, 12, 8, 4, 8, 4, 6, 12, 2, 18, 6, 10, 6, 6, 2, 6, 10, 6, 6, 2, 6, 6, 4, 2, 12, 10, 2, 4, 6, 6, 2, 12, 4, 6, 8, 10, 8, 10, 8, 6, 6, 4, 8, 6, 4, 8, 4, 14, 10, 12, 2, 10, 2, 4, 2, 10, 14, 4, 2, 4, 14, 4, 2, 4, 20, 4, 8, 10, 8, 4, 6, 6, 14, 4, 6, 6, 8, 6, 12, 4, 6, 2, 10, 2, 6, 10, 2, 10, 2, 6, 18, 4, 2, 4, 6, 6, 8, 6, 6, 22, 2, 10, 8, 10, 6, 6, 8, 12, 4, 6, 6, 2, 6, 12, 10, 18, 2, 4, 6, 2, 6, 4, 2, 4, 12, 2, 6, 34, 6, 6, 8, 18, 10, 14, 4, 2, 4, 6, 8, 4, 2, 6, 12, 10, 2, 4, 2, 4, 6, 12, 12, 8, 12, 6, 4, 6, 8, 4, 8, 4, 14, 4, 6, 2, 4, 6, 2, 6, 10, 20, 6, 4, 2, 24, 4, 2, 10, 12, 2, 10, 8, 6, 6, 6, 18, 6, 4, 2, 12, 10, 12, 8, 16, 14, 6, 4, 2, 4, 2, 10, 12, 6, 6, 18, 2, 16, 2, 22, 6, 8, 6, 4, 2, 4, 8, 6, 10, 2, 10, 14, 10, 6, 12, 2, 4, 2, 10, 12, 2, 16, 2, 6, 4, 2, 10, 8, 18, 24, 4, 6, 8, 16, 2, 4, 8, 16, 2, 4, 8, 6, ...

Mit 3 beginnend ist der erste Abstand zur 3 genau 0, von 3 zu 5 ist er 2, von 5 zu 7 ist er 2, von 7 zu 11 ist er 4, etc..
Die ausschließlich geraden Zahlen werden mit der abnehmenden Häufigkeit (Dichte) der Primzahlen immer größer.
Diese Folge gehorcht dem nicht-linearen und dem nicht-algorithmischen Emergenzverhalten der Primzahlen, ist

unendlich lang und ohne wiederkehrende Muster. Als unendliche Zahl hintereinander geschrieben, wäre es eine transzendente Zahl.

3.1 Summenbildung in FA

Bildet man nun von jeder Primzahl ausgehend unendliche Summen entlang dieser Folge und betrachtet die Zwischenergebnisse wieder als Folgenglieder, so ist jede Folge anders. Anders ausgedrückt: Man beginnt für jede unendliche Summe ein Glied der Folge FA später mit der Summierung. Dies entspricht dem Fortschreiten zur nächsten Primzahl für die nächste Folge.

$$F3=\sum_{i=0}^{\infty} FA_i \;,\quad F5=\sum_{i=1}^{\infty} FA_i \;,\quad F7=\sum_{i=2}^{\infty} FA_i \;,\quad F11=\sum_{i=3}^{\infty} FA_i \;,\ldots$$

Beginnend bei 3 als Augend ergibt sich bei der Aufsummierung der Folgenglieder von FA die Folge F3. Von Augend 3 zu Summe 3 ist der Abstand 0. Deswegen beginnt F3, wie auch jede andere aus FA abgeleitete Folge, mit 0.

F3: 0, 2, 4, 8, 10, 14, 16, 20, 26, 28, 34, 38, 40, 44, 50, 56, 58, 64, 68, 70, 76, 80, 86, 94, 98, 100, 104, 106, 110, 124, 128, 134, 136, 146, 148, 154, 160, 164, 170, 176, 178, 188, 190, 194, 196, 208, 220, 224, 226, 230, 236, 238, 248, 254, 260, 266, 268, 274, 278, 280, 290, 304, 308, 310, 314, 328, 334, 344, 346, 350, 356, 364, 370, 376, 380, 386, 394, 398, 406, 416, 418, 428, 430, 436, 440, 446, 454, 458, 460, 464, 476, 484, 488, 496, 500, 506, 518, 520, 538, 544, 554, 560, 566, 568, 574, 584, 590, 596, 598, 604, 610, 614, 616, 628, 638, 640, 644, 650, 656, 658, 670, 674, 680, 688, 698, 706, 716, 724, 730, 736, 740, 748, 754, 758, 766, 770, 784, 794, 806, 808, 818, 820, 824, 826, 836, 850, 854, 856, 860, 874, 878, 880, 884, 904, 908, 916, 926, 934, 938, 944, 950, 964, 968, 974, 980, 988, 994, 1006, 1010, 1016, 1018, 1028, 1030, 1036, 1046, 1048, 1058, 1060, 1066, 1084, 1088, 1090, 1094, 1100, 1106, 1114, 1120, 1126, 1148, 1150, 1160, 1168, 1178, 1184,

1190, 1198, 1210, 1214, 1220, 1226, 1228, 1234, 1246, 1256, 1274, 1276, 1280, 1286, 1288, 1294, 1298, 1300, 1304, 1316, 1318, 1324, 1358, 1364, 1370, 1378, 1396, 1406, 1420, 1424, 1426, 1430, 1436, 1444, 1448, 1450, 1456, 1468, 1478, 1480, 1484, 1486, 1490, 1496, 1508, 1520, 1528, 1540, 1546, 1550, 1556, 1564, 1568, 1576, 1580, 1594, 1598, 1604, 1606, 1610, 1616, 1618, 1624, 1634, 1654, 1660, 1664, 1666, 1690, 1694, 1696, 1706, 1718, 1720, 1730, 1738, 1744, 1750, 1756, 1774, 1780, 1784, 1786, 1798, 1808, 1820, 1828, 1844, 1858, 1864, 1868, 1870, 1874, 1876, 1886, 1898, 1904, 1910, 1928, 1930, 1946, 1948, 1970, 1976, 1984, 1990, 1994, 1996, 2000, 2008, 2014, 2024, 2026, 2036, 2050, 2060, 2066, 2078, 2080, 2084, 2086, 2096, 2108, 2110, 2126, 2128, 2134, 2138, 2140, 2150, 2158, 2176, 2200, 2204, 2210, 2218, 2234, 2236, 2240, 2248, 2264, 2266, 2270, 2278, 2284, ...

Man sieht sehr schön, wie Lücken in der Abfolge der geraden Zahlen entstehen. Nicht vorhanden sind in der Abfolge 6, 12, 18, 22, 24, ...
In der Folge F3 sind nach 6 alle geraden Zahlen definiert, die aus der Summe von 3 und einer größeren Primzahl entstehen.

$p_1 + A + p_1 = p_1 + p_2 \qquad (A + p_1) = p_2$
3+(0+3)=6, 3+(2+3)=8, 3+(4+3)=10, 3+(8+3)=14, ...

F5 beginnt mit dem Abstand 0 zur 5, 2 zur 7, 6 zur 11, etc.
Die Folge F5 füllt einige der Lücken von F3, so wie die 5 mit ihren Potenzen die entstehenden Lücken aller Kombinationen von $2^n \cdot 3^m$ füllt, um Lücken für die weiteren Primzahlen zu schaffen. F5 weist andere Lücken in der Abfolge der geraden Zahlen auf als F3, weil die Folge FA weder linear noch algorithmisch ist.

Eine Verschiebung um ein Folgeglied verändert die gesamte Struktur dieser neuen Folge. Dies trifft auf jedes Folgenglied als Anfang einer neuen Folge zu.

F5: 0, 2, 6, 8, 12, 14, 18, 24, 26, 32, 36, 38, 42, 48, 54, 56, 62, 66, 68, 74, 78, 84, 92, 96, 98, 102, 104, 108, 122, 126, 132, 134, 144, 146, 152, 158, 162, 168, 174, 176, 186, 188, 192, 194, 206, 218, 222, 224, 228, 234, 236, 246, 252, 258, 264, 266, 272, 276, 278, 288, 302, 306, 308, 312, 326, 332, 342, 344, 348, 354, 362, 368, 374, 378, 384, 392, 396, 404, 414, 416, 426, 428, 434, 438, 444, 452, 456, 458, 462, 474, 482, 486, 494, 498, 504, 516, 518, 536, 542, 552, 558, 564, 566, 572, 582, 588, 594, 596, 602, 608, 612, 614, 626, 636, 638, 642, 648, 654, 656, 668, 672, 678, 686, 696, 704, 714, 722, 728, 734, 738, 746, 752, 756, 764, 768, 782, 792, 804, 806, 816, 818, 822, 824, 834, 848, 852, 854, 858, 872, 876, 878, 882, 902, 906, 914, 924, 932, 936, 942, 948, 962, 966, 972, 978, 986, 992, 1004, 1008, 1014, 1016, 1026, 1028, 1034, 1044, 1046, 1056, 1058, 1064, 1082, 1086, 1088, 1092, 1098, 1104, 1112, 1118, 1124, 1146, 1148, 1158, 1166, 1176, 1182, 1188, 1196, 1208, 1212, 1218, 1224, 1226, 1232, 1244, 1254, 1272, 1274, 1278, 1284, 1286, 1292, 1296, 1298, 1302, 1314, 1316, 1322, 1356, 1362, 1368, 1376, 1394, 1404, 1418, 1422, 1424, 1428, 1434, 1442, 1446, 1448, 1454, 1466, 1476, 1478, 1482, 1484, 1488, 1494, 1506, 1518, 1526, 1538, 1544, 1548, 1554, 1562, 1566, 1574, 1578, 1592, 1596, 1602, 1604, 1608, 1614, 1616, 1622, 1632, 1652, 1658, 1662, 1664, 1688, 1692, 1694, 1704, 1716, 1718, 1728, 1736, 1742, 1748, 1754, 1772, 1778, 1782, 1784, 1796, 1806, 1818, 1826, 1842, 1856, 1862, 1866, 1868, 1872, 1874, 1884, 1896, 1902, 1908, 1926, 1928, 1944, 1946, 1968, 1974, 1982, 1988, 1992, 1994, 1998, 2006, 2012, 2022, 2024, 2034, 2048, 2058, 2064, 2076, 2078, 2082, 2084, 2094, 2106, 2108, 2124, 2126, 2132, 2136, 2138, 2148, 2156, 2174, 2198, 2202, 2208, 2216, 2232, 2234, 2238, 2246, 2262, 2264, 2268, 2276, 2282, ...

F5 beschreibt alle Zahlen, die aus $2 \cdot 5 + A$ als Summe zweier ungerader Primzahlen dargestellt werden können. In F3 und F5 fehlt z.B. die Zahl 22. Also wird die Reihe der geraden Zahlen kontinuierlich nur bis 20 von F3 und F5 zusammen dargestellt. F7 enthält die 22 und komplettiert damit die 2er Reihe bis 86.

88 ist aber erst in F13 enthalten, sodass F11 erst Lücken über 110 schließt. Dies zeigt die Nichtlinearität der Primzahlen und ihrer Abstände.

These 1

Mit allen (unendlich vielen) möglichen Folgen Fp_i werden alle geraden Zahlen beschrieben. Nach und nach füllen sich die Lücken in den Folgen und im Unendlichen haben wir alle 2n. Die Lücken entstehen an einer Stelle oder Index der Folge. Vergleicht man diesen Index mit dem Index der aufsteigenden geraden Zahlen, so wird die Lücke in einer weiteren Folge immer mit einem niedrigeren Index geschlossen.

Die erste Lücke in F3, die 6, steht an dritter Stelle in F5, wäre aber Index 4 der geraden Zahlen, da diese mit 0 beginnen. 22 steht an siebter Stelle in F7 wäre aber Index 12 der geraden Zahlen. 88 steht an 21. Stelle in F13, wäre aber Index 45 der geraden Zahlen, etc..

Eine XOR Addition aller Folgen würde die mehrfach Nennung der Zahlen verhindern und lässt im Unendlichen die geschlossene 2er Reihe entstehen.

$$\sum_{i=0}^{\infty} FA_i \text{ xor } \sum_{i=1}^{\infty} FA_i \text{ xor } \sum_{i=2}^{\infty} FA_i \text{ xor } \sum_{i=3}^{\infty} FA_i \text{ xor } \ldots = 2n$$

für $n = 0 \to \infty$

3.2 These 2

Die möglichen geraden Zahlen ($p_1 + p_2$ oder $2 \cdot p_1 + A$) aller Folgen schließen die Lücken, die F3 lässt, so wie die Primzahlen die Lücken der 2er Potenzen und ihrer Vorgänger schließen, um neue Lücken für ihre Nachfolger zu lassen.

Die erste Lücke bei F3 ist die 12 zwischen 10 und 14. 9 ist keine Primzahl (3·3). Der Abstand 6 fehlt deswegen. Darum kann die Folge F3 als $p_1 + p_2$ keine 12 formulieren. Es gibt unendlich viele weitere Lücken, auch größere. Sie werden nach und nach durch die weiteren Folgen geschlossen. F5 schließt die Lücke 12 mit 5+(2+5) und füllt auch weitere auf, lässt aber Lücken für die nachfolgenden Folgen.
Die nächste Lücke, die F5 in der 2er-Reihe lässt, ist die 30. Sie wird von F7 gefüllt mit 7+(16+7). F7 schließt auch weitere Lücken ganz und teilweise und lässt als nächste Lücke in der 2er-Reihe die 98. Nun zeigt sich wieder die Nichtlinearität der Emergenz der Primzahlen. Denn F11, F13 und F17 füllen zwar viele Lücken, sind aber nicht in der Lage 98 zu formulieren. Erst F19 ist dazu in der Lage. Mit der „Vorarbeit" der vorhergehenden Folgen lässt F19 die Lücke bei 220. Nicht jede Folge schließt die niedrigste Lücke, die die vorherige Folge gelassen hat. Die Abstände der niedrigsten Lücken variieren nicht-algorithmisch. Nachfolgend die niedrigsten Lücken, die die Folgen F3 bis F103 lassen:

F3 12
F5 30
F7 98
F11 98
F13 98
F17 98
F19 220
F23 308
F29 308
F31 556
F37 556
F41 556
F43 556
F47 992
F53 992
F59 992
F61 992
F67 992
F71 992
F73 2642
F79 2642
F83 2642
F89 2642
F97 2642
F101 2642
F103 5372

Primzahlen sind immer 6n±1. Zweimal eine Primzahl ist 12n±2. Weil 12 = 4n ist, ist 2·p = 4n+2

Der Abstand A zwischen zwei ungeraden Primzahlen ist entweder 4n oder 4n+2. Gerade Zahlen der Form 4n+2 entstehen mit A = 4n oder 2·p + 4n, gerade Zahlen der Form 4n entstehen mit A = 4n+2 oder 2·p + (4n+2).
FA beginnt mit 0, 2, 2, zwei Primzahlzwillingen, 3 und 5, 5 und 7. Damit sind 4n+2 und 4n angelegt. Jeder nachfolgende Primzahlzwilling, also dem Abstand 2, verändert die Summe der Abstände, von 4n zu 4n+2 oder umgekehrt, ebenso wie alle anderen 4n+2. Die Zwillinge sind jedoch immer wieder nötig, um die größer werdenden Abstände kontinuierlich füllen zu können, da in der Progression der Folgen Fp_i die niedrigeren Zwillinge nach und nach verschwinden. Deshalb muss es unendlich viele Primzahlzwillinge geben. Die Abfolge von 4n+2 und 4n unterliegt genauso dem nicht-linearen und nicht-algorithmischen Emergenzverhalten der Primzahlen. Da die Primzahlen aber alle Lücken füllen, füllen auch die Abstände aller Primzahlen alle Lücken in der 2er-Reihe.

Zur schwachen Goldbachschen Vermutung
Zieht man von einer ungeraden Zahl eine ungerade Primzahl ab, bleibt eine gerade Zahl. Diese lässt sich wie oben beschrieben in zwei ungerade Primzahlen als Summe zerlegen.
Für den einstelligen Bereich müsste man die 1 als Primzahl zulassen, damit die Idee von Goldbach verwirklicht werden kann, dass jede Zahl größer zwei als Summe von drei Primzahlen dargestellt werden kann.
3=1+1+1, 4=1+3=1+2+1, 5=1+3+1, 6=2+2+2=1+2+3
7= 3+1+3=2+2+3, 1+5+1, 8=3+2+3=1+2+5,
9=1+3+5=3+3+3=2+5+2

Jede gerade Zahl lässt sich immer als Summe von einer geraden Zahl und zweier ungeraden Zahlen darstellen, sodass
$2 + G = 2+p_1 + p_2$
Damit sind auch alle geraden Zahlen als Summe von drei Primzahlen darstellbar.

Die Collatz-Vermutung Untersuchung von Oliver Niemöller 2022/23

$$f(x) = \begin{cases} x/2 & \text{für } x \bmod 2 \equiv 0 \\ 3x+1 & \text{für } x \bmod 2 \equiv 1 \end{cases} \qquad x \in \mathbb{N} \text{ (ohne 0)}$$

Jede gerade natürliche Zahl wird durch 2 geteilt, jede ungerade natürliche Zahl wird mit 3 multipliziert und 1 addiert. Alle natürlichen Zahlen enden in der Schleife 4, 2, 1.

Betrachten wir was uns gegeben ist:
3x+1 ist Multiplikation mit 3 und Addition von 1.
Mit 3x+1 sind uns die Restklassen mod 3 gegeben, denn 1+3n ist die Definition für R_1 mod 3.
Folglich fehlen noch 2+3n = R_2 mod 3, und 3+3n = R_3 mod 3.
Im Folgenden werde ich 3n, 3n+1 und 3n+2 als Synonym für die Restklassen mod 3 benutzen und als Form bezeichnen, wohingegen 3x+1 eine konkrete Zahl ist. n, x $\in \mathbb{N}_0$

/ 2 ist Division, / 2^n ist wiederholte Division.

3n+1 als fraktales Muster

Hierzu vertauschen wir für die bessere Übersicht am besten die beiden Summanden zu 1 + 3n und lassen n wachsen.
1+3·n
1+3·0 = 1
1+3·1 = 4
1+3·2 = 7
1+3·3 = 10
1+3·4 = 13
...
Mit n = 4 erscheint n das erste Mal selber in der Form 3n+1, sodass man 13 auch schreiben kann als :

$13 = 1+3\cdot4 = 1+3\cdot(3m+1)$ für $m \in \mathbb{N}$
13 selber ist auch von der Form $1+3n$ und $3^0 + 3^1 + 3^2$.
Die Potenzen von 3 sind die Modulowerte von 3.
Rückwirkend kann man nun 10 schreiben als
$10 = 1+3\cdot3 = 1+3\cdot(3m+0)$
und weiter
$16 = 1+3\cdot5 = 1+3\cdot(3m+2)$

Dieses Prinzip des Ersetzens setzt sich als Muster endlos fort und beschreibt sämtliche Zahlen 3n+1 in 3er Gruppen.
$19 = 1+3\cdot6 = 1+3\cdot(3m+3) = 1+3\cdot(3m+(3l+0))$ für $l \in \mathbb{N}$
$22 = 1+3\cdot7 = 1+3\cdot(3m+4) = 1+3\cdot(3m+(3l+1))$
...
Die Quersumme der Zahlen gibt Auskunft über die Gruppe, die durch die ersten drei 3n+1 (1, 4, 7) gegeben sind. Denn 10 ist in der Quersumme 1, 13 ist in der Quersumme 4 und 16 ist in der Quersumme 7.
Genauso wie die Quersummen 3, 6 oder 9 die Teilbarkeit mit 3 angeben, sagen die Quersummen 2, 5, 8 über die Zahl aus, dass sie von der Form 3n+2 ist.
Wir haben also 3 Gruppen von Zahlen, die sich jeweils in 3 Gruppen aufspalten.
Dies setzt sich als Muster in allen natürlichen Zahlen unendlich fort.
Setzt man in der ersten Ersetzung m nicht gleich 1 sondern 0, ergibt sich folgendes:
$1+3\cdot(3m+0) = 1$
$1+3\cdot(3m+1) = 4$
$1+3\cdot(3m+2) = 7$
Deswegen ist die 7 ein Spezialfall, der eine Sonderstellung einnimmt. Die 7 ist auf diese besondere Art die erste Zahl der Form 3n+2.

Wichtig bei der Betrachtung der Collatz Iteration ist, dass wir dieses Phänomen im Dezimalsystem betrachten.

Zahlensystemische Überlegungen

Wir betrachten dieses Phänomen im Dezimalsystem und somit in der Logik bzw. den Gesetzmäßigkeiten dieses Systems. Im Binärsystem $2 = 10_2$ bedeutet Multiplikation mit 2 bspw. das Anfügen einer 0, was im Dezimalsystem etwas anderes bedeutet (Multiplikation mit $2 \cdot 5$). Es gibt noch andere wesentliche Unterschiede. Dennoch haben das Binärsystem und das Dezimalsystem Gemeinsamkeiten, was die Bedingungen des Systems sind:

	$10-1 = (2n+1)^2$	$10 \bmod 2 \equiv 0$	$10+1$ ist prim
binär	1^2		$3_{10} = 11_2$
dezimal	3^2		11_{10}

Betrachten wir die Elemente der Vermutung, so ist das erste $3x+1 = 2^2 = 4^1$, für das beide Iterationsvorschriften aufeinander treffen. Wir können das Ganze also auch im 10_4 System betrachten. Hier sind nur zwei Bedingungen des Systems mit denen von Binär- und Dezimalsystem gemeinsam.

10_4-1 ist prim	$10_4 \bmod 2 \equiv 0$	10_4+1 ist prim
3	2^2	5

Ein weiterer Unterschied ist, dass 10_4 selbst ein Quadrat einer natürlichen (geraden) Zahl ist.
Betrachten wir dieses Quadrat genauer. Es lässt sich auf drei + eine Art darstellen:
$2+2$, $2 \cdot 2$, 2^2 und $3+1$, drei Ausdrücke mit 2 und einen mit 1 und 3.

Setzt man die Systematik von Binär- und Dezimalsystem fort, ergeben sich folgende weitere Zahlensysteme: 10_{82}, 10_{226}, 10_{441}, 10_{1091}, ..., allgemein: $10_m = (6n \pm 3)^2 + 1$, wenn 11_m prim ist.
Das Dezimalsystem basiert also auf $3 \cdot 3 + 1 = 3^2 + 1 = 3 \cdot x + 1$ für $x = 3$.

Die Systeme benötigen entsprechend viele unterschiedliche (einstellige) Symbole zur Darstellung. Jede 10 erhält im nächst höheren System ein eigenes neues Symbol. So wird 10_2 zur 2, die im Binärsystem als Symbol nicht enthalten ist (0,1). Das Dezimalsystem besteht aus 10 Symbolen: 0 bis 9.

Das Trinärsystem hat 3 Symbole 0, 1, 2 .

10-1 ist prim 10 = 2n+1, 10+1 ist gerade Quadratzahl.

2 3 2^2

Damit unterscheidet sich das System im Wesentlichen durch Negation der Bedingungen des Binärsystems, also dadurch, dass 10 ungerade ist und 10+1 die Quadratzahl und gerade ist und 10-1 die gerade Primzahl.

Das Quartärsystem 10_4 hat 4 Symbole: 0, 1, 2, 3.
Betrachten wir die Symbole des Quartärsystems aus der Sicht des Binärsystems, so ist:
$1 = 2^0$, $2 = 2^0 + 2^0 = 2^1$, $3 = 2^0 + 2^1$

Zwischen dem System 10_4 und 10_{10} liegen die beiden Primzahlen 5 und 7. 5 ist als 11_4 mit den Symbolen des Binärsystems (0,1) darstellbar. Für die 7 ist die erste 3 notwendig, der 13 im Quartärsystem.

$7_{10} = 13_4 = 21_3 = 111_2$
Dies ist die erste überhaupt mögliche 13, die zusätzlich 3n+1 ist, mit Quersumme $10_4 / 1$.

$7_{10} = 2^0 + 2^1 + 2^2 = 111_2$

Nun haben wir als Exponenten die möglichen Modulowerte von 3 als Exponenten der 2, die gleichzeitig die Symbole des Systems 10_3 sind.

$13_{10} = 3^0 + 3^1 + 3^2 = 111_3$

Hier haben wir als Exponenten die möglichen Modulowerte von 3 als Exponenten der 3.
Führen wir das weiter:

$111_4 = 21_{10} = 3 \cdot 7$ $\qquad$ $111_{10} = 3 \cdot 37$

$333_4 = 63_{10} = 3 \cdot 21 = 3^2 \cdot 7$ $\qquad$ $999_{10} = 3^3 \cdot 37$

Ein System aus dem Produkt der Primzahlen bis 10_{10} ergibt zwar die Modulowerte von 3 rückwärts als 10er Potenzen, $2 \cdot 3 \cdot 5 \cdot 7 = 210$,
entspricht aber nicht den Bedingungen des Zahlensystems der 2 und 10. 211 ist zwar prim und $210 \bmod 2 \equiv 0$, aber 209 ist $11 \cdot 19$ und kein ungerades Quadrat.

Bezieht man die 11, die allen Systemen gemeinsam ist, mit ein, ergeben sich die Symbole des
Quartärsystems, die gleichzeitig die Modulowerte von 4 sind als Potenzen von 10.

$2 \cdot 3 \cdot 5 \cdot 7 \cdot 11 = 2310$ Hier gilt das gleiche für das System wie für 210, denn 2310 ± 1 ist prim.

Diese Zusammenhänge spielen später noch eine entscheidende Rolle, auf die wir noch zurückkommen werden, denn wir betrachten das Quartärsystem in Kombination mit dem Trinärsystem aus dem Blickwinkel des Dezimalsystems.

Reverse Iteration

Wenn die Kollatz-Vermutung stimmt, muss sie sich aus dem Unendlichen betrachtet als Muster darstellen lassen. Dazu betrachten wir die Umkehrung der Iteration.

In der Umkehrung erhalten wir:
Subtraktion von 1 und Division durch 3.
Multiplikation mit 2 bzw. 2^n. Es ergeben sich $2^{2n} = 4^n$ und 2^{2n+1}.

Beginnen wir die inverse Iteration beim Ziel 1 und sehen, wie sich das Gegebene konstelliert und ob wir alle Zahlen erreichen. Zunächst ist aber noch wichtig, dass $1 = n^0$ ist, inklusive 0^0 , also nach der 0 gemeinsamer Anfang aller Zahlensysteme:

$1 = 1^0, 2^0, 3^0, 4^0, 10^0, \ldots$

$1 \cdot 2 = 2$ $\quad 2 = 3n+2$
$2 \cdot 2 = 4 = 4^1$ $\quad 4 = 3n+1$ $\quad (4-1)/3 = 1$ $\quad 1 = 3n+1$
$4 \cdot 2 = 8$ $\quad 8 = 3n+2$
$8 \cdot 2 = 16 = 4^2$ $\quad 16 = 3n+1$ $\quad (16-1)/3 = 5$ $\quad 5 = 3n+2$
$16 \cdot 2 = 32$ $\quad 32 = 3n+2$
$32 \cdot 2 = 64 = 4^3$ $\quad 64 = 3n+1$ $\quad (64-1)/3 = 21$ $\quad 21 = 3n$
$64 \cdot 2 = 128$ $\quad 128 = 3n+2$
$128 \cdot 2 = 256 = 4^4$ $\quad 256 = 3n+1$ $\quad (256-1)/3 = 85$ $\quad 85 = 3n+1$
$256 \cdot 2 = 512$ $\quad 512 = 3n+2$
$512 \cdot 2 = 1024 = 4^5$ $\quad 1024 = 3n+1$ $\quad (1024-1)/3 = 341$ $\quad 341 = 3n+2$
$1024 \cdot 2 = 2048$ $\quad 2048 = 3n+2$
$2048 \cdot 2 = 4096 = 4^6$ $\quad 4096 = 3n+1$ $\quad (4096-1)/3 = 1365$ $\quad 1365 = 3n$
$4096 \cdot 2 = 8192$ $\quad 8192 = 3n+2$
$8192 \cdot 2 = 16384 = 4^7$ $\quad 16384 = 3n+1$ $\quad (16384-1)/3 = 5461$
$5461 = 3n+1$
...
$4^8 = 65536$ $\quad (65536 - 1)/3 = 21845$ $\quad 21845 = 3n+2$
$4^9 = 262144$ $\quad (262144-1)/3 = 87381$ $\quad 87381 = 3n$
$4^{10} = 1048576$ $\quad (1048576-1)/3 = 349525$ $\quad 349525 = 3n+1$
$4^{11} = 4194304$ $\quad (4194304-1)/3 = 1398101$ $\quad 1398101 = 3n+2$
$4^{12} = 16777216$ $\quad (16777216-1)/3 = 5592405$ $\quad 5592405 = 3n$
$4^{13} = 67108864$ $\quad (67108864-1)/3 = 22369621$ $\quad 22369621 = 3n+1$
...

Alle 2er Potenzen führen zur Schleife 4, 2, 1. Jedoch nur Zahlen der Form 2^{2n} sind von der Form 3n+1.
4^n sind also Zahlen der Form 3n+1 und kreieren mit inverser Iterationsvorschrift (z-1)/3 neue Zahlen der Form 3n+1, 3n+2 und 3n und zwar entsprechend der Potenz mod 3.

Ist der Exponent n von 4^n von der Form 3n+1 entsteht eine Zahl der Form 3n+1.
Ist der Exponent n von 4^n von der Form 3n+2 entsteht eine Zahl der Form 3n+2.
Ist der Exponent n von 4^n von der Form 3n entsteht eine Zahl der Form 3n.

Die entstehenden ungeraden Zahlen sind die Folge der Summe der 4er-Potenzen $\sum_{n=0}^{\infty} 4^n$.

Diese Folge beginnt mit 0 und lautet:
S_4 = { 0, 1, 5, 21, 85, 341, 1365, 5461, 21845, ...}

Weiter stellen wir fest, dass Zahlen der Form 3n+2 durch die Multiplikation mit 2 zu Zahlen der Form 3n+1 werden. Dies gilt nicht nur für gerade Zahlen, sondern allgemein, als Ergebnis der Restklassenmultiplikation mod 3. $R_2 \times R_2 = R_1$, da 2 ε R_2 ist.

Analog werden Zahlen der Form 3n+1 durch die Multiplikation mit 2 zu Zahlen der Form 3n+2, $R_1 \times R_2 = R_2$.

Zahlen der Form 3n+1 werden mit der Multiplikation mit $2^{2n} = 4^n$ wieder zu Zahlen der Form 3n+1.
Gerade Zahlen der Form 3n+1 werden mit $(3x+1) \cdot 4^n$ wieder zu Zahlen der Form 3n+1 und erzeugen für x Zahlen der Form 3n+1, 3n+2 und 3n in kontinuierlicher Abfolge des aufsteigenden Exponenten n.

Gerade Zahlen der Form 3n+1 sind also Verzweigungspunkte, die Zahlen der Form 3n, 3n+1 und 3n+2 mit den erneut aufsteigenden 4er Potenzen als Faktor erzeugen.

Alle Zahlen der Form 3n sind Elemente von R_3 mod 3 und bleiben bei Multiplikation mit 2^n Zahlen der Form 3n, also Elemente von R_3 , da $R_3 \times R_2 = R_3$ und $R_1 \times R_3 = R_3$ und $R_3 \times R_3 = R_3$.

2^n mod 3 ≡ 1oder 2, aber niemals 0.

$2^n \bmod 3 \equiv 2$, für $n = 2m+1$, also $\varepsilon\ R_2$ und
$2^n \bmod 3 \equiv 1$, für $n = 2m+2$, also $\varepsilon\ R_1$.

Betrachten wir die erste Zahl der Form $3x+1$, die aus unserer reversen Iteration entstand, 4^1, ist $x = 1$. $1 \cdot 4^n$ sind genau die 4er Potenzen. Sie sind allesamt gerade Zahlen der Form $3n+1$.

Alle Zahlen der Form $3n+2$ werden bei Multiplikation mit 2^{2n+1} oder $2 \cdot 4^n$ zu geraden Zahlen der Form $3n+1$.

Betrachten wir also die ersten Zahlen der Form $3n+2$, die aus unserer reversen Iteration entstanden bei 4^2.
$2 = 3n+2$ und $5 = 3n+2$
$5 \cdot 2^{2n+1} = 10 \cdot 4^n$ $\{10, 40, 160, 640, 2560, ...\}$

Dies sind alles gerade Zahlen der Form $3x+1$. Mit den aufsteigenden Potenzen von 4 (beginnend bei 0) ergibt sich für x die Form 3n, 3n+1, 3n+2 in wiederkehrender Reihenfolge für ungerade Zahlen z. Nun scheiden aus der 3er Runde alle Zahlen z der Form 3n aus. (s.o)

Alle Zahlen z der Form 3n+1, die aus $5 \cdot 2^{2n+1}$ mit der reversen Iteration entstehen, erzeugen mit $z \cdot 4^n$ neue Zahlen der Form $3x+1$, die sich wieder in der 3er Schleife zu ungeraden Zahlen der Form 3n+1, 3n+2, 3n in wiederkehrender Reihenfolge verzweigen.

Zunächst sind aber all diese Zahlen z der Form 3n+1 selbst ein Verzweigungspunkt als $3x+1$, wobei x mit aufsteigenden 4er Potenzen von der Form 3n+1, 3n+2, 3n als wiederkehrende Schleife ist.

Alle ungeraden Zahlen z der Form 3n+2, die aus $5 \cdot 2^{2n+1}$ entstehen, erzeugen mit $z \cdot 2^{2n+1} = z \cdot 2 \cdot 4^n$ wieder neue gerade Zahlen der Form $3x+1$, deren x wieder mit aufsteigendem n zu ungeraden Zahlen der Form 3n+2, 3n+1, 3n in wiederkehrender Reihenfolge werden.

Dies ist wieder das fraktale Muster, das sich unendlich verzweigt.

In der ersten Iteration entsteht eine Abwandlung von S_4, die ich S_5 nenne.
$S_5 = S_4\{n\} \cdot 10 + 3$ $S_5 = \{ 3, 13, 53, 213, 853, 3413, 13563, \ldots\}$

Betrachten wir die nächste Zahl der Form 3x+1, die aus unserer reversen Iteration entstand, 4^4, ist x = 85. ${4_{10}}^4 = {10_4}^{10}$
$85 \cdot 4^n$ sind wieder alles gerade Zahlen der Form 3x+1. Mit den aufsteigenden Potenzen von 4 (beginnend bei 0) ergibt sich für x die Form 3n+1, 3n+2, 3n in wiederkehrender Reihenfolge.

(85-1)/3 = 28. 28 ist 3n+1.
(340-1)/3 = 113. 113 ist 3n+2.
(1360-1)/3 = 453. 453 ist 3n.
(5440-1)/3 = 1813. 1813 ist 3n+1.
...

Hier erscheint das erste mal eine gerade Zahl als neues x von 3x+1 einer geraden Zahl. Mit 3n+1 als Exponent von 4 sind die neuen x gerade.

Aus unserem neuen 3n+1 (28) lässt sich wieder als 3x+1 ein x bestimmen (9).
Aus unserem neuen 3n+2 (113) lässt sich wieder durch Multiplikation mit 2 ein neues gerades 3x+1gewinnen (226) und daraus wieder ein x bestimmen (75). 453 ist wieder 3n.
Auch hier wiederholt sich das fraktale Muster von 3n+1, 3n+2, 3n.

Betrachten wir die nächste Zahl der Form 3x+2 (Exponent 5), die aus unserer reversen Iteration entstand, 4^5, ist x = 341. Wir benötigen wieder die Multiplikation mit 2^{2n+1} .

$341 \cdot 2^{2n+1} = 682 \cdot 4^n$

Dies sind wieder alles gerade Zahlen der Form 3x+1.

(682-1)/3 = 227 227 ist 3n+2
(2728-1)/3 = 909 909 ist 3n
(10912-1)/3 = 3637 3637 ist 3n+1

Auch hier wiederholt sich das fraktale Muster. Nur startet diesmal x mit der Form 3n+2.
War das erste x bei $5 \cdot 2^{2n+1}$ von der Form 3n, so ist es bei $(4^5-1)/3 = 341 \cdot 2^{2n+1}$ von der Form 3n+2 und bei $(4^8-1)/3 = 14563 \cdot 2^{2n+1}$ ist es von der Form 3n+1.
Auch dieses absteigende Muster wiederholt sich in diesem Zyklus für 4^{3n+2} .

Vergrößert man nun den Blick auf die 4er Potenzen unter dem Aspekt der Restklassen mod 3,
dann zeigt sich für 4^{3n}, 4^{3n+1}, 4^{3n+2} ein 3er Rhythmus für n, mit n = 3m, 3m+1, 3m+2:

QS = Quersumme

$(4^{3n}-1)/3 \bmod 3 \equiv 0$, für n = 3m+1 QS = 3, n = 3m+2 QS = 6, n = 3m QS = 9

$((4^{3n+1}-1)/3 -1)/3 \bmod 3 \equiv 0$ für n = 3m, $\equiv 1$ für n = 3m+1, $\equiv 2$ für n = 3m+2

$(((4^{3n+2}-1)/3) \cdot 2 -1)/3 \bmod 3 \equiv 0$ für n = 3m, $\equiv 2$ für n = 3m+1, $\equiv 1$ für n = 3m+2

Man sieht, dass für 3n+2 die Folge absteigend ist ($-1 \bmod 3 \equiv 2$) und für 3n+1 aufsteigend.

Betrachten wir die 4er Potenzen und die ersten zwei reversen Iterationsschritte im Überblick mit 3n, 3n+1 und 3n+2 als

Formulierung des Exponenten jeweils mod 3, so erscheint S_4 in drei neuen Variationen mit der Zuordnung der Elemente von S_4 zu 3n, 3n+1 und 3n+2. Das fraktale Muster setzt sich auch hier fort mit S_4 und einer Drittelung von S_4 in der zweiten Iteration.

	4^n 3n+1	$(4^n-1)/3$ S_4	mod3	$((4^{3n+1}-1)/3-1)/3$ $(((4^{3n+2}-1)/3)\cdot 2-1)/3$	mod3
n = 0					
4^{3n}	1	0	0		
4^{3n+1}	4	1	1	0	0
4^{3n+2}	16	5	2	3	0
n = 1					
4^{3n}	64	21	0		
4^{3n+1}	256	85	1	28	1
4^{3n+2}	1024	341	2	227	2
n = 2					
4^{3n}	4096	1365	0		
4^{3n+1}	16384	5461	1	1820	2
4^{3n+2}	65536	21845	2	14563	1
n = 3					
4^{3n}	262144	87381	0		
4^{3n+1}	1048576	349525	1	116508	0
4^{3n+2}	4194304	1398101	2	932067	0
n = 4					
4^{3n}	16777216	5592405	0		
4^{3n+1}	67108864	22369621	1	7456540	1
4^{3n+2}	268435456	89478485	2	59652323	2
n = 5					
4^{3n}	1073741824	357913941	0		
4^{3n+1}	4294967296	1431655765	1	477218588	2
4^{3n+2}	17179869184	5726623061	2	3817748707	1
n = 6					
4^{3n}	68719476736	22906492245	0		
4^{3n+1}	274877906944	91625968981	1	30541989660	0
4^{3n+2}	1099511627776	366503875925	2	244335917283	0
n = 7					
4^{3n}	4398046511104	1466015503701	0		
4^{3n+1}	17592186044416	5864062014805	1	1954687338268	1
4^{3n+2}	70368744177664	23456248059221	2	15637498706147	2
n = 8					
4^{3n}	281474976710656	93824992236885	0		
4^{3n+1}	1125899906842624	375299968947541	1	125099989649180	2
4^{3n+2}	4503599627370496	1501199875790165	2	1000799917193443	1
n = 9					
4^{3n}	18014398509481984	6004799503160661	0		
4^{3n+1}	72057594037927936	24019198012642645	1	8006399337547548	0
4^{3n+2}	288230376151711744	96076792050570581	2	64051194700380387	0
...					

Die geraden Zahlen der letzten Spalte bei 3n+1 sind

$$\sum_{n=0}^{\infty} 7 \cdot 4^{3n+1} \quad ,$$

die ungeraden Zahlen der letzten Spalte bei 3n+2 sind

$$3+\sum_{n=0}^{\infty} 2 \cdot 7 \cdot 4^{3n+2} \quad ,$$

die 4^{3n} in der zweiten Spalte sind

$$\sum_{n=0}^{\infty} 3 \cdot 7 \cdot 4^{3n} \quad .$$

Es werden also in gleichem Maße in allen Verzweigungen Zahlen der Form 3n, 3n+1 und 3n+2 erzeugt.

Bei der kontinuierlichen Zerlegung mit der reversen Iteration führen alle 4^n zu 3n, mit einer Ausnahme: 4^7.
4^7 führt über die 7 zur 1.

(16384-1)/3 = 5461	(3n+1)
(5461-1)/3 = 1820	(3n+2)
(1820 · 2 -1)/3 = 1213	(3n+1)
(1213-1)/3 = 404	(3n+2)
(404 · 2-1)/3 = 269	(3n+2)
(269 · 2 -1)/3 = 179	(3n+2)
(179 · 2-1)/3 = 119	(3n+2)
(119 · 2-1)/3 = 79	(3n+1)
(79-1)/3 = 26	(3n+2)
(26 · 2 -1)/3 = 17	(3n+2)
(17 · 2-1)/3 = 11	(3n+2)
11 · 2 = 22	(3n+1)
(22-1)/3 = 7	(3n+1)
(7-1)/3 = 2	(3n+2)
2 · 2 = 4	(3n+1)
(4-1)/3 = 1	

Dies liegt daran, dass $1+3\cdot(3m+2) = 7$ für $m = 0$ der Übergang vom Quartärsystem zum Dezimalsystem ist, weil $-3 \bmod 10 \equiv 7$.
Im Dezimalsystem wird $m = 1$ in dieser Form.
$1+3\cdot(3m+3) = 1+3\cdot(3\cdot1+(3l+0)) = 10$ für $l = 0$.

${10_4}^{13} = {10_4}^{(10+3)} = {4_{10}}^{(10-3)}$, die Grenze zwischen Quartär und Dezimalsystem, $7_{10} = 13_4$

$$\frac{\frac{(10_4^{13}-1)}{3}-1}{3}=(10_4^1+10_4^{(3+1)})\cdot 13_4=(10_4^1+10_4^{10})\cdot 13_4=130130_4=(4_{10}^1+4_{10}^4)\cdot 7_{10}=(4_{10}+256_{10})\cdot 7_{10}=1820_{10}$$

Beginnend mit $n = 1$ für $4^{3n+1} = 4^4 = {10_4}^{10}$ beginnt beim zweiten reversen Iterationsschritt die Reihe von geraden Zahlen aus der Summe von $28 \cdot 4^{3n+1}$. $28_{10} = 10_4 \cdot 13_4$
Mit $n = 2$ für 4^{3n+1} ist $4^7 = {10_4}^{13}$, und $n = 3$ für 4^{3n+1} ist ${4_{10}}^{10} = {10_4}^{22}$ entspricht wieder 4^1, da $10 \bmod 3 \equiv 1$.

Damit werden alle Zahlen in den Restklassen mod 3 erzeugt. Schleifen sind nicht möglich, da die Primzahlzerlegung von $(4^n-1)/3$ immer anders ist und somit alle Zahlen der weiteren Verzweigungen auch eine eindeutige Primzahlzerlegung haben.

Die Kollatz-Vermutung stimmt also.

Die Fano-Ebene

„Die **Fano-Ebene** (nach dem italienischen Mathematiker Gino Fano) ist eine Inzidenzstruktur, die sich sowohl als linearer Raum als auch als projektive Ebene, zweidimensionaler projektiver Raum oder als Blockplan auffassen lässt.
In der synthetischen Geometrie ist sie das Minimalmodell einer projektiven Ebene. Ihr affiner Ausschnitt, der durch Ausschneiden einer projektiven Geraden entsteht, ist das Minimalmodell einer affinen Ebene.“ https://de.wikipedia.org/wiki/Fano-Ebene

Die Fano-Ebene verbindet das Binärsystem mit dem Dezimalsystem über die Geometrie. Die Nummerierung der Ecken des Dreiecks mit den ersten drei 2er-Potenzen in 3-stelliger Schreibweise, (001, 010, 100), (2^0, 2^1, 2^2), (1, 2 ,4) , der Seitenhalbierenden mit der Kombination von zwei 2er-Potenzen, (011, 101, 110), (2^0+2^1, 2^0+2^2 ,2^1+2^2), (3, 5, 6), und dem Mittelpunkt als Summe aller drei 2er-Potenzen, (111), ($2^0+2^1+2^2$), (7) eröffnet Zusammenhänge, die in dem Wikipedia Beitrag nicht zu finden sind.

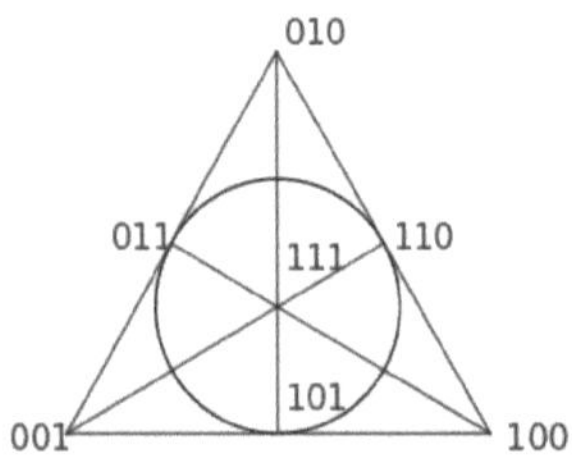

http://commons.wikimedia.org/wiki/User:KlioKlein

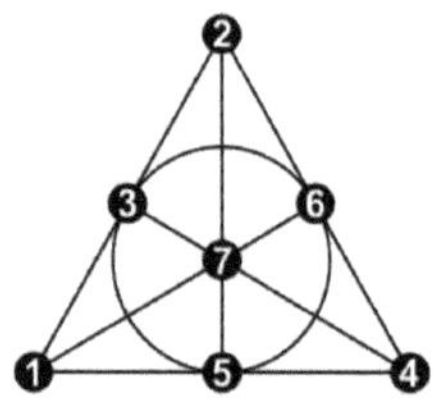

/User:Watchduck

Die Summe benachbarter Ecken ergibt die Seitenmitte und die Summe aus Ecke und gegenüberliegender Seitenmitte ergibt in der Summe den Mittelpunkt des Dreiecks. Letztere sind die Schrittweiten des Siebenecks (1-6) und der Sternfiguren des Siebenecks (2-5 und 3-4).
Zu den 7 Punkten kommen 7 Geraden, wobei der Inkreis des Dreiecks als Gerade gilt und nach Bedarf in 3 Kreisabschnitte geteilt wird.
Nimmt man die 3-stelligen Binärwerte als Koordinaten z, y, x in einem 3-dimensionalen Koordinatensystem, liegt das Dreieck schräg im Raum und bildet mit dem Mittelpunkt als Spitze den Würfel stabilisierenden Tetraeder. Für den vollständigen Würfel fehlt die Koordinate (0,0,0). Die Seitenmittelpunkte bilden mit dem fehlenden Nullpunkt den zweiten möglichen Tetraeder im Würfel, dessen Ecken durch den Tetraederstern definiert sind.

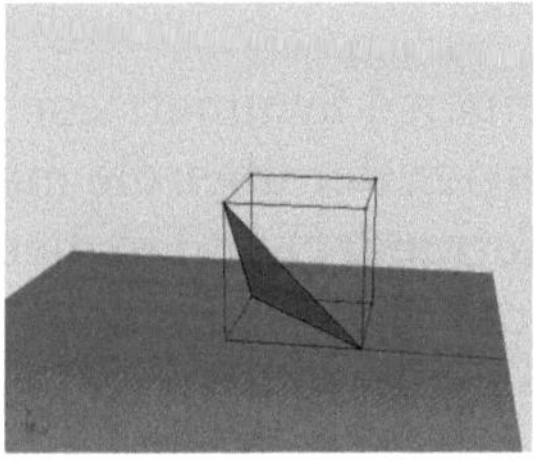
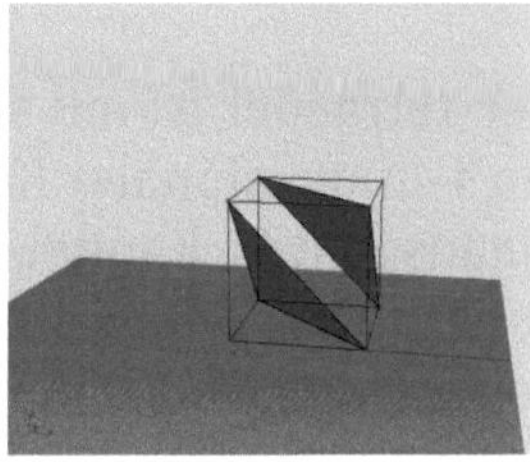

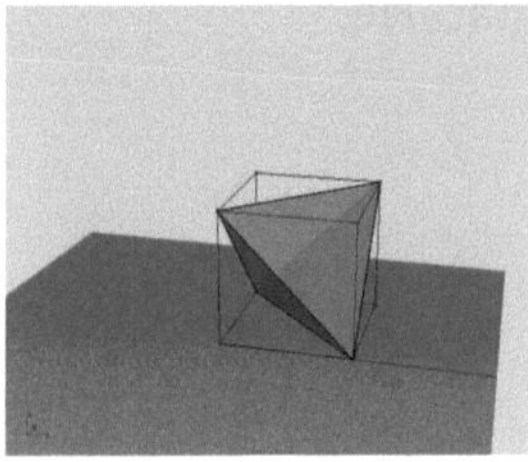

Betrachtet man den Tetraeder senkrecht von oben ergibt sich das Dreieck mit den Seitenhalbierenden bis zum Mittelpunkt.

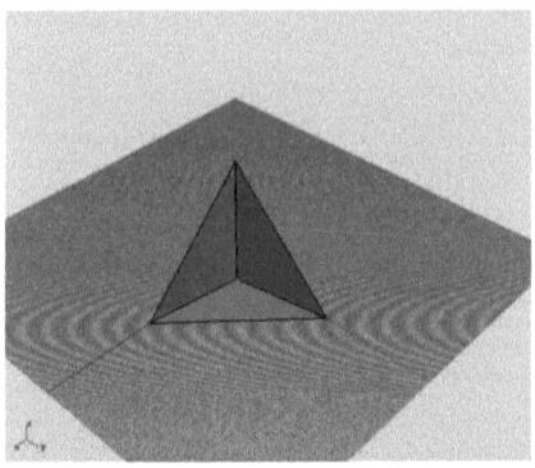
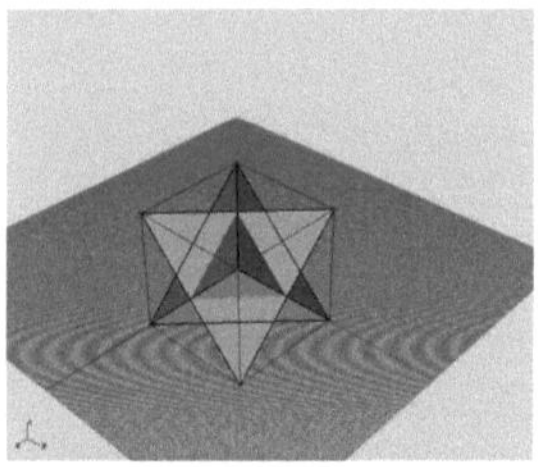

Das Dreieck der Seitenhalbierende schneidet die Tetraeder-Kannten, die zur Spitze führen, genau in der Mitte, sind also erneut Seitenhalbierende.
In dieser Perspektive verdreifacht sich der Mittelpunkt des Dreiecks zu Tetraeder-Mittelpunkt und Tetraederspitze. Dies entspricht auch der dreifachen 7, die sich aus den Summen der Ecken und gegenüberliegenden Seitenmittelpunkte ergeben.

1+6 = 7
2+5 = 7
4+3 = 7

Der Tetraeder ist mit seinen 4 Symmetrieachsen aber vor allem ein 4-dimensionaler Körper, der über die materielle Ebene hinausgeht (s. Kapitel Tetraeder) und in diesem Zusammenhang auch mit der Symbolik der Siebenheit, dem Geistigen, in Verbindung steht. Ohne den stabilisierenden 4D-Tetraeder, dem Prinzip der komplexen Information, gibt es keine Stabilität im 3-Dimensionalen, der Materie.

Alle Graphiken in diesem Buch, bei denen kein Name angegeben ist, stammen vom Autor.

Eine kleine Auswahl an Literatur, die zum vorliegenden Werk beigetragen hat:

„Das Testament der Astrologie“, Oskar **Adler**, Hugendubel 1991

„Lob der Mathematik“, u.a. Texte v. Alain **Badiou**, Passagen Verlag 2018

„Die Kabbala“, Heinrich Elijah **Benedikt**, Bauer 1999

„Die Logik der Gefühle. Kritik der emotionalen Intelligenz.“ Aaron **Ben-Ze'ev**, edition unseld 2020

„Die geistigen Grundlagen der Zahlen“, „Logarithmen für jedermann“, Ernst **Bindel**, Verlag Freies Geistesleben 1980, 1983

„Sinnenleben“, Emanuele **Coccia**, Carl Hanser Verlag 2020
„Die Wurzeln der Welt“, Emanuele **Coccia**, dtv 2020
„Metamorphosen“, Emanuele **Coccia**, Hanser 2021

„Vorlesungen über Zahlentheorie“, P.G.L. **Dirichlet**, Friedrich Vieweg und Sohn 1879

„Die Evolution der Physik“, A. **Einstein**, L. Infeld, rororo 1989

„Zahlenzauber“, John H. **Conway**/Richard K. Guy, Birkhäuser

„Liber 777“, Aleister **Crowley**, Kersken-Canbaz_Verlag 1993

„Die Entdeckung des Unendlichen“, David **Foster Wallace**, Piper 2011

„Die Kunst des Liebens“, Erich **Fromm**, dtv 2019
„Wege aus einer kranken Gesellschaft“, Erich **Fromm**, dtv 2020

„Bedienungsanleitung für das Raumschiff Erde“, Buckminster **Fuller**, Fundus-Bücher 137, 2010

„Synergetics“, Buckminster **Fuller**, Macmillan Publishing 1979

„Untersuchungen über höhere Arithmetik“ C.F. Gauss, Verlag Julius Springer 1889

„Von der Quantenphysik zum Bewusstsein“, T. & B. **Görnitz**, Springer 2016

„Das bewusste Universum“, Amit **Goswami**, Lüchow 2007

diverse Texte v. Gotthardt **Günther**, vordenker.de

Introduktion to the theory of numbers“, **Hardy** & Wright, Oxford University Press 1954

„The spirit of numbers“, David **Hamblin**, The Wessex Astrologer
„Harmonic astrology in practice““, David **Hamblin**, The Wessex Astrologer 2011, 2019

„Das Buch der Horoskopsymbole“, Robert **Hand**, Hugendubel 1990

„Die Ebenen des Bewusstseins“, David R. **Hawkins**, VAK 2021

„Was heißt Denken?“, „Der Ursprung des Kunstwerks“, „Die Technik und die Kehre“ u.a. Bücher v. Martin **Heidegger**, Reclam, Klett-Cotta, Vittorio Klostermann 1992, 2010, 2011

„Quanten Realität“, Nick **Herbert**, Birkhäuser 1987

„Der Mensch und seine Symbole“, C.G. **Jung** , Walter Verlag1979

„Weltharmonik“, Johannes **Kepler**, R.Oldenbourg 1939

„Die Entschlüsselung des Geistes“, Imre **Koncsik**, Cuvillier Verlag 2020

„Zahlen", Gerald **Kuba** und Stefan Götz, Fischer Kompakt 2004

„Die Quantengötter" Jeff **Love**, rororo 1987

„Elementare Zahlentheorie", Friedhelm **Padberg**, Spektrum 2008

„Die Fähigkeit zu lieben", Fritz **Riemann**, Ernst Reinhardt Verlag 2017
Grundformen der Angst", Fritz **Riemann**, Ernst Reinhardt Verlag 2019

„Durchbruch zur Zukunft", Alfons **Rosenberg**, Turm-Verlag 1971

„Die Wunderwelt der Vierten Dimension", Rudy **Rucker**, Knaur 1991
„Die Ufer der Unendlichkeit", Rudy **Rucker**, Wolfgang Krüger Verlag 1989

„Was ist Leben?", Erwin **Schrödinger**, Piper 1989

„Verwobenes Leben", Merlin **Sheldrake**, Ullstein 2020

„Das schöpferische Universum", Rupert **Sheldrake**, Ullstein 1992
„DerWissenschaftswahn", Rupert **Sheldrake**, Droemer 2015

„Vorsokratiker", Christof **Rapp**, C.H. Beck 2007

„Die Philosophie der Freiheit", u.a. Bücher von Rudolph **Steiner** Rudolf Steiner Verlag 2016

„Quantenphilosophie" u.a. Bücher von Marcus **Steinweg**, Matthes und Seitz Berlin 2021

„I Ging", Diederichs Gelbe Reihe 1993
„Die Vorsokratiker", Reclam 2012
„Zur modernen Deutung der Aristotelischen Logik", Georg Olms Verlag 1988